Münchener Universitätsschriften · Juristische Fakultät
Abhandlungen zur rechtswissenschaftlichen Grundlagenforschung

herausgegeben im Auftrag der Juristischen Fakultät

von

Sten Gagnér
Arthur Kaufmann
Dieter Nörr

Band 6

1972

J. Schweitzer Verlag · Berlin

Ludwig Ernst

Der Verkehr des Strafgefangenen mit der Außenwelt

Mit einem Geleitwort von

Professor Dr. Dr. h. c. Arthur Kaufmann

1972

J. Schweitzer Verlag · Berlin

Gedruckt mit Unterstützung aus den Mitteln der Münchener Universitätsschriften

ISBN 3 8059 0251 4

Satz: Studio Feldafing – Druck: W. Hildebrand, Berlin

MEINER MUTTER

Geleitwort

Die Reform des Strafvollzugs – von allen, die die derzeitigen Verhältnisse kennen, seit langem mit Ungeduld erwartet – ist in ein entscheidendes Stadium getreten. Die von dem ehemaligen Bundesjustizminister *Gustav Heinemann* eingesetzte Strafvollzugskommission hat im Februar 1971 den von ihr erarbeiteten Entwurf eines Strafvollzugsgesetzes vorgelegt. Es besteht die Absicht, die jetzt noch erforderlichen Arbeiten so zügig voranzutreiben, daß das Strafvollzugsgesetz bis Sommer 1973 verabschiedet werden kann.

Die Bemühungen um eine Reform des Strafvollzugs haben immer wieder darunter gelitten, daß man vielfach auf Vermutungen angewiesen ist, weil das erforderliche Tatsachenmaterial fehlt. So wußte man bislang über die in den einzelnen Bundesländern geübte Praxis hinsichtlich der Kontakte zwischen den Strafgefangenen und der Außenwelt nur sehr wenig. Dem alten Vergeltungsstrafvollzug waren solche Kontakte auch wesensfremd; soweit sie überhaupt geduldet wurden, galten sie als Vergünstigungen, auf die der Gefangene keinen Anspruch hatte. Macht man im neuen Recht nach dem Vorbild von §§ 3, 3a des Kommissions-Entwurfs mit dem Resozialisierungsstrafvollzug Ernst, dann sind die Beziehungen des Gefangenen zur Außenwelt von essentieller Bedeutung. Denn ohne derartige Verbindungen zwischen drinnen und draußen ist es nicht möglich, „das Leben im Vollzug . . . den allgemeinen Lebensverhältnissen so weit wie möglich anzugleichen", damit der Gefangene befähigt wird, „sich in das Leben in Freiheit wieder einzugliedern" (§ 3a des Entwurfs).

Um über diese Fragen genauere Kenntnisse zu erlangen und so einen Beitrag zur Strafvollzugsreform zu leisten, wurden an meinem Lehrstuhl Untersuchungen über die derzeitige Vollzugspraxis durchgeführt. Ohne die Hilfe der Länder-Justizministerien und deren Vollzugsorgane wären unsere Bemühungen jedoch zum Scheitern verurteilt gewesen. Mit großer Genugtuung darf ich feststellen, daß fast alle Ministerien an der von uns veranstalteten Fragebogenenquête bereitwillig und mit großer Sorgfalt mitgewirkt haben. Ihnen hierfür zu danken, ist mir ein aufrichtiges Bedürfnis: den Justizministerien bzw. obersten Justizbehörden der Länder *Baden-Württemberg, Bayern, Berlin, Hessen, Niedersachsen, Nordrhein-Westfalen, Rheinland-Pfalz, Saarland* und *Schleswig-Holstein.*

Herr *Ludwig Ernst* hat das durch die Fragebogenenquête gewonnene reichhaltige Material sehr umsichtig und zuverlässig geordnet, dargestellt und ausgewertet. Die von ihm streng durchgeführte Trennung zwischen Information und Beurteilung dürfte der Benutzung und Nutzanwendung des Buches sicher dienlich sein.

Möge es werden, wozu es geschrieben wurde: ein Beitrag zur Verbesserung des Strafvollzugs.

München, im Februar 1972

Dr. Dr. h.c. Arthur Kaufmann
o. Prof. f. Strafrecht, Strafprozeßrecht und Rechtsphilosophie
an der Universität München

Danksagung

Mein Dank gilt dem Bayerischen und dem Hessischen Ministerium der Justiz, die mir den Besuch von Strafanstalten ermöglicht haben, den Leitern und Beamten der JVA München-Stadelheim, Aichach, Bernau, Straubing und Frankfurt/Main-Preungesheim für die Vermittlung wertvollen Wissens.

Herrn Prof. Dr. Albert Krebs, Oberursel, sei hier mein Dank für viele Anregungen ausgedrückt.

Ganz besonders herzlich möchte ich meinem verehrten Lehrer, Herrn Prof. Dr. Dr. h.c. Arthur Kaufmann, für die Förderung der Arbeit mit Rat und Tat danken.

München, im Februar 1972

Ludwig Ernst

Inhaltsübersicht

Abkürzungsverzeichnis

A.A.	Anderer Ansicht
Abs.	Absatz
AE	Alternativentwurf
Anm.	Anmerkung
Art.	Artikel
Bd.	Band
BK	Bonner Kommentar
DRiZ	Deutsche Richterzeitung
DVBl	Deutsches Verwaltungsblatt
DVollzO	Dienst- und Vollzugsordnung
EVollzG	Entwurf eines Gesetzes über den Vollzug der Freiheitsstrafen und der freiheitsentziehenden Maßregeln der Besserung und Sicherung – Entwurf der Strafvollzugskommission – 1971. (Der vom Bundesministerium der Justiz verfaßte Vorläufige Referentenentwurf eines Gesetzes über den Vollzug der Freiheitsstrafen und der freiheitsentziehenden Maßregeln der Besserung und Sicherung – Strafvollzugsgesetz (StVollzG) – mit Begründung, Stand vom 15. März 1971 entspricht fast vollständig dem EVollzG.)
GA	Goltdammers Archiv für Strafrecht
JA	Juristische Arbeitsblätter
JVA	Justizvollzugsanstalt
JVBl	Justizverwaltungsblatt
JZ	Juristenzeitung
MDR	Monatsschrift für deutsches Recht
MSchrKrim	Monatsschrift für Kriminologie und Strafrechtsreform
NJW	Neue Juristische Wochenschrift
Protokolle	Protokolle (Tagungsberichte) der Strafvollzugskommission, zitiert nach Band und Seite
Rn	Randnummer
S.	Seite
s.	siehe
ZBR	Zeitschrift für Beamtenrecht
ZfStrVo	Zeitschrift für Strafvollzug
ZStW	Zeitschrift für die gesamte Strafrechtswissenschaft

Literaturverzeichnis

Alternativ-Entwurf	eines Strafgesetzbuches Allgemeiner Teil J.C.B. Mohr (Paul Siebeck) Verlag, Tübingen, 2. Aufl. 1969
Anders, Michel	Die Minute hat 1 000 Sekunden Der Strafvollzug in Theorie und Praxis Mühlrain-Verlag Edith Hermes, Stuttgart 1969
Bach, Georg	Briefzensur und unfreiwillige Subordination NJW 1963, 1763
Bartning, Gerhard	Eheliche Krisenmomente während der Haftzeit Bewährungshilfe 1958, S. 273 ff.
Baumann, Jürgen	Die Dienst- und Vollzugsordnung vom 1.12.1961 MSchrKrim 1964, 57
Baumann, Jürgen (Hrsg.)	Programm für ein neues Strafgesetzbuch Fischer-Bücherei, Frankfurt/M. 1968
Baumann, Jürgen	Der Briefverkehr des Untersuchungsgefangenen DRiZ 1959, 379
Baumann, Jürgen	Die Reform des Strafvollzuges (S. 89–105) in: Die deutsche Strafrechtsreform herausgegeben von Leonhard Reinisch C.H. Beck Verlag, München 1967
Baumann, Jürgen	Mißlingt die Strafrechtsreform? Luchterhand Verlag GmbH, Neuwied und Berlin 1969 darin S. 120 ff.: Der Alternativentwurf zum Strafgesetzbuch und der Strafvollzug
Bieler, Walter	Der Verkehr der Strafgefangenen und Verwahrten mit der Außenwelt Protokolle (Tagungsberichte) der Strafvollzugskommission, Bd. 3, 80–94 Bonn 1968
Bitter, Wilhelm	Verbrechen – Schuld oder Schicksal? Zur Reform des Strafwesens Ernst Klett Verlag, Stuttgart 1969
Bockelmann, Paul	Wie würde sich ein konsequentes Täterstrafrecht auf ein neues Strafgesetzbuch auswirken? Materialien Bd. I, S. 39 ff., Bonn 1954
Boehm, Volker	Die Meinungsfreiheit des erwachsenen, geistig oder seelisch nicht abartigen Strafgefangenen Dissertation/Bonn Bonn 1968
Bumke, Erwin	Deutsches Gefängniswesen Ein Handbuch Franz Vahlen Verlag, Berlin 1928
Busch, Max	Vollzug in weitgehend freien Formen ZfStrVo 14, 168, 108; 1965
Busch, Max und Edel, Gottfried (Hrsg.)	Erziehung zur Freiheit durch Freiheitsentzug – Internationale Probleme des Strafvollzugs an jungen Menschen. in: Jugend im Blickpunkt Luchterhand Verlag GmbH, Neuwied und Berlin 1969

Calliess, Rolf-Peter	Strafvollzug, Institution im Wandel Ferdinand Enke Verlag, Stuttgart 1970
Chudoba, Götz Künkeler, Helmut	Rechtsgrundlagen für den Freiheitsentzug ZfStrVo 14, 218, 270
Dennewitz u.a. (Hrsg.)	Kommentar zum Bonner Grundgesetz (Bonner Kommentar) (zitiert: Bonner Kommentar, BK) Hansischer Gildenverlag Joachim Heitmann u. Co., Hamburg, seit 1950
Depenbrock, Johannes	Erwachsenen-Strafvollzug H. Bouvier u. Co. Verlag, Bonn 1960
Depenbrock, Johannes	Zur rechtlichen Bedeutung der neuen Dienst- und Vollzugsordnung im Strafvollzug, NJW 1963, 89
Dreher, Eduard	Strafgesetzbuch mit Nebengesetzen und Verordnungen – Kommentar – C.H. Beck Verlag, 32. Aufl., München 1970
von Engelbrechten	Zensur, Beanstandungen und Beschlagnahmungen von Postsendungen der Untersuchungsgefangenen DRiZ 1959, 238
Engelhardt, Hans	Zur Rechtsstellung des Empfängers von Postsendungen NJW 1966, 1907–1909
Feige	Persönlichkeitsforschung und ihre Auswirkung für den Strafvollzug aus der Sicht der Pädagogen MSchrKrim 1964, 81
Frank, Reinhold	Taschenbuch für den Strafvollzug Walhalla und Praetoria Verlag, Regensburg, München, Wien Grundwerk 1969
Franz, Otto	Dürfen an den Untersuchungs- oder Strafgefangenen gerichtete Briefe geöffnet werden? NJW 1965, 25–26
Frede, Lothar Grünhut, Max	Reform des Strafvollzuges, kritische Beiträge zu dem amtlichen Entwurf eines Strafvollzugsgesetzes Verlag Walter de Gruyter u. Co., Berlin und Leipzig 1927
Freudenthal, Berthold	Die staatsrechtliche Stellung des Gefangenen ZfStrVo 1955, S. 157
Frischknecht, Manfred	Eheschließung von Strafgefangenen JVBl, Jg. 103; 1967, 81–81
Friess, Knut	Der Verzicht auf Grundrechte Dissertation Würzburg 1968
Gentz, Werner	Das Sexualproblem im Strafvollzuge ZStW 50, 406–427; 1930
Grau, Hans-Joachim	Der Strafvollzugsbau einst und heute Werner Verlag Düsseldorf, 1965
Greiffenhagen, Horst	Der Verkehr des Strafgefangenen mit seinem Verteidiger – Zu § 148 StPO – GA 1964, 237–245
Greiner, H.	Persönlichkeitsforschung im Strafvollzug ZfStrVo 3, 52; 1952/53
Hamann, Andreas Lenz, Helmut	Das Grundgesetz für die Bundesrepublik Deutschland vom 23. Mai 1949 Kommentar (zitiert: Hamann-Lenz) Luchterhand Verlag 3. Aufl., Neuwied und Berlin 1970

Harbordt, Steffen — Die Subkultur des Gefängnisses
Ferdinand Enke Verlag, Stuttgart 1967

Herrmann, Karl — Wahlrecht der Gefangenen
ZfStrVo 7, 248; 1957

Herrmann, Walter — Überlegungen zur gegenwärtigen Situation des Strafvollzugs
MSchrKrim 49, 358 ff.; 1966

Herzog, Josef — Zweck und Ziel des Strafvollzugs
ZfStrVo 14, 135; 1965

Hiete, Gerd — Probleme des Strafvollzugs und der Strafvollzugsgesetzgebung
ZStW 68, 213

Holl, Berndt — Strafvollzug und Strafrechtsreform
ZfStrVo, 239, 242; 1958/59

Holl, Berndt — Nochmals: Die Briefzensur
ZfStrVo 13, 148; 1964

Holl, Berndt — Nochmals: Beurlaubung von Strafgefangenen
ZfStrVo 4, 121; 1954

Hoppensack, Hans-Christoph — Über die Strafanstalt und ihre Wirkung auf Einstellung und Verhalten von Gefangenen
Verlag Otto Schwartz u. Co., Göttingen 1969

Hucko, Elmar — Zum Informationsrecht des Untersuchungshäftlings
MDR 1969, S. 531 ff.

Kaufmann, Arthur — Dogmatische und kriminalpolitische Aspekte des Schuldgedankens im Strafrecht
JZ 1967, S. 553 ff.

Kaufmann, Arthur (Hrsg.) — Gedächtnisschrift für Gustav Radbruch
Vandenhoech u. Rupprecht Verlag, Göttingen 1968

Kaufmann, Arthur — Der Alternativ-Entwurf eines Strafgesetzbuches und das Erbe Radbruchs
in: Gedächtnisschrift für Gustav Radbruch; S. 324 ff.

Kaufmann, Hilde — Grammaticas System der Difesa Sociale und das deutsche Schuldstrafrecht
in: v. Weber Festschrift, S. 418
Röhrscheid Verlag, Bonn 1963

Kieckebusch, Klaus — Die Briefzensur bei Strafgefangenen
ZfStrVo 12 361; 1963

Köhl, Guido — Zur Frage des besonderen Gewaltverhältnisses
ZBR 1957, 121 ff.

Kohlrausch-Lange — Strafgesetzbuch mit Erläuterungen und Nebengesetzen
Walter de Gruyter u. Co. Verlag
43. Aufl., Berlin 1961

Kraschutzki, Heinz — Angehörigenbesuche von Kindern in der Strafanstalt
ZfStrVo 17, 349–351; 1968

Kraschutzki, Heinz — Die Gerechtigkeitsmaschine
Erfahrungen mit Strafen und Strafvollzug
Verlag C.F. Müller, Karlsruhe 1970

Krebs, Albert — Architekten und Vollzugsbeamte beraten Anstaltsneubauten
ZfStrVo 10, 332; 1960/61

Krebs, Albert — Auffassungen über die Aufgaben des Strafvollzugs in Deutschland seit der Aufklärung
ZfStrVo 11, 138; 1961/62

Krebs, Albert — Vorarbeiten für ein Strafvollzugsgesetz
ZfStrVo 13, 282; 1964

Krebs, Albert — Zur Erneuerung des Gefängniswesens
SJZ 1946, 209 ff.

Krebs, Albert — Das „Gustav-Radbruch-Haus"
in: Gedächtnisschrift für Gustav Radbruch; hrsg. von A. Kaufmann, S. 344 ff.

Krebs, Albert — Die Aufgabe des Freiheitsentzuges
Protokolle Bd. 6, 48–71

Leibholz, G.
Rinck, H.J. — Grundgesetz, Kommentar an Hand der Rechtsprechung des Bundesverfassungsgerichts
(zitiert: Leibholz-Rinck)
Dr. Otto Schmidt KG Verlag, 3. Aufl., Köln-Marienburg 1968

Leopold, Hans — Schuld und Sühne. Über die Auswirkungen des Entwurfs zu einem neuen Strafgesetzbuch auf den Strafvollzug
ZfStrVo 10, 70; 1960/61

Leopold, Hans — Aufgaben des Strafvollzugs
ZfStrVo 12, 187; 1963

Lerche, Peter — Das Nachschieben „tatsächlicher" Gründe im Anfechtungsprozeß
NJW 1953, 1897 ff.

Löffler, Martin — Die Meinungs- und Pressefreiheit im Abhängigkeitsverhältnis
NJW 1964, 1100 ff.

v. Mangoldt, Hermann
Klein, Friedrich — Das Bonner Grundgesetz
(zitiert: v. Mangoldt-Klein)
Verlag Franz Vahlen GmbH, Berlin u. Frankfurt/Main 1957

Maunz, Theodor — Deutsches Staatsrecht
C.H. Beck Verlag, 17. Aufl., München/Berlin 1969

Maunz, Theodor
Dürig, Günter — Grundgesetz Kommentar
(zitiert: Maunz-Dürig)
C.H. Beck Verlag, München 1970

Maurach, Reinhart — Deutsches Strafrecht, Allgemeiner Teil
Verlag C.F. Müller, 3. Aufl., Karlsruhe 1965

Mayntz, Renate — Soziologie der Organisation
Rowohlt Verlag, Hamburg 1963

Meffert, Heinrich — 10 Jahre „offene Strafanstalt"
Frankfurt/M.-Rudolfschule
ZfStrVo 7, 193–103; 1957

Meyer, Karl-Heinz — Gefangenenbriefe mit strafbarem Inhalt
MDR 1964, 724

Mittermaier, Wolfgang — Gefängniskunde
Verlag Franz Vahlen GmbH, Berlin u. Frankfurt/M. 1954

Müller, Helmut P. — Ein Tag wie tausend andere
Staatsbürger im Gefängnis
Gerhard Stalling Verlag, Oldenburg u. Hamburg 1966

Müller-Dietz, Heinz — Methoden und Ziele der heutigen Strafvollzugswissenschaft
ZStW 79, 515; 1967

Müller-Dietz, Heinz — Strafvollzugsgesetzgebung und Strafvollzugsreform
Carl Heymann Verlag KG, Köln, Berlin, Bonn, München 1970

Müller-Dietz, Heinz
Würtenberger, Thomas — Fragebogenenquête zur Lage und Reform des deutschen Strafvollzugs
(zitiert: Fragebogenenquête)

	Eigenverlag Bundeszusammenschluß für Straffälligenhilfe 532 Bad Godesberg, Friedrich-Ebert-Str. 11 (1969)
Müller-Dietz, Heinz	Mit welchem Hauptinhalt empfiehlt es sich, ein Strafvollzugsgesetz zu erlassen? Gutachten zum 48. Deutschen Juristentag 1970
Müller-Dietz, Heinz	Strafvollzug in: Staatslexikon, 11. Band, S. 368 ff. Verlag Herder, Freiburg, 6. Aufl. 1970
Müller-Dietz, Heinz Würtenberger, Thomas	Hauptprobleme der künftigen Strafvollzugsgesetzgebung (zitiert: Hauptprobleme) Eigenverlag Bundeszusammenschluß für Straffälligenhilfe 532 Bad Godesberg, Friedrich-Ebert-Str. 11 (1969)
von Münch, Ingo	Die Grundrechte des Strafgefangenen JZ 1958, 73
von Münch, Ingo	Zum Rundfunkempfang des Untersuchungsgefangenen JZ 1964, 280
Naegelsbach, Hans	Strafvollzug und Strafrechtsreform ZfStrVo 9, 160; 1959/60
Nagel, Effenberg	Bericht über Kontakte der Inhaftierten mit der Außenwelt; in: Straffälligenhilfe im Dienst eines geordneten Gemeinschaftslebens hrsg. vom Bundeszusammenschluß für Straffälligenhilfe Bad Godesberg, 1966; 100–104
Ohm, A.	Persönlichkeitswandlung unter Freiheitsentzug Verlag Walter de Gruyter u. Co., Berlin 1964
Peters, Karl	Strafvollzug in: Staatslexikon, 7. Band, Sp. 779 ff. Verlag Herder, Freiburg, 6. Aufl. 1962
Petters-Preisendanz	Strafgesetzbuch – Lehrkommentar J. Schweitzer Verlag 26. Aufl., Berlin 1970
Potrykus, Gerhard	Kommentar zum Jugendgerichtsgesetz Fachverlag Dr. N. Stoytscheff, 3. Aufl., Darmstadt 1954
Radbruch, Gustav	Rechtsphilosophie 6. Aufl., besorgt von Erik Wolf K.F. Koehler Verlag, Stuttgart 1963
Radbruch, Gustav	Die Psychologie der Gefangenschaft ZfStrVo 3, 140; 1952/53
Regensburger, Eckhard	Ideengeschichtliche Grundlagen des Strafvollzuges der Gegenwart Dissertation Mainz 1966
Reuß, Herrmann	Der Verwaltungsakt und seine Begründung DVBl. 1954, 593 ff.
Rollmann, Dietrich (Hrsg.)	Strafvollzug in Deutschland – Situation und Reform Fischer-Bücherei Bd. 841
Rotthaus, Karl Peter	Der Schriftverkehr der Gefangenen mit Gerichten und Behörden JVBl. 98, 97–99
Rotthaus, Karl Peter	Menschenwürde und Strafvollzug MDR 1968, 102
Sacchetto, C.	Die Urlaubspraxis im Strafvollzug Kriminalistik 1958, 155

Schäfer, Leopold Hauptvogel, Fritz	Deutsche Gesetzentwürfe und Vorschriften über den Strafvollzug J. Bensheimer Verlag, Mannheim, Berlin, Leipzig 1928
Scheu, Werner	Verhaltensweisen deutscher Strafgefangener heute (Beobachtungen und Gedanken) Kriminologische Studien Bd. 6 Verlag Otto Schwartz u. Co., Göttingen 1971
Schmidt, Eberhard	Leitgedanken für eine Reform des Vollzugs der Freiheitsstrafe ZfStrVo 3, 5; 1952/53
Schmidt, Eberhard	Zuchthäuser und Gefängnisse Zwei Vorträge Vandenhoech u. Ruprecht, Göttingen
Schmidt, Eberhard	Freiheitsstrafe, Ersatzfreiheitsstrafe und Strafzumessung im Alternativentwurf eines Strafgesetzbuchs NJW 1967, 1929 ff.
Schmidt, Eberhard	Grundlagen der Freiheitsstrafe Protokolle Bd. 1, 28–57
Schmidt-Bleibtreu, Bruno Klein, Franz	Kommentar zum Grundgesetz für die Bundesrepublik Deutschland (zitiert: Schmidt-Bleibtreu-Klein) Luchterhand Verlag, 2. Aufl., Neuwied und Berlin 1970
Schönke-Schröder	Strafgesetzbuch – Kommentar C.H. Beck Verlag, 15. Aufl., München 1970
Schott, Otto	Zehn Jahre Freigängerhaus für junge Gefangene (Fliedner-Haus, Groß-Gerau) ZfStrVo 14, 172; 1965
Schüler-Springorum, Horst	Strafvollzug im Übergang (zitiert: Übergang) Otto Schwarz u. Co. Verlag, Göttingen 1969
Schüler-Springorum, Horst	Was stimmt nicht mit dem Strafvollzug? Zeitfragen Nr. 7 (zitiert: Was stimmt nicht . . .) Christian Wegner Verlag GmbH, Hamburg 1970
Schultz	Die Rechtsstellung des Strafgefangenen MDR 1967, 371
Schütz, E.	Nachschieben von Gründen, Berichtigung der Bezeichnung und „Konversion" bei Verwaltungsakten MDR 1954, 459 ff.
Seebode, Manfred	Schriftverkehr zwischen Strafgefangenen und Anwalt MDR 1971, 98 ff.
Sieverts, Rudolf	Die Wirkungen der Freiheitsstrafe und Untersuchungshaft auf die Psyche der Gefangenen J. Bensheimer Verlag, Mannheim, Berlin, Leipzig 1929 Hamburgische Schriften zur gesamten Strafrechtswissenschaft, Heft 14
Steierer, Friedrich	Fragen der Information aus allgemein zugänglichen Quellen Protokolle, Bd. 3, S. 59–79
Struckmann	Briefzensur bei Untergebrachten NJW 1962, 621
Suttinger, Günther	Sexualproblem und Freiheitsentzug in: Strafvollzug in Deutschland Situation und Reform Fischer Bücherei GmbH, Frankfurt/Main–Hamburg 1967

Thole, Erich	Der mündliche und schriftliche Verkehr des Gefangenen mit seinem Verteidiger ZfStrVo 11, 23; 1961/62
Tiedemann, Klaus	Die normative Grundlage des deutschen Strafvollzuges NJW 1967, 87
Tiedemann, Klaus	Die Rechtsstellung des Strafgefangenen nach französischem und deutschem Verfassungsrecht (zitiert: Rechtsstellung) Bonn 1963
Tiedemann, Klaus	Neue Methoden im Vollzug freiheitsbeschränkender Strafen JZ 1967, 420
Verborgen, Luzian	Freiheitsstrafvollzug und ehelicher Umgang – Ein Vorschlag an die Gesetzgebung – MSchrKrim 63, 202 ff.
Waldmann, Peter	Zielkonflikte in einer Strafanstalt „Beiträge zur Strafvollzugswissenschaft", Heft 2 Ferdinand Enke Verlag, Stuttgart 1968
Welzel, Hans	Das Deutsche Strafrecht Eine systematische Darstellung Verlag Walter de Gruyter u. Co., 11. Aufl., Berlin 1969
Winterhalder, Karl	Erkenntnisse aus dem Briefverkehr des Gefangenen ZfStr.Vo 5, 371; 1955
Würtenberger, Thomas	Kriminologie und Vollzug der Freiheitsstrafe Ferdinand Enke Verlag, Stuttgart 1961
Würtenberger, Thomas	Reform des Strafvollzugs im sozialen Rechtsstaat JZ 1967, 233 ff.
Zschacke	Die Begründung des Verwaltungsakts und ihre Bedeutung im Verwaltungsstreitverfahren NJW 1954, 413 ff.

„Man hat das neue Strafrecht
unter das Schlagwort gebracht:
‚Nicht die Tat, sondern der Täter',
man sollte sagen:
Nicht der Täter, sondern der Mensch."

Gustav Radbruch

Vorbemerkung

A

Jeder Mensch braucht Kontakte, Beziehungen zu seinen Mitmenschen, zu seiner Umwelt, um nicht geistig zu veröden und abzusterben. Gerade erst durch den ständigen Dialog, durch fortwährenden Gedankenaustausch bewahrt sich der Mensch vor Abstumpfung und Verfall, vor dem Verlust seiner Individualität und wird zu dem geformt, was er ist.

Der Strafgefangene ist gleichermaßen, wenn nicht sogar noch mehr als andere Menschen, auf diesen Dialog angewiesen. Gleichzeitig wird er aber durch den Entzug seiner Freiheit von seiner Umwelt abgeschnürt.

„Der Verkehr des Strafgefangenen mit der Außenwelt" ist ein Bereich, der die Berührungspunkte der zwei Lebenskreise – Leben in der Gefangenschaft, Leben in der Freiheit – umfaßt. Hier begegnen sich Freiheit und Gefangenschaft, zwei Kontaktpunkte, zwei entgegengesetzte Pole, zwischen denen ein Spannungsfeld besteht.

B

Es wird hier der Versuch unternommen, zunächst dieses Spannungsfeld empirisch zu erforschen und darzustellen; daraufhin werden rechtliche Maßstäbe angelegt.

Eine Fragebogenenquête[1] lieferte reichliches Material. Viele Aussagen werden als selbstverständlich und einleuchtend erscheinen, vielleicht sogar nicht wert, auf dem mühevollen Weg der Enquête gewonnen worden zu sein. Dem ist jedoch mit R. Mayntz[2] entgegenzuhalten, „daß es in der Art soziologischer Einsichten liegt, so einleuchtend zu sein, daß sie manchmal fast wie Gemeinplätze erscheinen – wenn man sie erst einmal hat."[3]

---

1 Näheres in Kapitel 2

2 S. 53

3 a.a.O.

Außerdem wird oft eine weitgehende Verschiedenheit der Praxis zutage treten, die rein auf persönlichen Ansichten beruht.

C

Die Arbeit beschäftigt sich nur mit dem regulären Verkehr mit der Außenwelt, ohne noch auf weitere Einflußnahmen der Anstalt im Wege des Hausstrafwesens einzugehen. Hiervon wurde abgesehen, da die Problematik des Hausstrafwesens auf ganz anderem Gebiet liegt und eine strafweise Beschränkung des Verkehrs mit der Außenwelt unter hiervon völlig verschiedenen Gesichtspunkten zu beurteilen ist.
Das Gewicht der Arbeit liegt vor allem in der Beschaffung authentischen Materials über den Verkehr des Strafgefangenen mit der Außenwelt, so wie ihn die Praxis regelt. Die diesbezüglichen Vorschriften der DVollzG werden einer kritischen Prüfung unterzogen, wobei der Schwerpunkt vor allem auf dem Vergleich von Theorie und Praxis liegt.

KAPITEL 1
DAS ZIEL DES STRAFVOLLZUGES

Vorbemerkung

Bevor man sich mit einem Teilproblem des Strafvollzugsrechtes befaßt, muß man sich vor Augen halten, welche Stellung dieses Detail im Ganzen einnimmt. Der Verkehr des Strafgefangenen mit der Außenwelt ist ein Gebiet, das das Spannungsverhältnis Anstalt–Außenwelt beinhaltet und daher sowohl für den Gefangenen als auch für die Außenwelt von nicht geringer Bedeutung ist.

Zur Lösung dieses Spannungsverhältnisses bieten sich mannigfaltige Möglichkeiten an, angefangen von der vollständigen Isolierung des Gefangenen bis zur weitestgehenden oder völligen Freigabe des Verkehrs mit der Außenwelt.

Die verschiedenen Regelungsmöglichkeiten aufzuzeigen, ist Teil der Aufgabe der Arbeit.

Welche Lösungsmöglichkeit auch gewählt wird, sie muß immer integrierender Bestandteil des Vollzugswesens sein und als solcher der gleichen Zielsetzung unterliegen. Sonach ist vorab das Ziel des Strafvollzugs, das in alle Teile ausstrahlt, zu erarbeiten. Hieraus folgt die Notwendigkeit der Einfügung eines Kapitels über das Ziel des Strafvollzugs.

A. Vollzug als Verwirklichung der Strafe

Schon aus der Folge Strafdrohung, Straftat, Strafprozeß und -urteil und Strafvollzug ergibt sich, daß der Strafvollzug eng mit den vorangegangenen Teilen des Geschehensablaufs verknüpft ist. Doch es stellt sich die Frage, wie eng diese Verknüpfung ist, ob der Vollzug nicht doch in gewisser Weise unabhängig vom vorausgegangenen Strafverfahren ist.

Dieser Ansicht, daß der Zweck des Vollzuges unabhängig von den Sinngebungen der Strafe ist, ist Mittermaier[1], wenn er sagt, daß der Vollzug einfach an die Menschenbehandlung denkt, ohne Rücksicht auf die Theorie. Für ihn ist Vollzug Erziehungsvollzug[2], wenn auch die Vergeltung im Urteil zum Ausdruck kommt. Den gleichen Gedanken hatte wohl auch schon Degen[3] Jahrzehnte vorher aufgegriffen, da er die Abkehr vom Vergeltungsstrafvollzug und die Hinwendung zum Erziehungs- und Besserungsvollzug pries[4], ohne hierbei mit einem Wort auf die Strafe selbst einzugehen.

---

1 Gefängniskunde S. 5

2 a.a.O.

3 Bei Bumke S. 310 ff.

4 a.a.O., S. 310

Der Strafvollzug wurde isoliert betrachtet. Auch die Mitglieder der Strafvollzugskommission gelangten zu einer Unterscheidung der Straf- und Vollzugszwecke[5]. Die Kompliziertheit der Verhältnisse im Vollzug verbiete eine Übernahme des Sinn- und Zweckgedankens der Strafe auf den Vollzug.

Dieser Ansicht – weitgehend zusammenhanglosem Nebeneinander von Strafe bzw. Strafausspruch und Strafvollzug – kann nicht beigepflichtet werden.

Schon die Auslegung des Wortes „Vollzug" ergibt, daß damit etwas Vorgegebenes, ein Befehl, eine Anordnung, ein Verwaltungsakt, ein Urteil (vgl. im Zivilprozeß der Gerichts„vollzieher") ausgeführt verwirklicht wird.

Hieraus folgt schon eine enge Verknüpfung von Urteil und Vollzug, dergestalt, daß die Vollziehung die logische und notwendige Weiterführung und Beendigung des gesamten betrachteten Vorgangs ist.

Es ist nun schwer einzusehen, warum gerade Strafe und Strafvollzug voneinander losgelöst existieren sollten, verbunden nur durch das Urteil, das die Einweisung in eine JVA ermöglicht.

Durch die Betrachtung des Vollzuges als Realität der Strafe, als reale Erscheinungsform der Strafe, folgt, daß der Vollzug den Sinn und Zweck der Strafe verwirklichen muß, oder anders ausgedrückt, daß das Vollzugsziel identisch ist mit dem Strafziel, jedoch innerlich von ihm abhängig ist. Das Vollzugsziel ist eine Funktion des Strafziels.

Wollte man das Vollzugsrecht nur unter dem Gesichtspunkt der vollzugsrechtlichen Problematik sehen und nicht eingebettet in das Gebiet von Strafrecht und Strafprozeßrecht, so wäre die ganze Strafrechtspflege zersplittert und dadurch unglaubwürdig, unglaubwürdig insbesondere für den Verurteilten, der sehen und fühlen müßte, daß die Rechte nicht weiß, was die Linke tut, oder zwar davon weiß, sich aber nicht darum kümmert.

Der Auffassung von der gegenseitigen Abhängigkeit von Strafzweck und Vollzugsziel sind auch die Verfasser des Alternativentwurfs. Dies ergibt sich aus einer Gegenüberstellung der §§ 2 I und 37 I AE, die sich mit Strafzweck und Vollzugsziel befassen[6].

Zweck der Strafe nach § 2 I AE ist Rechtsgüterschutz und Wiedereingliederung des Täters in die Rechtsgemeinschaft. Vollzugsziel nach § 37 I AE ist ebenfalls

5 Protokolle Bd. 2, S. 17 ff.

6 Die §§ 2 I und 37 I AE haben folgenden Wortlaut:
§ 2 Zweck und Grenze von Strafe und Maßregel
I Strafen und Maßregeln dienen dem Schutz der Rechtsgüter und der Wiedereingliederung des Täters in die Rechtsgemeinschaft.
§ 37 Ziel des Vollzugs
I Ziel des Vollzugs ist es, die Wiedereingliederung des Verurteilten in die Rechtsgemeinschaft zu fördern.

Wiedereingliederung des Verurteilten in die Rechtsgemeinschaft. Hier zeigt sich der Vollzug als die tatsächliche Erscheinungsform der Strafe.

Arthur Kaufmann[7], einer der Verfasser des AE, hat dies treffend ausgedrückt und bekräftigt, wenn er sagt, daß erst im Strafvollzug das Strafrecht, insbesondere das strafrichterliche Urteil, Realität gewinnt.

Er geht noch weiter mit seiner Ansicht[8], wenn er die Frage stellt, wie denn der Gesetzgeber Tatbestände aufstellen und der Strafrichter Urteile fällen könne, ohne Kenntnis der folgenden Verwirklichung; die Antwort könne nur in der Gestaltung des Strafrechts aus der Sicht des Strafvollzugs liegen. Dieser Standpunkt mag auch als Erwiderung gelten auf die Behauptung der Strafvollzugskommission[9], wonach für die Trennung von Strafzweck und Vollzugszweck auch angeführt wurde, daß unterschieden werden müsse zwischen Wertvorstellungen des Richters beim Urteilsspruch und denen des Strafvollzugsbeamten bei der Behandlung des Gefangenen.

Die Strafvollzugskommission geht also selbst von einer Abkapselung des Strafvollzugs, also doch von einer Sonderstellung des Vollzugs im gesamten Strafrecht aus.

Die Annahme verschiedener Wertvorstellungen beim Richter – u.a. Verteidigung der Rechtsordnung – und bei Strafvollzug – Bemühung um Resozialisierung des einzelnen Gefangenen – steht der Auffassung der Einheit der Rechtsordnung oder zumindest einer einheitlichen Erscheinungsform einer Rechtsinstitution entgegen.

Durch eine Verurteilung, gleich zu welcher Strafe, ist dem Interesse an der Bewährung der Rechtsordnung Genüge getan.

Nach obiger Auffassung der Strafvollzugskommission wäre auch § 13 I 2 StGB n.F. unverständlich, der ja dem Richter die Reflexion auf die Strafwirklichkeit, auf den Vollzug, zur Pflicht macht. Diese Bestimmung trat aber erst nach der Diskussion dieser Problematik (26.2.–1.3.1968) in Kraft, konnte also diese Diskussion noch nicht beeinflussen.

Zahlreiche andere Autoren stützen ebenfalls noch die Ansicht, daß der Vollzug die Strafe verwirklicht und daß daher das Vollzugsziel dem Strafzweck zu entnehmen ist[10]. Zur Erarbeitung des Vollzugsziels ist daher eine Betrachtung der Strafzwecke voranzustellen.

---

7 „Alternativentwurf und das Erbe Radbruchs" in Gedächtnisschrift für Gustav Radbruch S. 332

8 a.a.O.

9 Protokolle Bd. 2, S. 17 ff.; 6, S. 9

10 Nur einige Beispiele: Begründung zu E 62, S. 103; Baumann MSchr.Krim. 64, 58; Depenbrock S. 60 ff.; Herzog S. 135; Schüler-Springorum, Übergang S. 68; Heinemann DRiZ 67, 248; 68 3 (4); Potrykus Bem. 1 zu § 91 JGG, der auch für den Erwachsenenstrafvollzug herangezogen werden kann.

B. Zwecke der Strafe und des Strafvollzugs

I. Kurze Darstellung vertretener Strafzwecke

Kaum ein Gebiet des Strafrechts ist so oft und zu so vielen Zeiten bearbeitet worden, wie das Gebiet von Sinn und Zweck der Strafe.

Da für die vorliegende Arbeit der Strafzweck nur Vorfrage ist, um einen bestimmten Betrachtungsgesichtspunkt zu fixieren, und eine eingehende Darstellung weder Aufgabe der Arbeit ist, noch diese ausreichend Raum hierzu bietet, ist eine stark geraffte Übersicht und lediglich eine Aufzählung der wichtigsten Straftheorien geboten[11].

Gewöhnlich werden einander die zwei Gruppen der absoluten und der relativen Straftheorien gegenübergestellt. Die absoluten Theorien betrachten die Strafe als gerechten Ausgleich der Schuld, die der Täter durch die Begehung des Unrechts auf sich geladen hat. Das Übel der Tat wird dem Täter durch das Übel der Strafe vergolten.

Zur Kennzeichnung diene noch das treffende Wort: punitur, quia peccatum est[11a].

Die absoluten Straftheorien befassen sich lediglich mit dem vergangenen, bereits abgeschlossenen Verbrechen des Täters und bemühen sich, hier eine gerechte Relation zu ihm herzustellen. Doch erschöpft sich der Zweck der Strafe der absoluten Theorien in der Vergeltung.

Die relativen Straftheorien stehen in starkem Gegensatz zu den absoluten. Sie sind zweckgerichtet; nach ihnen ist Zweck der Strafe die Vorbeugung vor künftigen Verbrechen (Prävention). Die einzelnen Spielarten versuchen dies durch verschiedene Arten der Prävention zu erreichen.

Es wird zunächst unterschieden zwischen General- und Spezialprävention.

Generalprävention bedeutet Verbrechensprophylaxe durch psychische Einwirkung auf die Allgemeinheit. Dies soll entweder durch die Androhung der Strafe geschehen, wodurch der potentielle Täter von seinem Vorhaben abgeschreckt werden soll, oder durch den Vollzug der Strafe, wodurch die Gesellschaft durch das Beispiel des bestraften Verbrechers von der Begehung einer Straftat abgehalten werden soll.

Die Spezialprävention bedeutet Verhütung der erneuten Verbrechensbegehung durch den Täter durch individuelle Einwirkung auf ihn. Auch hier lassen sich mehrere Versionen unterscheiden.

Spezialprävention durch Abschreckung meint, daß der Täter durch entspre-

---

11 Diesem Überblick liegt die Darstellung Maurachs, Deutsches Strafrecht AT, 3. Aufl. 1965, S. 49 ff. zugrunde.

11a „Zur Herkunft dieses Satzes vgl. Maurach, Deutsches Strafrecht AT, S. 50

chende Gestaltung des Vollzugs von der Begehung weiterer Straftaten abgeschreckt werden soll.

Eine weitere Meinung geht dahin, die Spezialprävention soll durch Erziehung des Täters im Vollzuge auf die Führung eines geordneten Lebens, in dem der Täter nicht rückfällig wird, vorbereiten.

Die letzte Art der Spezialprävention ist der Ansicht, daß die Allgemeinheit durch den Strafvollzug zeitweise oder für immer vor dem Täter und dadurch vor der Wiederholung des Verbrechens zu sichern sei.

Die Rechtsprechung vereint alle diese einander oft entgegengesetzten Strafzwecke und sagt, daß eben die Strafe alle diese angeführten Merkmale beinhalte[12]. So sei hier nur die Entscheidung des OLG Hamburg vom 8.7.1963[13] angeführt, wonach Zwecke der Strafe Sühne, Abschreckung, wie auch Erziehung seien.

Das KG ist in seiner Entscheidung vom 9.12.1965[14] der Ansicht, daß Sühne, Vergeltung für begangenes Unrecht, Abschreckung und daneben noch bei zu zeitiger Strafe Verurteilten auch die in Betracht zu ziehende Vorbereitung einer Resozialisierung Zwecke der Strafe seien.

Eine eingehende Darstellung der défense sociale ist hier nicht möglich, da an dieser Stelle nur ein kurzer Überblick über die Strafzwecke skizziert werden soll. Die défense sociale[15], deren Gedanken zum Teil auch im Alternativentwurf eines StGB zum Ausdruck gekommen sind, will Störungen des gesellschaftlichen Zusammenlebens mit individuellen Maßnahmen gegenüber dem einzelnen Störer begegnen, ohne an das starre System der Zweispurigkeit von Strafe und Maßregel im geltenden Recht gebunden zu sein. Es soll vielmehr nur die Maßnahme eingesetzt werden, die die größte Aussicht auf Wiedereingliederung des Täters in sich trägt.

II. Für den Vollzug praktikable Zwecke

Aus den zweckfreien absoluten Straftheorien können keine wie immer gearteten Aussagen für die Gestaltung der Strafe entnommen werden, da eine tatsächliche Vergeltung des Unrechts nur zu dem heute undurchführbaren „Auge um Auge, Zahn um Zahn“ bei Körperverletzung und Tötung führen würde und bei den meist anderen Delikten vollends undurchführbar wäre.

---

12 sog. Antinomie der Strafzwecke

13 NJW 1963, 1789 ff.

14 NJW 1966, 1088 ff.

15 vgl. hierzu Maurach, Deutsches Strafrecht AT, S. 48 f. Hilde Kaufmann, v. Weber Festschrift, 1963, S. 418; Melzer, Die Neue Sozialverteidigung und die deutsche Strafrechtsreformdiskussion, Tübingen, 1970

Die Präventivtheorien, die auf der Abschreckung beruhen, sei es nun General- oder Spezialprävention sind ebenfalls ungeeignet, Grundlage des Vollzugsziels zu sein.

Die Generalprävention durch Abschreckung aufgrund einer Strafandrohung ist in der Theorie wirkungsvoll.

Wie schon Feuerbach mit seiner Theorie des psychischen Zwanges argumentiert hatte, so wird auch heute noch versucht, allein durch die Androhung von Strafen ein bestimmtes Tun oder Unterlassen zu erzwingen. Doch die Verbrechensstatistik mit ihren steigenden Kriminalitätsziffern widerlegt diese Theorie.

Ein Verbrecher, der eine Straftat plant, weiß, daß er hierdurch ein Strafgesetz verletzen wird. Er kennt die Strafdrohung. Doch solange er überzeugt ist, nicht von ihr erfaßt zu werden, läßt er sich von der Androhung einer Strafe nicht abschrecken.

Die Verwirklichung der Straftat wird nur dann unterbleiben, wenn der Täter gewiß sein muß, daß er entdeckt und gefaßt werden kann; mit anderen Worten, daß die abstrakte Drohung tatsächlich konkretisiert werden wird. Doch solange die Aufklärungsquoten nicht fühlbar steigen[16], ist eine reale Abschreckungsfunktion der Strafe nicht erkennbar.

Das geringe Risiko des Entdeckt- und Gefaßtwerdens nimmt einer Androhung einer noch so hohen Strafe oder eines noch so harten Vollzuges jede Wirksamkeit.

Die Aufklärungsarbeit der Strafverfolgung hat den psychologischen Zwang, eine Straftat nicht zu begehen, zu erzeugen; eine Abschreckungsfunktion kann sich nur bei einer wirksamen Verbrechensahndung, für die die Strafdrohung Rechtsgrund ist, als straftatverhütend erweisen. Sie kann jedoch nicht Inhalt der Strafe selbst sein. Nicht die Strafdrohung schreckt ab, nicht der harte Vollzug, sondern nur ein äußerst hohes Risiko der Entdeckung. Diese pragmatischen Erwägungen begründen starke Zweifel an der Funktionsfähigkeit und damit Existenzberechtigung der Generalprävention als alleinigem Grund der Strafe. Dieselben Erwägungen gelten für die Spezialprävention durch Abschreckung.

Der Gefangene, der einem abschreckenden, also möglichst harten Vollzug unterworfen wird, wird sich nicht zu einer Anerkennung der Rechtsordnung, die ihn so hart behandelt, durchringen können, sondern sich nur bemühen, bei der nächsten Verbrechensbegehung geschickter vorzugehen, um nicht wieder gefaßt zu werden.

Somit bleiben als für den Vollzug praktikable Strafzwecke nur die Spezialprävention durch Erziehung und die Spezialprävention durch Sicherung. Der AE nennt in § 2 I als Zweck der Strafe den Rechtsgüterschutz und die Wiedereingliederung des Täters in die Rechtsgemeinschaft. § 37 I AE nennt als alleiniges Vollzugsziel

---

16 Derzeit etwa 52% bei allen Delikten; 72–95% bei der Schwerkriminalität.

die Wiedereingliederung des Täters. Hier wird deutlich, daß der AE den Zweck der Generalprävention als untauglich für den Vollzug ansieht. Hat der Täter das Unrecht begangen, so hat die Strafandrohung versagt, da das Rechtsgut, das geschützt werden sollte, verletzt worden ist.

III. Rückfallverhinderung als der der Arbeit zugrundeliegende Vollzugszweck

Die Aufgabe der Strafrechtspflege besteht darin, das menschliche Zusammenleben vor Störungen zu bewahren. Die Strafdrohungen sollen von der Begehung der Straftaten abhalten und verhindern, daß ein Unrecht geschehe. Wird die Strafandrohung mißachtet, so hat sie sich als unwirksam erwiesen, sofern man ihre Funktion in der Abschreckung sieht. Das begangene Unrecht kann nicht mehr eliminiert werden, es muß hingenommen werden. Durch Verhängung der Strafe werden weder das Unrecht als eine irreversible Größe noch dessen Folgen berührt, da die Tat auch nach dem Strafausspruch Unrecht bleibt und nicht Recht wird.
Begangenes Unrecht kann nicht ungeschehen gemacht werden. Daher ist ein Ausgleich auch durch Vergeltung nicht möglich. Es gibt kein Talion, es bleibt nur Resignation. Übrig bleibt daher nur, mit allen Mitteln zu versuchen, eine Wiederholung oder Neubegehung des Unrechts zu vermeiden. Aus diesem Grunde nur kann und muß gestraft werden. Der Sinn der Strafe ist also allein die Verhinderung eines Rückfalles[17]. „Rückfall" bedeutet hier aber nicht nur eine Wiederholung desselben begangenen Verbrechens, sondern wird in einem weiteren Sinn verstanden, als erneutes Straffälligwerden. Er ist der etwas abgewandelte Zweck der relativen Straftheorie, die Spezialprävention durch Erziehung oder durch Sicherung der Allgemeinheit erzielen will. Rückfallverhinderung ist ein klarer aussagekräftiger Begriff, der dennoch flexibel ist und der jeweiligen Täterpersönlichkeit angepaßt werden kann. Er zeigt die Richtung, auf die der ganze Vollzug eingestellt sein soll; er ist das Ziel, das durch den Vollzug erreicht werden soll. Dieser Begriff sagt allen am Vollzug Beteiligten, dem Gefangenen, den Vollzugsbeamten, Richtern und Staatsanwälten und schließlich einem der wichtigsten, einflußreichsten und mächtigsten Beteiligten, der Gesellschaft, der Außenwelt schlechthin, was durch das Strafen erreicht werden soll. Der Begriff „Rückfallverhinderung" ist für die so verschiedenartigen Beteiligten gleichermaßen brauchbar und allgemein verständlich. Eine solche Allgemeinverständlichkeit ist dringend erforderlich, da durch die Strafrechtspflege alle angesprochen sind und allen klar sein muß, was damit bezweckt wird. Diese Forderung geht schon aus dem Vortrag von A. Krebs[18] auf der

17 Regensburger S. 156; ähnliche Hiete, S. 215, der Resozialisierung für den einzigen Strafzweck hält.

18 In Protokolle Bd. 6, 48–71, „Die Aufgabe des Freiheitsentzuges"

6. Arbeitstagung der Strafvollzugskommission hervor. Er erarbeitete als den das Vollzugsziel am besten kennzeichnenden Begriff die „Integration" des Gefangenen in die Gesellschaft. Jedoch ist dieser Begriff nicht geeignet, in allen Bevölkerungsschichten Klarheit über das Anliegen des Vollzuges zu bringen. Gerade einfache und wenig gebildete Schichten, mit denen aber der Gefangene nach seiner Entlassung am häufigsten in Kontakt kommen wird, werden diesem Begriff wenig Verständnis entgegenbringen können, wodurch aber dieser Ausdruck sehr stark an Effizienz verliert.

In der Aussprache der Kommission auf dieser Tagung wurde auch das Thema „Aufgaben und Gestaltungsmaximen des Strafvollzuges" behandelt[19], wobei die Begriffe „Sozialisation, Eingliederung in die Gesellschaft" dem Ausdruck „Resozialisierung" vorgezogen wurden[20]. Von anderer Seite dieser Kommission wurde angeführt, daß der Strafvollzug nur die Führung eines straffreien Lebens verlangen könne; dem wurde entgegengehalten, daß auch die Befähigung des Gefangenen zu einem sozialen Verhalten angestrebt werden müsse[21]. Weiterhin wurde vorgebracht, ein Teil der Gefangenen sei nicht resozialisierungsbedürftig, z.B. die meisten Fahrlässigkeitstäter; ein anderer Teil wiederum sei nicht resozialisierungsfähig wie Überzeugungs- und Hangtäter[22]. Zu diesen zwei Gruppen treten noch die Lebenslänglichen und Sicherungsverwahrten, bei denen ebenfalls das Vollzugsziel der Resozialisierung nicht gegeben sei[23]. Das gleiche Ergebnis aber folgt auch aus der Verwendung der vorgeschlagenen Begriffe „Sozialisation" und „Integration". Doch gerade bei diesen Gruppen bleibt der Begriff „Rückfallverhinderung" aussagekräftig. Gewinnt er bei den nicht resozialisierungsbedürftigen Fahrlässigkeitstätern mehr die Färbung, daß durch die Strafe ein Anstoß zu künftiger aufmerksamerer Teilnahme am allgemeinen Verkehr zu geben ist, so kann bei nicht resozialisierungsfähigen Hangtätern und gefährlichen Verbrechern, auch bei Lebenslänglichen und Sicherungsverwahrten der Gedanke der Rückfallverhinderung durch Sicherung der Allgemeinheit im Vordergrund stehen. Bei Sicherungsverwahrten kann auch dieses Vollzugsziel bei der Beurteilung über das Ende der Verwahrung Beachtung finden, ebenso bei Lebenslänglichen bei der Entscheidung über eine Begnadigung. Für die Heranziehung dieses Begriffes lassen sich auch Anhaltspunkte im geltenden Recht finden. Die ganzen Vorschriften über die Bewährung des Verurteilten (§§ 23 ff., § 26 StGB) sind mit dem Gedanken der Vergeltung und der Abschreckung nicht vereinbar, da durch eine nicht oder nur zum Teil verbüßte Strafe das Unrecht doch nicht ausgeglichen sein kann; ebenso wenig wird ein Täter durch die

19 Protokolle Bd. 6, S. 8 ff.

20 a.a.O., S. 9

21 a.a.O., S. 10

22 a.a.O., S. 11

23 a.a.O., S. 11

Aussicht auf Bewährung abgeschreckt, und doch hat sich das Institut der Bewährung als sehr praktikabel erwiesen[24]. Unausgesprochen wird also doch schon vom Gesetz und auch von der Praxis zum Teil der Sinn der Strafe in der Rückfallverhinderung gesehen. § 3 EVollzG (Entwurf eines Strafvollzugsgesetzes, beschlossen von der Strafvollzugskommission, herausgegeben vom BJM im Februar 1971) sieht das Ziel der Behandlung im Vollzug der Freiheitsstrafe darin, daß der Gefangene befähigt werden soll, „künftig in sozialer Verantwortung ein Leben ohne Straftaten zu führen."

Dieses Ziel deckt sich mit dem in dieser Arbeit vertretenen Ziel der Rückfallverhinderung, da „Rückfall" hier nicht so aufgefaßt wird, daß darunter nur die nochmalige Verwirklichung des Tatbestandes, weswegen der Gefangene einsitzt, verstanden wird, sondern „Rückfall" bedeutet hier „Rückfall in die Straffälligkeit". Wesentlich erscheint, wie bereits ausgeführt, vor allem der Gebrauch eines kurzen, prägnanten Begriffes, aus dem heraus für verschiedene Probleme schon Aussagen gewonnen werden können. „Rückfallverhinderung" ist also das Vollzugsziel, auf dem diese Arbeit aufbaut.

C. Folgerungen aus dem Strafvollzugsziel der Rückfallverhinderung

Soll das Strafvollzugsziel nicht eine bloße Deklaration eines Ideals sein, so muß bei allen Maßnahmen des Vollzuges erkennbar sein, daß danach getrachtet wird, dieses Ziel zu verwirklichen. Alle Maßnahmen müssen unter dem Vorzeichen der Erreichung und Ermöglichung dieses Zieles stehen.

Die Gefangenschaft, die räumliche Absonderung des Gefangenen, ist nur ein Mittel, diesen Zweck zu erreichen, darf aber nicht Selbstzweck sein. Strafe ist nicht Freiheitsentzug, sondern Versuch einer Rückfallverhinderung, der durch den Freiheitsentzug ermöglicht werden soll. Der Freiheitsentzug soll der Rückfallverhinderung dienen. Hieraus folgt Wesentliches für die Gestaltung des Vollzuges. Sicherheit und Ordnung – oft gebrauchte Ausdrücke der DVollzO – sollen die Freiheitsentziehung garantieren.

Maßnahmen zur Aufrechterhaltung von Sicherheit und Ordnung können jedoch oft mit den Erfordernissen des Vollzugsziels, der Rückfallverhinderung, kollidieren. Maßnahmen, die der Rückfallverhinderung dienen, können gleichzeitig aber das Mittel – den Vollzug, der ja ebenfalls der Rückfallverhinderung dient – gefährden. Dieses Problem zu lösen, ist in der Theorie schon schwierig und wird in der Praxis unmöglich sein.

Es ist von einer Rangordnung der verschiedenen Mittel auszugehen, die aber gleichzeitig wieder den Zweck verwässert. Der übergeordnete Grundsatz – der

24 vgl. Dreher Vorbem. 3 vor § 23 StGB

Strafvollzug soll versuchen, einen Rückfall zu verhindern – ist jedoch dann unbeachtlich, wenn eine Maßnahme, die auch geeignet ist, das Vollzugsziel zu erreichen, gleichzeitig die strikte Durchführung des Grundsatzes der unbedingten Freiheitsentziehung in erheblichem Maße gefährdet.

Die Möglichkeit der sicheren Verwahrung des Gefangenen hat Vorrang vor einer einzelnen Maßnahme zur Erreichung des Vollzugsziels[25], wenn der Freiheitsentzug als Bündel von vielen anderen Mitteln zur Erreichung des Vollzugszwecks angesehen wird. Mit anderen Worten, der Freiheitsentzug trägt in sich die Möglichkeit der Einsetzung vieler anderer Maßnahmen, die generell in ihrer Gesamtheit eine größere Effizienz aufweisen, als eine einzelne Maßnahme, die prima facie mehr geeignet ist, das Vollzugsziel zu erreichen, so daß die Garantie des ungestörten Freiheitsentzuges vorrangig Geltung hat. Dieser Gedanke ist jedoch nur dann gültig, wenn tatsächlich im Freiheitsentzug von den mannigfaltigen Einwirkungsmöglichkeiten auf den Gefangenen Gebrauch gemacht wird; denn sonst ist der Freiheitsentzug nur ein Einkerkern mit Zwangsarbeit.

Das Verhältnis des hier vertretenen Straf- und Strafvollzugsziels und der hieraus abgeleiteten Folgerungen einerseits, zu einem besonderen Gewaltverhältnis des Strafvollzugs andererseits, bedarf noch der Klärung. Die Frage ist, ob und inwieweit ein besonderes Gewaltverhältnis des Vollzuges auf das Vollzugsziel und die abgeleiteten Folgerungen einwirkt.

Die Einwirkung geht von dem Strafvollzugszweck der Rückfallverhinderung aus und zieht dieses Ziel – nach vorheriger Prüfung durch das GG – als Prüfungsmaßstab für die jeweiligen vorgefundenen Regelungen und Maßnahmen heran, um brauchbare Lösungen zu erreichen, deren Verwirklichung das Anliegen der Arbeit ist.

Das Ausgehen von dem einen Vollzugszweck stellt die Methode dar, die zu den einzelnen Lösungen führen soll.

Die Rechtsprechung in toto und ein Teil der Lehre gehen von einem besonderen Gewaltverhältnis des Strafvollzuges aus, um mit dieser Konstruktion die Rechtmäßigkeit der Rechtsbeschränkungen der Strafgefangenen zu begründen. Im besonderen Gewaltverhältnis steht der Bürger in einem besonders engen Verhältnis der Über-Unterordnung zum Staat, kraft dessen die Ausübung der Grundrechte beschränkt ist, soweit Sinn und Zweck des besonderen Gewaltverhältnisses es erfordern.

Prima facie geht auch die Arbeit von einem besonderen Gewaltverhältnis des Vollzuges aus, wenn der Vollzug durch Reflexion auf den Vollzugszweck mit einem Sinn ausgefüllt werden soll. Doch diese Übereinstimmung ist nur eine scheinbare, da durch die Arbeitsweise – ausgehend vom Vollzugszweck – nur erarbeitet werden soll, welche Grundrechte gegebenenfalls und in welchem Maße

---

25 So auch Waldmann S. 29

sie zu beschränken seien, während das besondere Gewaltverhältnis von der tatsächlich bestehenden Beschränkung der Grundrechte ausgeht. Die Übernahme der Methode des besonderen Gewaltverhältnisses bedeutet aber nicht die Billigung dieser Rechtsfigur auf dem hier bearbeiteten Gebiet. Die erzielten Ergebnisse sind als Empfehlung für den Vollzugsgesetzgeber gedacht, der durch den Erlaß eines Vollzugsgesetzes die Konstruktion eines besonderen Gewaltverhältnisses des Vollzuges endlich obsolet werden lassen kann.

KAPITEL 2
DIE FRAGEBOGENENQUETE

A. Zweck

I. Basis für die Arbeit

Die Darstellung des Verkehrs des Strafgefangenen mit der Außenwelt zerfällt in zwei große Teile. Die Basis stellt ein zusammenfassender Bericht über die derzeitige Praxis dar. Es wird gezeigt, wie z.Z. die Praxis den Verkehr des Gefangenen mit der Außenwelt ausgestaltet. Auf dieser Darstellung fußt der 2. Teil, die rechtliche Betrachtung und Würdigung.

Eine rechtliche Auswertung ist nur möglich, wenn Material vorhanden ist. An Material im Strafvollzugsrecht fanden sich nur die DVollzO, vereinzelte Vorschriften in StGB und StPO und Schriften, was bis auf wenige Ausnahmen[1] wenig über die tatsächlich geübte Praxis aussagte. Dies wäre jedoch sehr wünschenswert gewesen, da nähere Details weithin unbekannt sind. So mußte nun, da insbesondere kein Bericht über die Praxis, über die praktische Anwendung der Nr. 138 ff. DVollzO und die Erfahrungen damit, vorlag, erst versucht werden, dies nachzuholen und als Basis für die Auswertung auszugestalten; denn andernfalls würden alle rechtlichen Erwägungen beziehungslos im Raume stehen.

Die Grundlage für diese Darstellung bilden Erfahrungen des Verfassers bei Informationsbesuchen in den JVA München-Stadelheim, Aichach, Bernau, Straubing und Frankfurt/Main-Preungesheim (Gustav-Radbruch-Haus). Um jedoch authentische Erfahrungsberichte der Praxis bei vertretbarem Aufwand auf möglichst breiter Grundlage zu gewinnen, wurde der Weg einer Fragebogenenquête eingeschlagen, deren zusammengefaßte Ergebnisse die Grundlage der Arbeit bilden.

II. Fehlende Untersuchungen über Strafvollzugspraxis

Abgesehen von der Funktion als Grundlage der rechtlichen Würdigung der Praxis hat diese Darstellung der Ergebnisse der Enquête noch eine weitere Aufgabe. Sie soll dazu beitragen, die Auffassung der Praxis und ihre Erfahrungen wissenschaftlich zu erfassen und eine Lücke schließen zu helfen, da bisher über dieses Gebiet noch keine genaueren und umfassenderen Untersuchungen vorgenommen wurden. Insbesondere existiert bis jetzt noch keine authentische Darstellung der Praxis auf dem Gebiet des Verkehrs des Strafgefangenen mit der Außenwelt[2].

---

1 z.B. St. Harbordt Subkultur; Hoppensack Strafanstalt
Müller-Dietz, Fragebogenenquête, Calliess, Strafvollzug, Scheu, Verhaltensweisen.

2 vgl. hierzu Schüler-Springorum, Was stimmt nicht . . . S. 13, Anm. 7

B. Die Methode

Um zu exakten Daten und genauen Aussagen über die Praxis zu kommen, wäre eine Untersuchung in sämtlichen JVA der BRD erforderlich gewesen. Ein solches Unternehmen überstiege aber bei weitem die Möglichkeiten eines einzelnen. Es wurde daher ein Weg gewählt, der zu gleich genauen Ergebnissen führt, jedoch leichter begehbar war. Ein Katalog von 146 Fragen wurde an sämtliche Länderjustizministerien mit der Bitte um Ausfüllung verschickt[3]. Es wurden die Justizministerien gewählt, da sie wegen Fehlens von Mittelbehörden, als den JVA übergeordnete Behörden noch über eine weitgehende Praxisnähe verfügen, die gestattet, die Ergebnisse als aus erster Hand gekommen anzusehen.

C. Ausführung

I. Beteiligung der Länder

Am 28.7.1970 wurden die Fragebögen an die Justizministerien verschickt. Angeschrieben wurden die Justizministerien von Baden-Württemberg, Bayern, Berlin, Bremen, Hamburg, Hessen, Nordrhein-Westfalen, Rheinland-Pfalz, Saarland, Niedersachsen und Schleswig-Holstein. Nur Bremen und Hamburg sahen sich nicht in der Lage, den Fragebogen zu bearbeiten. Von den übrigen Bundesländern trafen die Ergebnisse in der Zeit vom 1.9.1970 bis 1.2.1971 ein. Die weitgehende Beteiligung der Länder verbürgt, daß fundierte Aussagen über den heutigen Strafvollzug in der Bundesrepublik Deutschland gemacht werden können.

II. Bearbeitungsmodalitäten

Es war geplant, daß ein Justizministerium aufgrund seiner Erfahrungen in den gesamten JVA des Landes einen Fragebogen ausfüllen sollte. Bis auf Rheinland-Pfalz und Baden-Württemberg ist dies auch geschehen. Rheinland-Pfalz und Baden-Württemberg nehmen jedoch eine Sonderstellung ein.

Für Rheinland-Pfalz hat nicht das Justizministerium den Fragebogen ausgefüllt, sondern dies geschah vom Leiter der JVA Wittlich stellvertretend für alle JVA von Rheinland-Pfalz. Daher sind die Ergebnisse von Rheinland-Pfalz genau so repräsentativ wie die der anderen Bundesländer.

In Baden-Württemberg wurde von den Leitern der 13 selbständigen JVA je ein Fragebogen ausgefüllt; zusätzlich bearbeitete das Justizministerium von Baden-Württemberg noch einen vierzehnten.

---

3 Abdruck des Fragebogens im Anhang, S. 181 ff.

D. Brauchbarkeit der Ergebnisse

I. Zeitraum

Die Fragebogen wurden nicht zu einem für alle Justizministerien gleichen Stichtag bearbeitet. Vielmehr liegt der Bearbeitungszeitraum zwischen dem 31.8.1970 und dem 20.1.1971. Dies beseitigt jedoch nur bei den Fragen A 5 und A 6 eine Vergleichsmöglichkeit zwischen den einzelnen Ländern, da sich diese Fragen auf die am jeweils von dem Justizministerium genannten Stichtag beziehen. Auch wenn die Bearbeitung zu einem einheitlichen Stichtag möglich gewesen wäre, hätte die Beantwortung dieser Fragen nur geringen Mehrwert gehabt, da sich diese Zahlen ja täglich infolge der Gefangenenfluktuation ändern. Es sollte damit nur ein ungefährer Eindruck vom Verhältnis der Kapazität der Anstalten zur tatsächlichen Population erreicht werden.

Die übrigen Fragen waren nicht an eine bestimmte Zeit gebunden, so daß auch deren Beantwortung zu verschiedenen Zeiten innerhalb des besagten halben Jahres keine Fehlerquellen bei Gegenüberstellung der Ergebnisse ergibt.

II. Sonderstellung von Baden-Württemberg und Rheinland-Pfalz

Die Ergebnisse der einzelnen von den verschiedenen JVA von Baden-Württemberg bearbeiteten Fragebogen werden in den Tabellen mit den Ergebnissen der anderen Fragebogen dargestellt. Sie eignen sich daher nicht unmittelbar für einen direkten zahlenmäßigen Vergleich mit den anderen Ergebnissen; doch durch eine reine Mitteilung eines Durchschnittsergebnisses bliebe wertvolles Material unberücksichtigt.

Wo es auf einen Zahlenvergleich ankommt, wird neben den Einzelergebnissen noch der vergleichsfähige Durchschnittswert mitgeteilt.

In dem Begleitschreiben des Justizministeriums von Rheinland-Pfalz zu dem Fragebogen wurde ausgeführt, daß dieser vom Leiter der JVA Wittlich stellvertretend für alle JVA des Landes Rheinland-Pfalz ausgefüllt wurde. Hieraus geht hervor, daß auch bei diesem Fragebogen der Gesamtüberblick gewahrt ist, der Fragebogen also eine taugliche Vergleichsgröße darstellt.

III. Das Fehlen von Bremen und Hamburg

Bei Bezugnahme der Ergebnisse auf das ganze Bundesgebiet fallen die fehlenden Ergebnisse von Bremen und Hamburg fast nicht ins Gewicht. Das Gesamtergebnis der Enquête wäre wahrscheinlich nicht sehr verändert, wenn sich die beiden Städte noch daran beteiligt hätten. Dies folgt aus dem Vergleich der Antworten Berlins mit den übrigen Fragebogen, da Berlin als repräsentativ für die beiden anderen Stadtstaaten angesehen werden kann.

IV. Allgemeine Beurteilung

Anhaltspunkte, an der Zuverlässigkeit der Ergebnisse zu zweifeln, sind in keiner Weise zutage getreten.

KAPITEL 3
DIE VOM GEFANGENEN AUSGEHENDEN BEZIEHUNGEN ZUR AUSSENWELT

A. Die derzeitige Praxis

Vorbemerkung

Der Verkehr von Menschen untereinander ist ein Austausch von Gedanken, Meinungen, Ansichten zwischen zwei Polen, deren jeder aus einer Person, Personengruppierungen oder auch aus weitgehend von der Person abstrahierten Organisationen (Behörden u.ä.) bestehen kann. Der Verkehr des Gefangenen mit der Außenwelt zeichnet sich dadurch aus, daß ein Pol immer von einer Person allein gebildet ist, die räumlich gewöhnlich sehr stark von den anderen Polen abgesondert ist, die sich in einer sehr weitgehenden Gewaltunterworfenheit unter den Staat befindet.

Aus dieser besonderen Stellung des einen Partners folgt eine verschiedene Ausgestaltung der Beziehungen zum jeweiligen anderen Partner, so daß eine Trennung der Untersuchung nach den jeweiligen Ausgangspunkten der Beziehungen angezeigt ist.

I. Der Briefverkehr

1. Briefpapier

Bis vor kurzer Zeit hatte der Gefangene kein Recht auf eigenes Schreibpapier; nach Nr. 151 III DVollzO a.F. wurde ihm nur ein zweiseitiger Anstaltsbriefbogen ausgehändigt, für in der Regel nur jeweils ein Schreiben. Die Verwendung eigenen Papiers wurde dem Gefangenen nur als Vergünstigung gewährt, die er sich zunächst erst verdienen mußte;

Nr. 62 DVollzO a.F. nennt die Voraussetzungen hierfür. Weiterhin konnte der Gefangene nicht verlangen, daß ihm zusätzliches Papier für die Anfertigung von Abschriften zur Verfügung gestellt werde; nach Nr. 151 III DVollzO a.F. erhielt er zusätzliches Papier nur aus besonderen Gründen[1]. Kohlepapier durfte wegen der damit verbundenen Gefahr des Mißbrauchs, also die Sicherheit und Ordnung der Anstalt gefährdend, nicht ausgehändigt werden[2].

Mit der Neufassung der DVollzO, die am 1.7.1969 in Kraft getreten ist, wurde auch die Regelung des Briefpapierbesitzes geändert. Grundsätzlich stellt nach Nr. 151 III DVollzO n.F. die Anstalt Schreibbedarf in angemessenem Umfang.

---

1 OLG Schleswig VD 5/64 nach Frank, Taschenbuch für den Strafvollzug, Abteilung 330, S. 28

2 OLG Schleswig VD 5/66, a.a.O.

Die Beschränkung auf einen zweiseitigen Briefbogen ist hiermit weggefallen. Die von Grund auf geänderte Nr. 62 DVollzO n.F. ermöglicht in Abs. I Ziff. 12 den Besitz von eigenem Briefpapier schon von Beginn des Vollzuges an.

2. Wegfall der Schreibfristen und deren Auswirkungen

Die Neufassung der DVollzO vom 1.7.1969 brachte in Nr. 147 einen Wegfall der Schreibfristen. Nr. 148 a.F. hatte bestimmt, daß ein Gefangener nur alle zwei Wochen einen sog. ‚Regelbrief" schreiben durfte. Daneben bestand die Möglichkeit, bei besonderen Anlässen einen „Sonderbrief" zu gewähren (Nr. 149 a.F. DVollzO).

Die Erfahrung hat gezeigt, daß nach Abschaffung der Frist die Zahl der ausgehenden Briefe sprunghaft angestiegen war, sich aber nach kurzer Zeit im allgemeinen auf einem Stand eingependelt hat, der etwa 50% höher liegt als bei Bestehen der Schreibfristen. Es soll nicht verschwiegen werden, daß dies eine nicht unerheblich erhöhte Arbeitsbelastung der Zensurbeamten mit sich gebracht hat; doch die Ergebnisse zeigen, daß dies nicht, wie gelegentlich als Gegenargument angeführt wurde, den Zensurbetrieb einer JVA paralysiert hat. Dies folgt aus den Ergebnissen, die bei Punkt 3 c mitgeteilt werden.

3. Die Zensur

a) Grund

Nr. 152 DVollzO schreibt die Zensur der Gefangenenpost vor, bringt auch in Abs. IV eine kurze Reflexion auf die Gründe der Zensur. Es werden dort angeführt „zweckmäßige Behandlung des Gefangenen, Fürsorge für die Zeit nach der Entlassung, Aufrechterhaltung der Sicherheit und Ordnung der Anstalt und Wahrung besonderer öffentlicher Belange."

Die Frage nach dem Grund der Zensur wurde in Kenntnis dieser Vorschrift gestellt, da davon ausgegangen wurde, daß ein so großer Eingriff in die persönliche Sphäre des Gefangenen, wenn auch vorgeschrieben, doch den Verantwortlichen dazu gebracht haben müßte, selbst die Notwendigkeit der Existenz dieser Vorschrift zu überdenken. Es ergaben sich drei Gründe für die Zensur, wobei in einem Fragebogen oft mehrere Gründe genannt wurden.

Die Zensur wird durchgeführt:

1) weil vorgeschrieben
2) aus Sicherheitsgründen
3) aus Gründen der Resozialisierung.

Das genaue Ergebnis sei hier tabellarisch mitgeteilt:

Tabelle 1 Frage B I 3

Gründe für Zensur

	weil vorgeschrieben	Sicherheitsgründe	Resozialisierung
Baden-Württemberg			
Bruchsal		+	
Freiburg	+	+	
Gotteszell	+		
Heilbronn			
Hohenasperg		+	
Karlsruhe	+		
Ludwigsburg		+ (insbes. Schutz der Frau)	
Mannheim		+	
Pforzheim	+		
Rottenburg	+		
Schwäb. Hall	+		
Stuttgart			
Ulm			
Bayern			+
Berlin		+	+
Hessen		+	
Niedersachsen		+	+ (Persönlichkeits-forschung)
Nordrhein-Westfalen		+	+
Rheinland-Pfalz		+	
Saarland	+		
Schleswig-Holstein	+		

Da die Gründe 2 und 3 auch in Nr. 152 IV DVollzO enthalten sind, daher auch bei der Durchführung der Zensur immer mitbeachtet werden müssen, folgt, daß die betreffenden Anstalten bzw. Länder ihr Hauptgewicht bei der Zensur vor allem auf die in den Antworten genannten Punkte legen.

Die Bezugnahme der Antwort auf die DVollzO läßt erkennen, daß keiner der Gründe der Nr. 152 IV DVollzO eine besondere Berücksichtigung erfährt. Es ergibt sich, daß vor allem aus Sicherheitsgründen zensiert wird; es steht also die Angst vor einem Ausbruch im Vordergrund. Ein Vergleich dieser Antworten mit Antworten auf Fragen nach Kassibern und Kassiberinhalten soll zeigen, ob diese Angst begründet ist.

b) Handhabung

Unter B I 7 wurde gefragt, ob irgendeine Differenzierung bei der Zensur vorgenommen wird. Die Antworten ergeben sich aus der Tabelle 2.

Nur die Post von Freigängern bleibt unzensiert (in 2 Anstalten von Baden-Württemberg). Die sonstige Differenzierung kann daher nur in mehr oder weniger genauem Lesen bestehen. Die zusammengefaßte Antwort auf die Frage B I 10 ergibt, daß in allen geschlossenen JVA, verschiedentlich in halboffenen und nur in Bayern auch in offenen JVA zensiert wird. In Nordrhein-Westfalen wird in offenen JVA nur ausnahmsweise zensiert.

Die Frage B I 11 hatte die Möglichkeit einer Zensurfreiheit für zuverlässige

Tabelle 2 Frage B I 7

Differenzierung bei Zensur

	Unterschiedslose Durchführung der Zensur	Differenzierung bei Zensur
Baden-Württemberg		
Bruchsal	+	
Freiburg	+	
Gotteszell	+	
Heilbronn	+	
Hohenasperg		+
Karlsruhe	+	
Ludwigsburg	+	
Mannheim		+
Pforzheim		+ (Freigänger unzensiert)
Rottenburg	+	
Schwäb. Hall	+	
Stuttgart	+	
Ulm		+ (Freigänger unzensiert)
Bayern		+
Berlin		+
Hessen		+
Niedersachsen		+ (Briefe von Ehefrauen werden nicht zensiert, sondern kontrolliert)
Nordrhein-Westfalen		+ (152 DVollzO)
Rheinland-Pfalz	+	
Saarland	+	
Schleswig-Holstein	+	

Tabelle 3 Frage B I 11

Zensurfreiheit für zuverlässige Gefangene (theoretisch)

	ja	nein
Baden-Württemberg		
Bruchsal	+	
Freiburg	+	
Gotteszell	+	
Heilbronn	+	
Hohenasperg	+	
Karlsruhe	+	
Ludwigsburg		+ (es gibt keinen solchen Gefangenen)
Mannheim	+	
Pforzheim	+	
Rottenburg	+	
Schwäb. Hall	+	
Stuttgart	+	
Ulm	+	
Bayern		+ (siehe Fr. B I 3 und 7) Tabelle 1 und 2
Berlin	+ (wenn lediglich aus Sicherheitsgründen zensiert werden müßte)	
Hessen	+	
Niedersachsen	+	
Nordrhein-Westfalen	+ (grundsätzlich aber Mißbrauchsmöglichkeit zugunsten anderer Mitgefangener, deren Briefe zensiert werden)	
Rheinland-Pfalz		+ (solange keine Trennung von Kriminellen möglich)
Saarland	+	
Schleswig-Holstein	zweifelhaft	

Gefangene, z.B. Verkehrs-, Fahrlässigkeitstäter[3], zum Gegenstand. Überwiegend wurde unter Vorliegen der genannten Voraussetzungen ein mögliches Absehen von Zensur bejaht.

Zu einer Schlußfolgerung aus der Aufstellung soll zunächst zu den Nein-Stimmen Stellung genommen werden:

3 Diese Kategorie wurde nur als Beispiel gewählt, um den Begriff „zuverlässig" etwas zu konkretisieren. Es ist hiermit mehr der nicht gefährliche Gefangene gemeint.

Baden-Württemberg/Ludwigsburg leugnet überhaupt das Bestehen der Voraussetzungen, die für diese Frage aufgestellt wurden. Jeder Gefangene ist also ein potentieller Ausbrecher in den Augen dieser Anstalt.

Es erhebt sich die Frage, ob dies nicht etwa zynisch gemeint war, oder ob in dieser Anstalt tatsächlich Anhaltspunkte vorliegen, jedem Gefangenen eine Zuverlässigkeit abzusprechen.

In Frage B III 6 nach Erfahrungen mit Gefangenenurlaub – ein Gebiet, das mit dem vorliegenden nichts zu tun hat – wird wörtlich geantwortet: „Trotz mancher Enttäuschung überwiegend positiv (die Person des Anstaltsleiters wird durch die Ablehnung von Urlaubsanträgen sehr stark belastet)“. Diese Antwort gibt Zeugnis davon, daß die Belange der Gefangenen von der Anstaltsleitung wirklich ernsthaft geprüft werden.

Das Leugnen der Existenz eines in Frage B I 11 vorausgesetzten zuverlässigen Gefangenen legt eine Erfahrung der Praxis dar und ist wohl kaum zynisch, sondern schon eher resignierend gemeint.

Bayern begründet sein „Neun“ mit Verweisung auf die Antworten in Tabelle 1 und 2, also mit dem Resozialisierungsgedanken. Da auch Berlin in B I 3 Resozialisierungsgründe für die Zensur anführt, ist an sich diese Ja-Stimme dem „Nein“ zuzuordnen, da ja stillschweigend die Einschränkung angeführt wird, daß bei einem zuverlässigen Gefangenen, der keine Gefahr für die Sicherheit der Anstalt darstellt, immer noch der Resozialisierungsgedanke zu berücksichtigen ist.

Die Bemerkung von Nordrhein-Westfalen spricht für sich selbst.

Die Antwort von Rheinland-Pfalz ist als ein „Ja“ zu werten, da die Frage rein theoretisch war, ohne auf das Problem der Mitgefangenen einzugehen. Dies geschieht in den folgenden Fragen.

Ergebnis:

Es ist festzuhalten, daß *theoretisch* eine Zensur entfallen kann, wenn folgende Voraussetzungen vorliegen:

Der Gefangene muß das in ihn gesetzte Vertrauen rechtfertigen können. Er darf nicht resozialisierungsbedürftig sein.

Hinzu treten jedoch noch weitere Einschränkungen der Praxis, wie die Fragen B I 14/15/16 zeigen werden.

Zuvor jedoch soll das Ergebnis der Frage B I 1 2 mitgeteilt werden. Es handelt sich hier um die etwaige Bekanntgabe einer Zensurfreiheit. Zum Teil wird auch in einer jedoch soll das Ergebnis der Frage B I 12 mitgeteilt werden. Es handelt sich hier um die etwaige Bekanntgabe einer Zensurfreiheit. Zum Teil wird auch in einer geschlossenen Anstalt für Schwerkriminelle, die der Verfasser besucht hat, bei vertrauenswürdigen Gefangenen nicht mehr zensiert. In den Genuß dieser

Zensurfreiheit kommen ca. 20% der Insassen (= ca. 200 Gefangene). Allerdings ist diese Zensurfreiheit nur relativ, da diesen Gefangenen nicht mitgeteilt wird, daß ihre Post nicht gelesen wird; sie wird geöffnet und erhält auch den Sichtvermerk des Zensurbeamten. Der Grund ist folgender: Wüßten die Gefangenen, daß ihre Post nicht zensiert wird, so wäre dies sofort in der JVA bekannt. Teils würde Gleichbehandlung von den anderen verlangt, teils würden die Nichtzensierten von den anderen gezwungen, Nachrichten hinaus- und hineinzuschmuggeln[4]. Das Absehen von Zensur erfolgt also nicht aus Gründen der Wahrung der Rechte der Gefangenen, auch nicht aus Resozialisierungsgründen, sondern, wie freimütig eingestanden wurde, aus Gründen der Arbeitsersparnis.

Tabelle 4 Frage B I 12

Mitteilung der Zensurfreiheit an Gefangene

	ja	nein
Baden-Württemberg		
Bruchsal		+
Freiburg	+	
Gotteszell	+	
Heilbronn	+	
Hohenasperg	+	
Karlsruhe	+	
Ludwigsburg	+	
Mannheim	+	
Pforzheim	+	
Rottenburg		+
Schwäb. Hall	+	
Stuttgart	+	
Ulm	+	
Bayern	–	
Berlin	+	
Hessen	+	
Niedersachsen	+	
Nordrhein-Westfalen		+
Rheinland-Pfalz	+	
Saarland		+
Schleswig-Holstein	+	

– = Enthaltung

4 So die Antworten auf Frage B I 13; i.ü. beruht die Anführung des Beispiels der relativen Zensurfreiheit auf Mitteilung des Anstaltsvorstandes der JVA Straubing.

c) Dauer der Zensur auslaufender Briefe

Die **Tabelle 5** spricht für sich selbst.

Frage B I 5

	Abgabe zur Post am gleichen Tag	am nächsten Tag	später
Baden-Württemberg			
Bruchsal		+	+
Freiburg	+		
Gotteszell	+		
Heilbronn	+		
Hohenasperg	+		
Karlsruhe	+		
Ludwigsburg			(an Wochenenden am nächsten Werktag)
Mannheim	+		
Pforzheim	+		
Rottenburg	+		
Schwäb. Hall	+		
Stuttgart	+		(an Wochenenden am nächsten Werktag)
Ulm	+		
Bayern		+ (Werktag)	
Berlin		+ (Werktag)	
Hessen		+ (Werktag)	
Niedersachsen	+		
Nordrhein-Westfalen		+	
Rheinland-Pfalz	+		(an Wochenenden am nächsten Werktag)
Saarland	+		
Schleswig-Holstein	+		

d) Stichproben

Unter B I 8/9 wurde gefragt, ob Stichproben anstelle von genauer Zensur den gleichen Zweck erfüllen könnten und gegebenenfalls, welche Voraussetzungen vorliegen müßten. Das Ergebnis ist sehr interessant; eine weitgehend einheitliche Meinung läßt sich nicht feststellen.

Insgesamt beträgt das Verhältnis der Ja/Nein-Stimmen 7:11, wobei überhaupt nur eine Ja-Stimme ohne Einschränkungen ist[5].

---

5 Die Auswertung bleibt späteren Ausführungen vorbehalten.

e) Etwaiges Absehen von der Zensur

Die Tabelle 7 zeigt, daß doch manchmal von der Zensur abgesehen wird.

Dies wird aber vermutlich in der Form geschehen, daß dem Gefangenen hiervon keine Mitteilung gemacht wird. Weiterhin ist zu berücksichtigen, daß sich diese Antworten auch auf die Zensurpraxis in halboffenen und insbesondere in offenen Anstalten beziehen, in denen eine strikte Zensur nicht am Platze ist.

Die praktische Durchführung einer Zensurfreiheit wird ausnahmslos verneint. Hinderungsgrund ist vor allem mangelnde Isolierbarkeit der Nichtzensurierten;

Tabelle 6 Frage B I 8/9

Stichproben anstelle von Zensur

	ja	nein
Baden-Württemberg		
Bruchsal		+
Freiburg		+
Gotteszell	+ (wahrscheinlich)	
Heilbronn	+	
Hohenasperg		+
Karlsruhe		+
Ludwigsburg		+
Mannheim		+
Pforzheim	+ (bei Briefverkehr mit Angehörigen oder Fürsorgest., wenn kein Verfahren mehr anhängig)	
Rottenburg	–	–
Schwäb. Hall		+
Stuttgart	+ (bei Trennungsmöglichkeit Straf-/Ugef.)	
Ulm	+ (vermutlich)	
Bayern		+
Berlin	+ (in übersichtlich kleiner Anstalt mit persönlichen Kontakten)	
Hessen		
Niedersachsen		+
Nordrhein-Westfalen		+ (im geschlossenen Vollzug)
Rheinland-Pfalz		+
Saarland		+
Schleswig-Holstein	+ (bei geeigneter Gefangenengruppe)	

– = Enthaltung

ohne Isolierung der Betreffenden sei aber eine Zensurfreiheit auch für die dafür geeigneten Gefangenen nicht möglich.
Eine Differenzierung nach anderen Gesichtspunkten sei wichtiger.

Tabelle 7 **Frage B I 17**

Etwaiges Absehen von Zensur

	Wegen Arbeitserleichterung der Zensurbeamten	Wegen Wahrnehmung von Gefangenenrechten	Wegen Erreichung des Resozialisierungsziels
Baden-Württemberg			
Bruchsal	–	–	
Freiburg	–	–	
Gotteszell			+ (die Zensur soll helfen, das Resozialisierungsziel zu erreichen)
Heilbronn	–	–	
Hohenasperg		+	+
Karlsruhe	–	–	–
Ludwigsburg	–	–	–
Mannheim	–	–	–
Pforzheim			+ (gilt derzeit nur bei Freigängern)
Rottenburg	–	–	–
Schwäb. Hall		+	+
Stuttgart		+	+
Ulm		+	+
Bayern	–	–	–
Berlin		+	+
Hessen			+
Niedersachsen		+	+
Nordrhein-Westfalen		+	+ (vgl. Nr. 3) Tabelle 1, S. 17
Rheinland-Pfalz	+	+	+
Saarland	–	–	–
Schleswig-Holstein	–	–	–

– = Enthaltung

Tabelle 8 Fragen B I 14/15/16

Praktische Durchführbarkeit der Zensurfreiheit

	ja	nein/Begründung
Baden-Württemberg		
Bruchsal		+ Gleichbehandlung aller Gefangenen
Freiburg		+ bauliche Gegebenheiten
Gotteszell		+ DVollzO/räumliche Verhältnisse
Heilbronn		+ pennsylvanisches System
Hohenasperg		+ Behandlungsgründe
Karlsruhe		+ vollständige Trennung ist nicht möglich
Ludwigsburg		+ wie oben, Arbeit, Schule, Freizeit
Mannheim		+ bauliche Gegebenheiten, sonst wie oben
Pforzheim		+ bauliche Gegebenheiten
Rottenburg		+ gemeinsamer Hof- und Kirchgang, keine gesonderte Abteilung
Schwäb. Hall		+ Differenzierung in Anstalt nach wesentlichen Kriterien
Stuttgart		+ mangelnde Trennung von Untersuchungs- und Strafgefangenen
Ulm		+ bauliche Verhältnisse
Bayern		+ Isolierung nur in gesonderten Anstalten
Berlin		+ vielfältige Arbeits-Fortbildungs-Freizeitgestaltung
Hessen		+ unzulässige Differenzierung
Niedersachsen		+ organisatorische Schwierigkeiten; Trennung nach diesem Gesichtspunkt weder durchführbar noch notwendig
Nordrhein-Westfalen		+ verw. techn. Schwierigkeiten, gesonderte Arbeits-Freizeitgruppen
Rheinland-Pfalz		+ bauliche und räumliche Differenzierung noch nicht möglich
Saarland		+ gemeinsame Arbeit und Veranstaltungen
Schleswig-Holstein		+ räumliche Enge, gemeinsame Treffpunkte (in Verwaltung, Werkstatt, Transport, beim Arzt)

f) Persönlichkeitsforschung[6]

aa) Benutzung der Erkenntnisse zur Persönlichkeitsforschung

Überwiegend wird zur Frage B I 32 angegeben, daß die Erkenntnisse aus der Briefzensur zur Persönlichkeitsforschung benützt werden. Nur Baden-Württemberg/Bruchsal und Schleswig-Holstein verneinen diese Frage.

In Baden-Württemberg/Hohenasperg werden die Zensurergebnisse nur in Einzelfällen zur Persönlichkeitsforschung herangezogen, in Berlin von Fall zu Fall.

6 Zu diesem Punkt sei ergänzend auf die von Müller-Dietz/Würtenberger angestellten Untersuchungen verwiesen; Enquête S. 50 ff.

bb) Resozialisierungserfolge

Eine Frage, die sehr schwer, wenn überhaupt, zu beantworten ist, ging dahin, ob, soweit ersichtlich, Resozialisierungserfolge aufgrund von Zensurerkenntnissen ermöglicht wurden.

Unter Berücksichtigung der äußerst schwierigen Beantwortbarkeit, da eine Kausalität einer Maßnahme für die Resozialisierung schwer nachzuweisen ist, ist das Ergebnis erstaunlich konkret.

Bei einer Arbeit mit Tabelle Nr. 9 ist allerdings auch zu berücksichtigen, daß der Begriff der Resozialisierung nicht genügend präzise ist, um aus diesem Ergebnis allgemeingültige Wertungen abzuleiten, da in der Frage nicht geklärt wurde, was unter Resozialisierungserfolg verstanden wird. Dies kann eine dauernde oder zeitliche Nichtstraffälligkeit sein. Wer will dann die zeitliche Grenze ziehen, ab der von einem Resozialisierungserfolg gesprochen werden kann?

Die Antworten auf Frage B I 33 werden hier vielmehr nur als Indiz aufgefaßt in der Frage der Erforderlichkeit und der Existenzberechtigung der Postzensur.

Tabelle 9 Frage B I 33

Resozialisierungserfolge durch Zensur

	ja	nein
Baden-Württemberg		
Bruchsal		+
Freiburg	+	
Gotteszell	+	
Heilbronn	+	
Hohenasperg	Resozialisierungserfolge statistisch nicht erfaßbar	
Karlsruhe	+	
Ludwigsburg	+	
Mannheim		+
Pforzheim		+
Rottenburg	+	
Schwäb. Hall	+	
Stuttgart	+	
Ulm	+	
Bayern	+	
Berlin	Resozialisierungserfolge eher ja als nein	
Hessen	+	
Niedersachsen	+ In Einzelfällen, außerdem viele Erkenntnisse über die Persönlichkeit	

	ja	nein
	und die Familienverhältnisse	
Nordrhein-Westfalen	Angaben über Ursächlichkeit von Behandlungsmaßnahmen für Resozialisierung nicht möglich	
Rheinland-Pfalz	+	
Saarland	+	
Schleswig-Holstein		+

Das Ergebnis allein kann die Zensur nicht rechtfertigen, da es hierzu zu vage ist, kann aber ein wertvolles Hilfsargument bei Entscheidung dieser Frage sein.

cc) Vornahme einer differenzierten Behandlung aufgrund von Erkenntnissen aus der Postzensur

Zur Frage B I 34 wird zum Großteil angegeben, daß eine differenzierte Behandlung eines Gefangenen aufgrund der Erkenntnisse aus dem Briefverkehr möglich sei.

Die einzige Ausnahme bildet Bruchsal.

In Berlin und in Nordrhein-Westfalen ist in Einzelfällen eine differenzierte Behandlung ermöglicht.

Schleswig-Holstein antwortet mit „nicht feststellbar".

dd) Möglichkeit einer solchen Behandlung

Unter B I 35 wurde die Möglichkeit einer differenzierten Behandlung eines Gefangenen in einer Anstalt, die die Zensur eines jeden Briefes erforderlich macht, erforscht.

Bis auf Bruchsal und Heilbronn wird die Möglichkeit hierzu bejaht, wenngleich auch bemerkt wird, daß die Zensur nur ein Mittel unter mehreren sei, die zur Persönlichkeit des Gefangenen führen können.

ee) Erkennung der Schlüsselinformationen

Eine differenzierte Behandlung eines Gefangenen verlangt genaue Kenntnis seiner Psyche, seiner sozialen Herkunft, der Probleme, die ihn bedrängen, seiner gesamten Lebensumstände, seines Vorlebens usw.

Dem Zensurbeamten ist bei seiner Arbeit eine große Verantwortung aufgebürdet. Auch er soll an dem Vollzugsziel mitwirken und herauszufinden suchen, was den Gefangenen zu seinem Verbrechen getrieben hat, auf welche Weise bei dem einzelnen Einsitzenden das Vollzugsziel erreicht werden könnte.
Er hat den Ansatzpunkt zu eruieren, an dem die Vollzugsarbeit zu beginnen hat.

Er hat hierbei schon fast Psychoanalyse zu betreiben. Die Frage B I 36 sollte dazu dienen, zu erforschen, ob die Zensur wirklich ein praktikables Instrument der Persönlichkeitsforschung sein kann, oder ob wesentliche Erkenntnisse aus dem Schriftverkehr für die Persönlichkeitserforschung nicht bloß Zufallserscheinungen sind.

Fast einhellig wird diese Frage dahingehend beantwortet, daß solche Schlüsselinformationen erkannt werden können.

Nur Berlin und Schleswig-Holstein nehmen eine Sonderstellung ein.

Schleswig-Holstein hat über dieses Gebiet keine Erhebungen angestellt, während Berlin ausführt, es sei nicht feststellbar, ob solche Schlüsselinformationen erkannt werden können, da dies von der beruflichen und menschlichen Eignung des Zensurbeamten abhänge. Ergänzend wurde unter B I 39 gefragt, ob jeder Brief tatsächlich so genau gelesen wird, daß auch verborgene Spannungen ans Licht kommen, eine Frage, deren Berechtigung sich wiederum aus der großen Zahl der Postverbindungen und der bekannten Personalknappheit und der daraus resultierenden Arbeitsbelastung in den JVA ergibt[7].

Zum großen Teil wird auch diese Frage bejaht, nur Niedersachsen ist der Ansicht, daß zwar nicht in allen, aber doch in vielen Fällen durch die Briefkontrolle verborgene Spannungen aufgedeckt werden könnten. Nordrhein-Westfalen schränkt dies noch mehr ein mit der Bemerkung, daß auch bei genauem Lesen verborgene Spannungen nicht erkannt werden könnten. In Schleswig-Holstein sind hierüber Erhebungen nicht angestellt worden.

Der nochmaligen Kontrolle diente die Frage B I 40, deren Beantwortung ergab, daß die Zensur nicht allein der Schmuggelkontrolle halber erfolgt. Als Ergebnis ist festzustellen, daß der Postverkehr genau kontrolliert wird, um wirklich zur Persönlichkeit des Gefangenen vordringen zu können. Man bleibt nicht an der Oberfläche haften, sondern versucht tatsächlich, den Gefangenen zu erfassen.

Doch die erkannte Schlüsselinformation muß an die richtige Stelle weitergeleitet werden. Ob dies auch tatsächlich geschieht, sollte mit Frage B I 37 erforscht werden, die auch ausnahmslos bejaht wurde. Auf der Vollzugsseite scheint das Instrument der Zensur zur Persönlichkeitsforschung intakt zu sein, bereit, alles Erforderliche in die Wege zu leiten[8]. Aber wird auch das Material von den Gefangenen hierzu geliefert? Zur Aufklärung dieses Problems dienten die Fragen B I 4 und B I 38.

Nur 3 Länder bezeichneten die Haltung der Gefangenen zur Zensur als „einsichtig"; 9 Antworten sind „indifferent" und 10 „negativ", wobei auch zuweilen mehrere Antworten abgegeben wurden.

---

7 Vgl. ergänzend die Ergebnisse, die Müller-Dietz/Würtenberger in ihrer Enquête zu diesem Gebiet vorlegen; Fragebogenenquête S. 50 ff.

8 Vgl. aber Müller-Dietz/Würtenberg, a.a.O.

Überwiegend stellen sich die Gefangenen gleichgültig bis ablehnend zur Zensur. Die Antworten „indifferent" und „einsichtig" zusammen überwiegen jedoch die negativen Stimmen. Eine große Minderheit aber ist ablehnend zur Zensur eingestellt. Ob aus dieser Haltung bewußt Störungen der Zensur vorgenommen werden, ist ungewiß. Es kann aber angenommen werden, daß die, die negativ zur Zensur eingestellt sind, versuchen, sich ihr weitgehend zu entziehen, insbesondere werden sie nicht das geben, was man durch die Zensur von ihnen erfahren möchte, nämlich den Einblick in ihr Inneres. Ergänzend wurde hierzu Frage B I 38 eingefügt, wobei bei der Auswertung der Ergebnisse nicht übersehen werden darf, daß vielfach den Gefangenen selbst nicht bewußt ist, daß eine bestimmte Passage ihres Briefes eine Schlüsselinformation enthält.

Tabelle 10 Frage B I 4

Stellung der Gefangenen zur Zensur

	negativ	indifferent	einsichtig
Baden-Württemberg			
Bruchsal	+	+	
Freiburg		+	
Gotteszell		+	
Heilbronn			
Hohenasperg	+ (kritisch)		
Karlsruhe		+	
Ludwigsburg	+ (wenige)	+ (Mehrheit)	
Mannheim	+		
Pforzheim	+		
Rottenburg	+		
Schwäb. Hall	+	+	
Stuttgart	+		
Ulm		+	
Bayern		+	
Berlin			+
Hessen	+		
Niedersachsen	+		
Nordrhein-Westfalen	+	+	
Rheinland-Pfalz	+		+
Saarland			+
Schleswig-Holstein		+	

Die Frage kann sich also nur auf die dem Gefangenen bewußte und von ihm gesteuerte Abgabe von Schlüsselinformationen beziehen, auch wenn diese primär nicht von ihm für die Auswertung für die Persönlichkeitsforschung gedacht sind.

Tabelle 11 Frage B I 38

Zurückhalten der Schlüsselinformationen durch den Gefangenen in Kenntnis der Zensur

	ja	nein
Baden-Württemberg		
Bruchsal		+
Freiburg		+
Gotteszell		+
Heilbronn	+	
Hohenasperg	+	
Karlsruhe	+	
Ludwigsburg		+
Mannheim		+
Pforzheim		+
Rottenburg		+
Schwäb. Hall		+ (nicht immer)
Stuttgart		+
Ulm	+ (unter Umständen)	
Bayern		+ (Die Aufschließung des Gefangenen und seine persönliche Mitarbeit sind ja auch wesentliche Voraussetzungen für eine Persönlichkeitsforschung und entsprechende Behandlung)
Berlin	Es kommt auf die Persönlichkeit des Gefangenen an. „Der Schlüssel zur eigenen Persönlichkeit" ist vielen selbst unbekannt. Manch ein Gefangener ist ungehemmt, manch anderer will indirekte Mitteilungen machen	
Hessen		+
Niedersachsen	+ (bei einzelnen Gefangenen ist dies der Fall; vgl. Tab. 1)	
Rheinland-Pfalz		+
Saarland		+
Schleswig-Holstein	(denkbar)	

Überwiegend scheinen sich die Gefangenen nicht um die Zensur zu kümmern, sondern unbeeindruckt von ihr zu schreiben. Dieses Ergebnis ist aber dennoch mit Vorsicht zu verwerten, da ja den Beantwortern nur zensierte Post, persönliche Kontakte mit Gefangenen und nur in beschränktem Rahmen Kassiber als unzensierter Briefverkehr zu Vergleichszwecken zur Verfügung standen. Es bestand daher nur selten die Möglichkeit, zensierte und unzensierte

Äußerungen eines Gefangenen einander gegenüberzustellen. Weiterhin läßt sich hieraus auch noch nicht Allgemeingültiges aussagen. Die Antworten geben vielmehr einen Überblick über persönliche Erfahrungen und Meinungen der Beantworter zu diesem Problem.

g) Ausländer

Die zunehmende Internationalisierung bringt auch eine steigende Zahl von Ausländern in den JVA mit sich.

aa) Es sollen zunächst einige allgemeine Angaben mitgeteilt werden, die erkennen lassen, daß dieser Personenkreis nicht unberücksichtigt bleiben darf[9].

Die Übersicht über die Herkunftsländer dieser Gefangenen zeigt, daß die Kenntnis dieser vielfältigen Sprachen vom Zensurbeamten nicht vorausgesetzt werden kann.

bb) Nr. 152 I 5 DVollzO läßt die Übernahme von Übersetzungskosten durch die Staatskasse unter bestimmten Umständen zu.

Die Frage B I 18 beschäftigt sich damit.

Tabelle 12 Frage A 15

Prozentzahl der einsitzenden Ausländer

Baden-Württemberg		
Bruchsal	6 %	= 23
Freiburg	6,5 %	
Gotteszell	2 %	
Heilbronn	16 %	
Hohenasperg	5,7 %	= 16+4 Staatenlose = 1,5 %
Karlsruhe	15 %	
Ludwigsburg	3,4 %	
Mannheim	10 %	
Pforzheim	5 %	
Rottenburg	5,4 %	= 24
Schwäb. Hall	3–4 %	
Stuttgart	15 %	
Ulm	1,5 %	
Bayern	12 %	(einschließlich Staatenloser)
Berlin	2 %	
Hessen		
Niedersachsen	2 %	
Nordrhein-Westfalen	2,3 %	
Rheinland-Pfalz	2 %	
Saarland	8–9 %	
Schleswig-Holstein	1 % (ca.)	

9 Vgl. die Tabellen 12 und 13

Das Problem der Übersetzungskosten erschien in der Theorie brennender als es in der Praxis ist.
Dies wird durch die Ergebnisse der Frage B I 19 noch unterstrichen.

Tabelle 13 Frage A 16

	Nationalitäten
Baden-Württemberg	
Bruchsal	Türkei, Frankreich, Schweiz, Belgien, USA, Jugoslawien, Polen, Tschechoslowakei
Freiburg	Jugoslawien, Schweiz, USA, Italien, Ungarn, Österreich, Niederlande, Türkei, Spanien, Ägypten, Arabien
Gotteszell	Jugoslawien, Türkei
Heilbronn	Ungarn, Jugoslawien, Türkei, Spanien, Niederlande, Frankreich, Israel, Marokko
Hohenasperg	Jugoslawien, Ungarn, Österreich, Spanien, Frankreich, Israel, Türkei, Italien
Karlsruhe	Italien, Jugoslawien, Griechenland, Türkei, Frankreich, USA
Ludwigsburg	Italien, Jugoslawien, Niederlande
Mannheim	Italien, Jugoslawien, Österreich, Türkei
Pforzheim	Italien
Rottenburg	Ungarn, Österreich, Jugoslawien, Frankreich, Türkei, Italien, Griechenland, Algerien
Schwäb. Hall	Italien, Türkei, Griechenland, Jugoslawien, Frankreich, Tschechoslowakei, USA
Stuttgart	Jugoslawien, Italien, Türkei, Spanien, USA, Arabien
Ulm	Italien, Jugoslawien, Türkei, Ungarn, Griechenland
Bayern	Italien, Jugoslawien, Österreich, USA, Türkei, Polen, Ungarn, insges. 36 Nationalitäten
Berlin	Türkei, Griechenland, Jugoslawien, Österreich, Italien, USA, Ungarn, Niederlande, Belgien, Polen, Spanien, Brasilien, Jordanien, Iran, Algerien
Hessen	keine Übersicht, vor allem Gastarbeiter stellende Nationen
Niedersachsen	Jugoslawien, Italien, Österreich, Türkei, Spanien, Tschechoslowakei, Iran, Griechenland, Israel, Rumänien
Nordrhein-Westfalen	keine Übersicht, vor allem Gastarbeiter stellende Nationen
Rheinland-Pfalz	USA, Frankreich, Italien, Türkei
Saarland	Frankreich, Italien, Jugoslawien, Polen, Algerien
Schleswig-Holstein	verschieden, überwiegende Nationalitäten lassen sich nicht feststellen

Tabelle 14 Frage B I 18

Voraussetzungen der Übernahme der Übersetzungskosten durch die Staatskasse

Baden-Württemberg	–
Bruchsal	–
Freiburg	In besonderen Härtefällen
Gotteszell	–
Heilbronn	Ausländerbriefe werden nicht zensiert (Antwort auf Frage 20)
Hohenasperg	Grundsätzlich
Karlsruhe	Problem noch nicht aufgetaucht
Ludwigsburg	Dort, wo sie unvermeidlich waren; Problem nicht aktuell, da in jedem Fall sprachbegabte Mitarbeiter vorhanden waren
Mannheim	–
Pforzheim	Noch keine Übersetzungskosten, da kostenlose Überprüfung
Rottenburg	Wenn der Gefangene zur Kostentragung selbst nicht in der Lage ist
Schwäb. Hall	Briefe in fremder Sprache werden nicht übersetzt und damit nicht zensiert
Stuttgart	Wenn der Gefangene über kein Geld verfügt
Ulm	Kein Vorgang bekannt
Bayern	Wenn der Gefangene zur Kostentragung nicht in der Lage ist
Berlin	Wenn Kontrolle durch Bedienstete nicht möglich und kostenloser Dolmetscher nicht zur Verfügung steht.
Hessen	–
Niedersachsen	Übersetzungen für Strafgefangene bisher nur in Einzelfällen
Nordrhein-Westfalen	Vgl. die unten angeführte Dienstbesprechung vom 3. und 4.6.1969[10]
Rheinland-Pfalz	Wenn die Übersetzung durch Anstaltsbedienstete nicht möglich
Saarland	Unter besonderen Gründen, z.B. wenn der Gefangene kein Eigengeld hat
Schleswig-Holstein	Keine allgemeinen Richtlinien

– = Enthaltung

10 Diese wird auf S. 86 f. dargestellt

Tabelle 15 Frage B I 19

Prozentualer Anteil der Kostenübernahme

Baden-Württemberg	
Bruchsal	–
Freiburg	Übersetzungskosten sind bisher nicht entstanden
Gotteszell	–
Heilbronn	Bisher nicht durchgeführt
Hohenasperg	100%
Karlsruhe	Vgl. Antwort in Tabelle 14
Ludwigsburg	0%
Mannheim	–
Pforzheim	Entfällt, (vgl. Tabelle 14)
Rottenburg	0%
Schwäb. Hall	–
Stuttgart	40%
Ulm	–
Bayern	Nicht bekannt
Berlin	Selten, da meist keine Kosten entstehen
Hessen	Fast 100%
Niedersachsen	Unbekannt
Nordrhein-Westfalen	Vgl. Tabelle 14
Rheinland-Pfalz	Nur in Fällen, in denen die Übersetzung nicht von einem Anstaltsbediensteten vorgenommen werden kann (z.B. türkisch)
Saarland	–
Schleswig-Holstein	Kein Fall bekannt

– = Enthaltung

Die letzte Frage B I 20 zu diesem Problemkreis beschäftigte sich damit, ob die Übernahme der Übersetzungskosten durch die Staatskasse als Reaktionsmittel auf das Gefangenenverhalten angewandt wird. Fast einhellig sind die Antworten zu dieser Frage dergestalt, daß die Übersetzungskosten nicht als Vergünstigung von der Staatskasse übernommen werden, ebensowenig dient auch eine Verweigerung der Kostenübernahme als Strafmittel. Die Kostenübernahme ist somit verhaltensneutral.

Auch eine Arbeitstagung der Leiter der nichtselbständigen JVA in Nordrhein-Westfalen befaßte sich am 3. und 4.6.1969 mit diesem Problem.

Es bestand Einigkeit darüber, daß dem ausländischen Gefangenen nicht dadurch Nachteile entstehen dürfen, daß er der deutschen Sprache nicht oder nur teilweise mächtig ist. Eine solche Benachteiligung ist nach Art. 3 III GG ausgeschlossen.

Die Briefverkehrsüberwachung wird durch sprachkundige Beamte, auch in anderen JVA, wohin gegebenenfalls der betreffende Brief geschickt wird, ausgeübt. Bei den dem Beamten nicht geläufigen Sprachen wird die Hilfe des Fremdsprachendienstes des AA, von Konsulatsangehörigen des betreffenden Staates, weiteren vertrauenswürdigen und sprachkundigen Personen, auch Seelsorgern der Nationalität des betreffenden Gefangenen anvertraut. Gewöhnlich werden nur knappe Inhaltsangaben mitgeteilt; nur wenn begründeter Anlaß gegeben ist, ist eine wortgetreue Übersetzung zu liefern. Seit Einführung dieser Praxis entstanden keine Schwierigkeiten mehr in bezug auf Dolmetscher und Kostentragung.

Zusammenfassend läßt sich feststellen, daß die Praxis erfreulicherweise einen Weg gefunden hat, die so starr erscheinenden Bestimmungen der DVollzO in humaner Weise anzuwenden. Inwieweit eine Modifizierung der DVollzO in diesem Punkt vonnöten ist, bleibt späteren Ausführungen vorbehalten.

4. Partner

Eine aufgrund der Vielfalt menschlicher Beziehungen schwer zu beantwortende Frage richtete sich nach dem prozentualen Anteil der einzelnen Briefverkehrspartner im gesamten Schriftwechsel des Gefangenen.

Das Vollzugsziel verlangt eine feste Bindung des Gefangenen schon während seiner Gefangenschaft an ihn positiv beeinflussende Menschen. Bei Langjährigen und Lebenslänglichen ist erfahrungsgemäß die Gefahr groß, daß jeder Kontakt nach draußen abreißt[11]. Die negativen Auswirkungen dieser Gefahr zu beseitigen oder zumindest zu verringern, ist eine Pflicht des Vollzuges, die auch aus dem Vollzugsziel herzuleiten ist.

Unter B I 41 wurde gefragt, ob Briefpartnerschaften vermittelt werden. Bis auf wenige Ausnahmen wird dies bejaht.

Die Frage B I 42 soll dieses Ergebnis ergänzen.

Der Verkehr mit der alten, in Freiheit lebenden Clique kann nur schwer ganz unterbunden werden, wenn der Gefangene damit in Verbindung bleiben will.

Es wird oft schwer feststellbar sein, wann die Voraussetzungen zur Untersagung des Verkehrs mit dem Personenkreis, wie Nr. 148 II DVolzO vorschreibt, tatsächlich gegeben sind. Meist werden nur Verdachtsmomente vorliegen, die zur Untersagung nicht ausreichen.

Anders verhält es sich mit dem Verkehr zwischen Gefangenen, die in verschiedenen Anstalten einsitzen.

Unter B I 23 wurde gefragt, ob grundsätzlich ein solcher Verkehr zulässig ist. Die Antworten sind aufschlußreich.

---

11 vgl. Antwort von Nordrhein-Westfalen in Tabelle 16

Tabelle 16 Frage B I 2

Briefverkehrspartner

	a	*b*	*c*	*d*	*e*	*f*
Baden-Württemberg						
Bruchsal	70%	10%	10%	10%	–	–
Freiburg	70%	10%	10%	8%	1%	1%
Gotteszell	60%	10%	10%	5%	10%	5%
Heilbronn	50%	33%	10%	5%	1%	1%
Hohenasperg	60%	20%	30%	6%	3%	2%
Karlsruhe	70%	15%	10%	5%	–	–
Ludwigsburg	92%	30%	20%	5%	–	10%
Mannheim	65%	15%	20%	10%	–	–
Pforzheim	60%	20%	40%	10%	–	3%
Rottenburg	60%	20%	5%	10%	2%	3%
Schwäb. Hall	40–70%	10%	50–70%	10–20%	10–20%	5%
Stuttgart	50%	10%	20%	15%	3%	2%
Ulm	80%	12%	30%	10%	–	–
Bayern	75%	10%	10%	5%	–	–
Berlin	58%	11%	20%	6%	1%	4%
Hessen	75%	10%	10%	5%	–	–
Niedersachsen	60%	10%	30%	–	–	–
Der Anteil der Anstaltsinsassen, die keinen Kontakt mit Angehörigen haben, ist unter den Sicherungsverwahrten verhältnismäßig groß						
Nordrhein-Westfalen						
Rheinland-Pfalz	70%	30%	40%	5%	5%	5%
Daneben:	g) geschäftlicher Briefwechsel				20%	
	h) mit Behörden				20%	
	i) mit Eheinstituten				3%	
Saarland	70%	10%	5%	5%	–	–
Schleswig-Holstein	70%	8%	8%	8%	?	?

a = Familienangehörige
b = sonstige Verwandte
c = Freunde, Bekannte
d = Fürsorgestellen (öffentl. und private Stellen im weitesten Sinne)
e = ehemalige Komplicen
f = ehemalige Mitgefangene

Tabelle 17 Frage B I 42

Hilfe der Anstalt zur Aufrechterhaltung des Kontaktes von Langjährigen und Lebenslänglichen zur Außenwelt

Baden-Württemberg	
Bruchsal	Vermittlung von Besuchs- und Briefpartnern
Freiburg	entfällt
Gotteszell	Der Kontakt zur Außenwelt wird in allen Fällen gefördert, Vermittlung von Patenschaften
Heilbronn	entfällt
Hohenasperg	entfällt
Karlsruhe	entfällt
Ludwigsburg	entfällt
Mannheim	Briefverkehr der Gefangenen mit Kontaktpersonen wird gefördert (Aktion Notwende, blaues Kreuz, AA-Gruppe . . .)
Pforzheim	Diskussionen und Veranstaltungen mit Außenstehenden, Fernsehen, Radio
Rottenburg	entfällt
Schwäb. Hall	entfällt
Stuttgart	entfällt
Ulm	entfällt
Bayern	Vermittlung von Brief- und Besuchsbekanntschaften, Ausführung und social training vor der Entlassung
Berlin	Vermittlung von freiwilligen Vollzugshelfern als Partner
Hessen	Förderung bestehender, Vermittlung neuer Kontakte
Niedersachsen	Sie können an Veranstaltungen (Diskussionen) und Vorträgen mit Außenstehenden und anderen Veranstaltungen innerhalb der Anstalt teilnehmen, erhalten nach Umwandlung der lebenslangen in eine Zeitstrafe unter gleichzeitiger Lockerung des Vollzuges möglichst Arbeitsstellen außerhalb der Anstalt und werden, sobald der Entlassungszeitpunkt feststeht, mehrfach in Zivil ausgeführt, falls sie nicht sogar zur Arbeitsbeschaffung beurlaubt werden.
Nordrhein-Westfalen	Freizeitveranstaltungen mit Gruppen von draußen, Briefpartnerschaften, Ausführungen, Teilnahme am Rundfunk- und Fernsehempfang
Rheinland-Pfalz	Vermittlung von Partnerschaft, Urlaub, Ausführungen
Saarland	Vermittlung von Briefpartnern
Schleswig-Holstein	Radio, Zeitungen, Zeitschriften, Unterricht, Briefwechsel, Besuche, Vorträge, Theater, Filme

Tabelle 18 Frage B I 23

Briefwechsel zwischen Gefangenen, die in verschiedenen Anstalten einsitzen

	ja		nein
Baden-Württemberg			
Bruchsal			+
Freiburg	+		
Gotteszell	+		
Heilbronn	+		
Hohenasperg	+		
Karlsruhe			+
Ludwigsburg	+		
Mannheim			+
Pforzheim	+		
Rottenburg			+
Schwäb. Hall	+		
Stuttgart	+		
Ulm	+	und	+
Bayern	+		
Berlin	+		
Hessen	+ (grundsätzlich)		
Niedersachsen	+ (in Einzelfällen)		
Nordrhein-Westfalen	+		
Rheinland-Pfalz	+		
Saarland	+		
Schleswig-Holstein			

Fünf Anstalten von Baden-Württemberg untersagen von vorneherein einen solchen Verkehr. Überwiegend wird er jedoch gestattet. Die folgenden Fragen B I 24 und 25 gingen nach den Voraussetzungen, in der Annahme, daß die Praxis u.U. hierfür andere Maßstäbe ansetzt als beim Briefverkehr mit dem freien Partner.

Unter B I 26 sollte die Nichtgestattung begründet werden.

Die Suche nach einem neuen Ehepartner stand im Mittelpunkt der Frage B I 31. Die Bundesländer nehmen zu diesem Problem verschiedene Stellungen ein – 3 Nein und 4 Ja-Stimmen – wobei sich für jede Entscheidung gute Gründe anführen lassen.

5. Portokosten

Eine gewisse Einschränkung im Postverkehr des Gefangenen bilden die Portokosten, die beim Gefangenen aufgrund seines beschränkten frei verfügbaren Geldes doch erheblich mehr ins Gewicht fallen als bei einem freien Menschen.

Die Frage B I 27 ging dahin, ob der Gefangene auch dann grundsätzlich noch die Möglichkeit hat, mit der Außenwelt in Verbindung zu treten, wenn seine Geldmittel ihm dies nicht erlauben.

Besonders hervorzuheben ist die Tatsache, daß in Berlin und Nordrhein-Westfa-

Tabelle 19 Fragen B I 24/25

	Einschränkungen bei Briefwechsel zwischen Anstalten	Voraussetzungen der Gestattung
Baden-Württemberg		
Bruchsal	–	–
Freiburg	Keine Einschränkungen	Die üblichen Voraussetzungen
Gotteszell	Die Einschränkungen der DVollzO	Eheleute, Verlobte, Verwandte ersten Grades
Heilbronn	keine	Verwandtschaftliche Beziehungen
Hohenasperg	Untersagt, falls für Wiedereingliederung ungünstig	Schlechte Prognose bei Partner
Karlsruhe	–	–
Ludwigsburg	Verwandte, Ehegatten, dringende geschäftliche Gründe	
Mannheim		
Pforzheim	Wenn erkennbar, daß ungünstiger Einfluß ausgeübt wird und Strafvollzugsziele beeinträchtigt werden	
Rottenburg	–	–
Schwäb. Hall	Die aus Nr. 148 ff., 155 DVollzO ersichtlichen	
Stuttgart	Sicherheit, Ordnung, Gefährdung des Vollzugsziels	–
Ulm	Gefährdung der Resozialisierung	offensichtlich günstige Beeinflussung
Bayern	Nr. 148 II DVollzO	Nr. 148 II DVollzO
Berlin	Nr. 155 DVollzO	Nr. 155 DVollzO
Hessen	Handelt es sich um *Angehörige*, dann darf der Schriftverkehr nur dann untersagt werden, wenn zu befürchten ist, daß er die Sicherheit oder Ordnung in der Vollzugsanstalt beeinträchtigt. Handelt es sich um keinen Angehörigen, dann kann der Schriftverkehr auch dann untersagt werden, wenn dieser die Wiedereingliederung des Gefangenen beeinträchtigen oder auf ihn einen schädlichen Einfluß ausüben kann.	
Niedersachsen	Wenn erkennbar der Resozialisierung entgegensteht	z.B. erkennbar durch Absprache neuer Straftaten
Rheinland-Pfalz	Nr. 148 II DVollzO	Nr. 148 II DVollzO
Saarland	Sicherheit und Ordnung	
Schleswig-Holstein	Nr. 148 II DVollzO	Nr. 148 II DVollzO

len monatlich 5 Privatbriefe und sämtliche Behördenbriefe eines Gefangenen kostenlos sind.

Nur in zwei Anstalten in Baden-Württemberg wird überhaupt kein Vorschuß gegeben. Die zweite Frage – B I 28 – zu diesem Problem beschäftigte sich mit den Voraussetzungen der Vorschußgewährung.

Tabelle 20 Frage B I 26

	Grund für Nichtgestattung
Baden-Württemberg	
Bruchsal	Gefährdung der Wiedereingliederung, schlechte Beeinflussung
Freiburg	–
Gotteszell	–
Heilbronn	–
Hohenasperg	–
Karlsruhe	Gem. 155 II DVollzO in Vm. der Richtlinien des Justizministeriums in der AV vom 25.6.1969, Die Justiz, S. 157 ff.
Ludwigsburg	–
Mannheim	148 II DVollzO in Vm. der Richtlinien zu 139 II DVollzO
Pforzheim	–
Rottenburg	Gem. DVollzO
Schwäb. Hall	–
Stuttgart	–
Ulm	Wegen evtl. Ausübung von schlechtem Einfluß und Beeinträchtigung der Resozialisierung
Bayern	–
Berlin	–
Hessen	Siehe Antwort in Tabelle 19
Niedersachsen	
Nordrhein-Westfalen	–
Rheinland-Pfalz	–
Saarland	–
Schleswig-Holstein	–

– = Enthaltung

Tabelle 21 Frage B I 31

Schreiben auf Heiratsannoncen

	ja	nein
Baden-Württemberg		
Bruchsal		+
Freiburg		+
Gotteszell		+
Heilbronn		+
Hohenasperg		+
Karlsruhe		+
Ludwigsburg		+ (zum Schutz der Frau)
Mannheim		+
Pforzheim		+
Rottenburg		+
Schwäb. Hall		+
Stuttgart		+
Ulm		+
Bayern		+
Berlin	+	
Hessen	+	
Niedersachsen	+	
Nordrhein-Westfalen	+	
Rheinland-Pfalz	+	
Saarland	+ (Von Fall zu Fall)	
Schleswig-Holstein		+

Tabelle 22 Frage B I 27

Vorschuß für Portokosten

	ja	nein
Baden-Württemberg		
Bruchsal	+	
Freiburg	+	
Gotteszell	Postwertzeichen werden gem. Erlaß v. 22.5.1970 I–VI/94 ausgegeben	
Heilbronn	+	
Hohenasperg	+	
Karlsruhe	+	
Ludwigsburg	+ (unter bestimmten Voraussetzungen)	
Mannheim	+ (unter Voraussetzung des Erlasses 4571 I – VI/94 aus Eigengeld und vorschüßlich aus Hausgeld im Rahmen der Nr. 160 I DVollzO	

	ja	nein
Pforzheim	+	
Rottenburg	+	
Schwäb. Hall		+
Stuttgart		+
Ulm	+	
Bayern	+ (vgl. Nr. 160 I S. 2 und 3 DVollzO)	
Berlin	+ (5 Privatbriefe pro Monat sowie sämtliche Behördenbriefe sind für jeden Gefangenen kostenlos)	
Hessen	+	
Niedersachsen	+	
Nordrhein-Westfalen	wie Berlin	
Rheinland-Pfalz	+	
Saarland	+	
Schleswig-Holstein	+	

Die Antworten ergeben, daß in keinem Falle die Verweigerung eines Vorschusses als Strafmittel benutzt wird.

In Berlin, Hessen und im Saarland wird der Vorschuß ohne Vorprüfung gewährt; es kommt also nicht darauf an, ob ein wichtiger Fall vorliegt. Alle übrigen Antworten beschränken die Möglichkeit der Vorschußgewährung auf dringende, oder zumindest begründete Fälle.

6. Kassiber

Das Gebiet des unerlaubten Verkehrs mit der Außenwelt ist nahezu völlig unbekannt, zum großen Teil bestehen nur vage Schätzungen.

Eine Kenntnis über diesen Bereich ist jedoch schon aus dem Grunde wünschenswert, um Material für Vergleiche mit dem kontrollierten Briefverkehr zu erhalten, woraus u.U. neue Erkentnnisse gewonnen werden können.

Unter B I 43 wurde nach der Durchschnittszahl der abgefangenen Kassiber im Monat gefragt. Die Ergebnisse differieren sehr stark voneinander.

Die Zahlen dieser Tabelle geben die Mindestzahl der geschriebenen Kassiber an. Sie ist, gemessen an der Gesamtzahl der Briefe, sehr gering.

Über die tatsächliche Höhe sind jedoch nur Schätzungen möglich. Wie Frage B I 44 zeigt, gehen diese sehr weit auseinander.

Die Frage ging dahin, wieviel Prozent des gesamten Kassiberverkehrs schätzungsweise abgefangen werden. Auffällig ist die Schwankung zwischen höchstens 1% und andererseits 80%. Dies ist nicht erklärlich.

Tabelle 23 Frage B I 43

Zahl der abgefangenen Kassiber im Monat (Durchschnitt)

Baden-Württemberg	
Bruchsal	3
Freiburg	–
Gotteszell	nicht nennenswert, da unbeschränkt geschrieben werden kann, ganz selten
Heilbronn	ganz selten
Hohenasperg	1–2
Karlsruhe	3–4 im *Jahr*
Ludwigsburg	10–20
Mannheim	3
Pforzheim	1
Rottenburg	4
Schwäb. Hall	–
Stuttgart	10
Ulm	5
Bayern	Im Vergleich zur Gesamtzahl geschriebene Briefe sehr gering
Berlin	nicht statistisch erfaßt
Hessen	–
Niedersachsen	Genaue Zahlenangaben nicht möglich
Nordrhein-Westfalen	Nur nach zeitraubenden Ermittlungen zu beantworten, Kassiber gelangen wegen der bekannten Briefüberwachung meist auf anderen Wegen als durch Briefe in die Anstalt.
Rheinland-Pfalz	2–5 je nach Anstalt
Saarland	unbekannt
Schleswig-Holstein	5

– = Enthaltung

Tabelle 24 Frage B I 44

Geschätzte Prozentzahl der abgefangenen Kassiber im Vergleich zu allen geschriebenen Kassibern

Baden-Württemberg	
Bruchsal	75%
Freiburg	1% höchstens
Gotteszell	vgl. Tabelle 23
Heidenheim	entfällt
Hohenasperg	nicht abzuschätzen
Karlsruhe	nicht bekannt
Ludwigsburg	nicht zu sagen

Geschätzte Prozentzahl der abgefangenen Kassiber im Vergleich zu allen geschr. Kassibern

Mannheim	15%
Pforzheim	30%
Rottenburg	10%
Schwäb. Hall	–
Stuttgart	25%
Ulm	80%
Bayern	kann nicht geschätzt werden
Berlin	10%
Hessen	–
Niedersachsen	nicht feststellbar
Nordrhein-Westfalen	nicht feststellbar
Rheinland-Pfalz	?
Saarland	unbekannt
Schleswig-Holstein	5% (?)

– = Enthaltung

Bruchsal ist mit „gefährlichen Gefangenen mit ungünstiger Kriminalprognose, gemeinschaftsunfähigen Gefangenen“[12] belegt und nennt eine „Aufdeckungsquote von 75%; Freiburg, wo „gefährliche Gefangene mit ungünstiger Kriminalprognose“, „soweit die Vollzugsanstalt Bruchsal nicht in der Lage ist, diese Gefangenen aufzunehmen“ und wo weiter „gefährliche Gefangene mit nicht ungünstiger Kriminalprognose und nicht gefährliche Gefangene mit besonders ungünstiger Kriminalprognose“[12] einsitzen, also fast die gleiche Gefangenenpopulation enthält, meldet dagegen nur ein Prozent Abfangquote, obgleich doch aufgrund der ähnlichen Insassenstruktur ähnlich starke Sicherheitsvorkehrungen zu erwarten sind.

Ulm wiederum mit einer Aufklärungsquote von 80% ist eine Anstalt für „nicht gefährliche Gefangene mit besonders günstiger Kriminalprognose“ (zwei geschlossene, eine halboffene Anstalt).

Eine wichtige Frage ging nach dem Zahlenverhältnis der Kassiber zum legalen Briefverkehr.

Die Schätzungen differieren zwar auch hier, jedoch nicht in dem auffälligen Maße wie bei B I 44.

Im allgemeinen nimmt der Kassiberverkehr also eine untergeordnete Größenrolle ein.

Wesentlicher ist aber die Bedeutung, die diese zahlenmäßig nicht sehr auffällige Verbindung mit der Außenwelt hat. Frage B I 46 ging nach dem Hauptinhalt der abgefangenen Kassiber.

12 Angaben entnommen aus JME-BW 4402-VI/75 vom 24.3.1970 betreff Einweisungskommission

Das Ergebnis zeigt, daß die Kassiber häufig verbotenen Zwecken dienen, aber nicht jeder Kassiber einen solchen Inhalt haben muß.

Tabelle 25 Frage B I 45

Geschätztes Verhältnis Kassiber – legaler Briefverkehr

Baden-Württemberg	
Bruchsal	1%
Freiburg	1%
Gotteszell	nicht nennenswert
Heilbronn	gering
Hohenasperg	Dunkelziffer nicht abzuschätzen
Karlsruhe	nicht bekannt
Ludwigsburg	nicht feststellbar
Mannheim	1%
Pforzheim	unter 1%
Rottenburg	ca. 5%
Schwäb. Hall	–
Stuttgart	5%
Ulm	unbekannt
Bayern	kann nicht geschätzt werden
Berlin	unbekannt (gegenüber früher stark zurückgegangen wegen großzügiger Schreib- und Besuchsfristen, Urlaubsmöglichkeit etc.)
Hessen	–
Niedersachsen	nicht feststellbar
Nordrhein-Westfalen	vgl. Tabelle 23
Rheinland-Pfalz	?
Saarland	unbekannt
Schleswig-Holstein	10% (?)

– = Enthaltung

Tabelle 26 Frage B I 46

Hauptinhalt der abgefangenen Kassiber

Baden-Württemberg	
Bruchsal	Unsachgemäße Behandlung in der Anstalt und Beschaffung von Gegenständen für Ausbruch
Freiburg	Nachrichten, Treffpunkte zu vereinbaren oder unerlaubte Gegenstände zu übergeben
Gotteszell	Verbindung zu Mittätern u.a.
Heilbronn	entfällt
Hohenasperg	Regelmäßig kein zu beanstandender Inhalt

Hauptinhalt der abgefangenen Kassiber

Karlsruhe	Verabredungen zwischen Mittätern
Ludwigsburg	Schmuggelaufträge, Zeugenbeeinflussung
Mannheim	Zeugenbeeinflussung, Absprache von Ausbruchsvorbereitungen
Pforzheim	In der Regel belangloser Inhalt
Rottenburg	Beschwerden und Sensationsberichte
Schwäb. Hall	Anstaltsverhältnisse
Stuttgart	Fluchtpläne, Absprachen vor der Hauptverhandlung, Schiebungen
Ulm	Schwebende Verfahren, Geld einschmuggeln
Bayern	Beschaffung von Geld, Genußmitteln, Ausbruchswerkzeugen, Kontaktaufnahme zu nicht zugelassenen Briefpartnern
Berlin	Bitte um Verschaffung unerlaubter Gegenstände und Leistungen von Fluchthilfe, Bestreben, Vorteile zu erwirken (z.B. Ausführungen)
Hessen	Belange, die die Sicherheit und Ordnung in der JVA gefährden; Verdunkelung von Tatbeständen
Niedersachsen	–
Nordrhein-Westfalen	Fluchtpläne, Bitten um illegale Einschleusung von Gegenständen und Intervention durch Dritte
Rheinland-Pfalz	Zeugenbeeinflussung, Verabredung neuer Straftaten
Saarland	Verfahrensangelegenheiten, intime Familienangelegenheiten
Schleswig-Holstein	Tauschgeschäfte, Persönliches

Die Fragen B I 48 und 49 sollten eine Einteilungsmöglichkeit der Kassiberschreiber erforschen. Eine Klassifizierung der Kassiberschreiber ist nach einhelliger Antwort nicht möglich. Ebenso nehmen diese Gefangenen auch am legalen Briefverkehr teil. Die beiden Fragen wurden ausnahmslos gleich beantwortet, so daß sich eine Mitteilung in Tabellenform erübrigt. Die Frage B I 51 ging dahin, herauszufinden, in welchen Anstaltstypen am meisten versucht wird, Kassiber zu schmuggeln; es ist allerdings zu berücksichtigen, daß die meisten Anstalten der Bundesrepublik Deutschland geschlossene Anstalten sind.

Als Ergebnis ist herauszustellen, daß fast ausnahmslos angegeben wurde, daß in geschlossenen Anstalten am meisten versucht wird, Kassiber zu schmuggeln.

Nur Baden-Württemberg/Freiburg und Stuttgart zeigen an, daß in halboffenen Anstalten am häufigsten Versuche, Kassiber zu schmuggeln, beobachtet werden.

Unter B I 50 wurde der Adressatenkreis, an den die Kassiber gerichtet sind, ermittelt.

Zu Vergleichszwecken mit dem Kassiberinhalt wurde noch nach dem Hauptinhalt des legalen Briefverkehrs gefragt. Dieser ergibt sich aus Tabelle 28.

7. Preisausschreiben/Glücksspiele

Es wurde unter B I 29 eine Begründung für das Teilnahmeverbot in Nr. 75 II DVollzO an Preisausschreiben und Toto und Lotto erbeten.

Bei Frage B I 30 sollte eine Stellungnahme dazu abgegeben werden, ob ein eventueller Gewinn mit dem Strafzweck vereinbar sei.

Tabelle 27 Frage B I 50

Adressaten der Kassiber

Baden-Württemberg	
Bruchsal	Angehörige, Bekannte, Mitverurteilte, entlassene Gefangene
Freiburg	Komplicen, Ehefrauen, Freundinnen
Gotteszell	Mittäter u.a.
Heilbronn	–
Hohenasperg	Frauen
Karlsruhe	Mittäter und Zeugen
Ludwigsburg	Bekannte, Mittäter, Freunde
Mannheim	Zeugen, Mittäter, Angehörige
Pforzheim	Angehörige, Freunde
Rottenburg	Gerichte, Volksvertretungen, Massenmedien
Schwäb. Hall	Eltern, Freunde
Stuttgart	Mittäter, Mitgefangene, Freunde
Ulm	Mitgefangene, Zeitschriften, fremde Frauen
Bayern	Die in Tabelle 16 a–c, e, f genannten Personen, auch an Behörden und sonstige Stellen
Berlin	Angehörige und sonstige Beziehungspersonen
Hessen	Mitangeklagte, Mitverurteilte, Personen, die einen schädlichen Einfluß auf den Gefangenen ausüben, bzw. bei denen Sicherheitsbedenken bestehen
Niedersachsen	nicht feststellbar
Nordrhein-Westfalen	Angehörige, Gefangene, Entlassene, Mittäter
Rheinland-Pfalz	Komplicen, Bekannte
Saarland	Familienangehörige, Tatgenossen, Bekannte u.a.
Schleswig-Holstein	Nicht näher bestimmbar

Tabelle 28 Frage B I 47

Hauptinhalt der legalen Briefe

Baden-Württemberg	
Bruchsal	Familienangelegenheiten, Anstaltsleben
Freiburg	familiäre und persönliche Angelegenheiten
Gotteszell	persönliche Anliegen
Heilbronn	Familienprobleme
Hohenasperg	Zu umfassend, um in Kürze beschrieben werden zu können
Karlsruhe	Familienangelegenheiten
Ludwigsburg	Familiennachrichten, Betteleien wegen Geld u.a., auch Drohungen
Mannheim	persönliche und familiäre Probleme
Pforzheim	familiäre Angelegenheiten
Rottenburg	Familienangelegenheiten, geschäftliche Dinge
Schwäb. Hall	persönliche Befähigung des Gefangenen in der Anstalt
Stuttgart	Familienangelegenheiten, Zeit nach der Entlassung, Anstaltsalltag
Ulm	familiäre und geschäftliche Angelegenheiten, im übrigen Belanglosigkeiten, Beschwerden, Klagen
Bayern	Kaum ein Unterschied zum Briefverkehr freier Menschen
Berlin	Interesse an Familie, Sorge um Treue der Ehefrau, Geschäftliches
Hessen	Persönliche Angelegenheiten
Niedersachsen	Familienangelegenheiten
Nordrhein-Westfalen	Familienverhältnisse, Berichte aus der Anstalt
Rheinland-Pfalz	Mitteilung von Wünschen und Aufträge aller Art, Erkundigung nach Verwandten
Saarland	Private Angelegenheiten
Schleswig-Holstein	Privates, Geschäftliches

Tabelle 29 Frage B I 29

Grund des Teilnahmeverbots an Preisausschreiben, Toto und Lotto in Nr. 75 II DVollzO

Baden-Württemberg	
Bruchsal	–
Freiburg	–
Gotteszell	–
Heilbronn	Nach Nr. 75 II DVollzO verboten
Hohenasperg	Verleitung zu unangebrachten Geldausgaben
Karlsruhe	In Nr. 75 II DVollzO ist die Teilnahme ausdrücklich untersagt
Ludwigsburg	Weil die meisten länger einsitzenden Gefangenen in ihrer Freizeit nichts anderes tun würden
Mannheim	Verhinderung der für Straffälligkeit ursächlichen Spielleidenschaft
Pforzheim	–
Rottenburg	Aus verwaltungstechnischen Gründen nicht möglich
Schwäb. Hall	Verbot wegen des durch die Teilnahme entstehenden unvertretbaren Verwaltungsaufwandes
Stuttgart	–
Ulm	–
Bayern	Das Spielen an sich dient nicht der Resozialisierung. Spielgemeinschaften sind verboten, um daraus entstehende Unzuträglichkeiten zu unterbinden
Berlin	Verwaltungstechnische Gründe, Vermeidung möglicher Streitigkeiten unter Gefangenen (Gruppenspiele, Wettgemeinschaften, Abhängigkeiten beim Borgen der Einsätze etc.)
Hessen	Organisatorische Schwierigkeiten, nicht vertretbare Geschäftsverbindungen der Gefangenen untereinander
Niedersachsen	Aus arbeitstechnischen Gründen (große Anzahl der erforderlichen Buchungen)
Nordrhein-Westfalen	Einer Beteiligung Gefangener an Lotto und Toto stehen schon aus verwaltungstechnischen Gründen Bedenken entgegen (Besorgen und Abliefern von Lottoscheinen). Das Verbot einer Beteiligung an öffentlichen Preisausschreiben, die in der weitaus überwiegenden Mehrzahl der Fälle als Konsumentenwerbung veranstaltet werden, soll offensichtlich dazu dienen, der Neigung vieler Gefangener, in einer Schein- und Traumwelt ein Surrogat für „Geld durch Arbeit" zu finden, entgegenzutreten. Das Justizministerium Nordrhein-Westfalen hat den Landesjustizverwaltungen jedoch vorgeschlagen, die Beteiligung an Preisausschreiben aus dem Verbotskatalog zu Nr. 75 II DVollzO zu streichen.
Rheinland-Pfalz	–
Saarland	Aus Gründen der Ordnung in der Anstalt und zur Vermeidung einer erheblich zusätzlichen Arbeitsbelastung der Beamten
Schleswig-Holstein	–

– = Enthaltung

Tabelle 30 Frage B I 30

Vereinbarkeit eines eventuellen Gewinnes mit dem Strafzweck

	ja	nein
Baden-Württemberg		
Bruchsal		+
Freiburg	+	
Gotteszell		
Heilbronn	entfällt	
Hohenasperg	+	
Karlsruhe	+	
Ludwigsburg	+ (hier besteht doch keinerlei innerer Zusammenhang)	
Mannheim	+	
Pforzheim		+
Rottenburg	+	
Schwäb. Hall	+	
Stuttgart		+
Ulm	–	
Bayern	+	
Berlin	+	
Hessen	+	
Niedersachsen	+	
Nordrhein-Westfalen	Vgl. Tabelle 29	
Rheinland-Pfalz	+	
Saarland		+
Schleswig-Holstein	–	

– = Enthaltung

II. Telefone/Telegramme

Frage B I 52 ging nach dem Grund der Vorschrift der Nr. 162 DVollzO, die eine Beschränkung von Telefonaten und Absendung von Telegrammen beinhaltet.

Der Grund zur Einfügung der Frage lag darin, daß es unterschiedliche Auffassungen zwischen Gefangenen und Anstaltsleitung über den zwingenden Grund geben kann. Was für den Gefangenen ein zwingender Grund erscheint, kann in den Augen des Anstaltsleiters völlig unwichtig sein.

Die Frage sollte vor allem an den Tag bringen, ob noch andere Gründe für diese Beschränkung bestehen.

Die Absendung eines Glückwunschtelegramms wird überwiegend gestattet.

Unter B I 54 wurde der Geltungsbereich der Nr. 162 DVollzO konkretisiert. Es wurde gefragt, ob Nr. 162 DVollzO auch hinsichtlich eingehender Telefonate Geltung habe. Nur Baden-Württemberg/Freiburg ist der Ansicht, daß Nr. 162

Tabelle 31 Frage B I 52

Grund für Vorschrift Nr. 162 DVollzO

Baden-Württemberg	
Bruchsal	Aus dienstlichen und personellen Gründen
Freiburg	DVollzO, Verwaltungsgründe
Gotteszell	Das ist in der Regel eine finanzielle Frage
Heilbronn	Weil nur dann notwendig
Hohenasperg	DVollzO
Karlsruhe	Falls kein zwingender Grund vorliegt, genügt der normale Brief
Ludwigsburg	Auch in Freiheit sendet man ein Telegramm nur bei Notwendigkeit, normalerweise genügt ein Brief, dieser ist auch billiger
Mannheim	Weil ein freier Mensch auch nur aus zwingenden Gründen ein Telegramm schickt
Pforzheim	Wegen dem damit verbundenen Verwaltungsaufwand
Rottenburg	Um ein möglichst hohes Entlassungsgeld zu erreichen, verwaltungstechnische Gründe
Schwäb. Hall	Wird auf Antrag bis jetzt in jedem Fall gestattet
Stuttgart	Arbeitsüberlastung, Schonung des Gefangenengeldes
Ulm	Wegen Mißbrauchsgefahr, Verwaltungsgründe
Bayern	Um den Gefangenen zu einem vernünftigen und zweckmäßigen Einsatz seiner Geldmittel anzuhalten. Viele Gefangene sind nicht in der Lage, die Bedürfnisfrage richtig zu beurteilen
Berlin	Verwaltungstechnische Gründe
Hessen	Aus organisatorischen und personellen Gründen
Niedersachsen	Das Absenden von Telegrammen ist auch im freien Leben nur in dringenden Fällen üblich
Nordrhein-Westfalen	Verwaltungstechnische Gründe (Aufgabe, Abbuchung der Kosten)
Rheinland-Pfalz	Wegen der Kosten für den Gefangenen
Saarland	Zur Vermeidung zusätzlicher Arbeitsbelastung
Schleswig-Holstein	Begrenzte verwaltungstechnische Möglichkeit; finanzielle Gründe

DVollzO sich nicht auf eingehende Telefonate bezieht. Danach müßte also jeder Anruf, auch wenn er nicht dringend ist, an den Gefangenen sofort weitergeleitet werden. Alle anderen Beantworter nehmen die Geltung der Nr. 162 DVollzO auch für eingehende Telefonate an.

Für dieses Ergebnis können aber die in Tab. 31 vielfach angeführten Gründe der Sorge für das Gefangenenvermögen nicht gelten.

Tabelle 32 Frage B I 53

Gestattung der Absendung eines Glückwunschtelegramms

	ja	nein
Baden-Württemberg		
Bruchsal	+	
Freiburg		+
Gotteszell		+
Heilbronn	+	
Hohenasperg		+ (grundsätzlich)
Karlsruhe		+
Ludwigsburg	+	
Mannheim	+	
Pforzheim	+	
Rottenburg	+	
Schwäb. Hall	+	
Stuttgart	+	
Ulm	+	
Bayern	+	
Berlin		+ (in großen Anstalten, in kleinen ja)
Hessen		+ (grundsätzlich)
Niedersachsen	+	
Nordrhein-Westfalen		+ (in der Regel)
Rheinland-Pfalz	+	
Saarland	+ (allerdings nur in besonders gelagerten Fällen und auf Antrag)	
Schleswig-Holstein	+ (unter Umständen)	

III. Verlassen der Anstalt bei Fortdauer der Strafzeit (unter Ausschluß der Strafunterbrechung)

1. Ausführungen

Bei einer Ausführung (Nr. 165 I – DVollzO) besteht für den Gefangenen eine weitere Möglichkeit, den Kontakt mit der Außenwelt zu erhalten, zu festigen oder sogar neu anzubahnen. Letzteres ist der Fall z.B. bei Ausführungen zur Beschaffung eines Arbeitsplatzes für den Gefangenen.

Dennoch nimmt das Gebiet der Ausführungen nur eine Randlage zu dem in dieser Arbeit behandelten Gebiet ein, da diese Form des Kontaktes zur Außenwelt, wie sich aus Nr. 165 I, II DVollzO ergibt, nur eine Ausnahme bei der Freiheitsstrafe darstellt und daher im allgemeinen von nicht sehr großer Bedeutung bei der Gesamtheit der Möglichkeiten, mit der Außenwelt in Verbindung zu bleiben, ist.

Die Fragen B I 78/79 befaßten sich mit der Ausführung Lebenslänglicher, um zu erforschen, ob hier ein Unterschied zu den zu zeitiger Strafe Verurteilten besteht. Die Situation des Lebenslänglichen, der nichts mehr zu verlieren hat, könnte einer Ausführung, bei der die Fluchtgefahr immer erhöht ist, entgegenstehen. Die Ergebnisse bestätigten jedoch nicht diese Erwartungen.

In dieser Frage ist kein Unterschied in der Behandlung Langjähriger und Lebenslänglicher festzustellen.

2. Entlassungsvollzug

Es wurde unter B I 77 gefragt, ob ein Entlassungsvollzug bestehe und wie er gegebenenfalls gestaltet sei.

Das Ergebnis ist beeindruckend.

Tabelle 33 Frage B I 78

Ausführung Lebenslänglicher

	ja	nein
Baden-Württemberg		
Bruchsal	+	
Freiburg	+	
Gotteszell	+	
Heilbronn	**entfällt**	
Hohenasperg	+	
Karlsruhe	**entfällt**	
Ludwigsburg	**entfällt**	
Mannheim	**entfällt**	
Pforzheim	**entfällt**	
Rottenburg	**entfällt**	
Schwäb. Hall	**entfällt**	
Stuttgart	+	
Ulm	**entfällt**	
Bayern	+	
Berlin	+	
Hessen	+ **Sofern keine Sicherheitsbedenken bestehen zur Erledigung wichtiger, unaufschiebbarer Angelegenheiten persönlicher, geschäftlicher oder rechtlicher Art; gelegentlich zur Vorbereitung einer gnadenweisen Entlassung**	
Niedersachen	+	
Nordrhein-Westfalen	+	
Rheinland-Pfalz	+	
Saarland	+	
Schleswig-Holstein	+	

Tabelle 33a Frage B I 79

Voraussetzungen für Ausführungen

Baden-Württemberg	
Bruchsal	Todesfälle
Freiburg	unter günstigen Voraussetzungen
Gotteszell	in Zivil und in Begleitung von zivilen Beamten
Heilbronn	entfällt
Hohenasperg	aus gesundheitlichen Gründen
Karlsruhe	entfällt
Ludwigsburg	entfällt
Mannheim	entfällt
Pforzheim	entfällt
Rottenburg	entfällt
Schwäb. Hall	entfällt
Stuttgart	dringender Familienanlaß
Ulm	entfällt
Bayern	Gefangene mit mehr als 5 Jahren können vor Entlassung einmal oder öfter ausgeführt werden
Berlin	in besonders dringenden Fällen, lebensgefährliche Erkrankung oder Tod von Angehörigen
Hessen	siehe vorhergehende Antwort
Niedersachsen	Nr. 165 DVollzO
Nordrhein-Westfalen	unter den Voraussetzungen der Nr. 165 DVollzO
Rheinland-Pfalz	bei Sterbefällen in der Familie
Saarland	besondere familiäre Anlässe
Schleswig-Holstein	Nr. 165 II DVollzO

Tabelle 34 Frage B I 77

Entlassungsvollzug

	ja	nein
Baden-Württemberg		
Bruchsal		+
Freiburg		+
Gotteszell	Jede Entlassung individuell, da geringe Zahl	
Heilbronn		+
Hohenasperg	+ (vgl. AV vom 23.9.1969, DJ S. 243)	
Karlsruhe		+ (da nur Untersuchungsgefangene und kurzstrafige)
Ludwigsburg		+ (noch nicht)
Mannheim		+ (noch nicht)
Pforzheim		+

	ja	nein
Rottenburg		+
Schwäb. Hall	+ (vgl. AV vom 20.6.1969 Ziff. II)	
Stuttgart		+
Ulm		+
Bayern	Entlassungskurse	
Berlin	+	
Hessen	+ a) Allen geeigneten Gefangenen im *Jugendstrafvollzug*, mit Ausnahme der Freigänger, wird mindestens einen Monat vor ihrer Entlassung eine gesonderte Betreuung zur Vorbereitung auf die Freiheit zuteil. Der Anstaltsleiter kann aus erzieherischen Gründen oder aus sonstigem begründetem Anlaß neben anderen Maßnahmen (z.B. Tragen eigener Kleidung) innerhalb des letzten Monats vor der Entlassung stundenweisen Ausgang, und zwar entweder in Gruppen unter Aufsicht oder einzeln ohne Aufsicht gestatten. Bei dieser Gelegenheit kann Hausgeld (Arbeitsbelohnung) bar ausgezahlt werden. Auch kann dem im Jugendstrafvollzug befindlichen Gefangenen Entlassungsurlaub bis zu sechs Tagen innerhalb der letzten drei Monate des Vollzugs gewährt werden, sofern es der Vorbereitung der Entlassung geboten erscheint. b) Der Anstaltsleiter darf einem im *Erwachsenenvollzug* befindlichen Gefangenen, gegen den eine in Hessen erkannte zeitliche Freiheitsstrafe vollstreckt wird, innerhalb der letzten drei Monate seiner Vollzugszeit einen Urlaub bis zu sechs Tagen bewilligen, um ihm die Arbeits- und Wohnungssuche nach der Entlassung zu erleichtern. Vgl. im übrigen Runderlaß vom 19.12.1969 – Justiz-Ministerial-Blatt für Hessen 1970 S. 19	
Niedersachsen	ist in Vorbereitung	
Nordrhein-Westfalen	(Der Entlassungsvollzug von Nordrhein-Westfalen wird im folgenden geschildert)	
Rheinland-Pfalz		+
Saarland		+
Schleswig-Holstein		+

In Baden-Württemberg wird nur von 2 Anstalten ein Entlassungsvollzug praktiziert, jedoch nicht in den Anstalten, in denen sich aufgrund des Einweisungsplans[13] die schwierigsten Gefangenen befinden.

Nur in Nordrhein-Westfalen und Bayern, den beiden größten Bundesländern mit

13 Nach dem Einweisungsplan von Baden-Württemberg sind Gefangene mit ungünstiger Kriminalprognose in die Anstalten Bruchsal, Freiburg, Mannheim einzuweisen. Gerade solche schwierigen Gefangenen erscheinen jedoch einer speziellen Vorbereitung auf die Freiheit am bedürftigsten.

der größten Zahl von JVA (zusammen 38) und Gefangenen (zusammen 18 872) besteht ein Entlassungsvollzug, ebenso in Berlin.

Über die Gestaltung der bayerischen Entlassungskurse war leider nicht mehr angegeben.

Wie jedoch bei Besuchen in bayerischen Strafanstalten zu erfahren war, ist das, was den Gefangenen bei diesen Kursen mitgeteilt wird, äußerst vielfältig. Insbesondere Langjährige und zu lebenslänglicher Freiheitsstrafe verurteilte, aber begnadigte Gefangene werden auf die verschiedensten Dinge des Alltagslebens, das sich während ihrer langen Inhaftierung in vielen Bereichen grundlegend geändert hat, hingewiesen.

Zur Unterstützung dieser Kurse sind auch nach der JME vom 7.7.1969 – 4450 – VII a – 4120/68 – Ausführungen in Zivil möglich, wobei auch Einkäufe in Warenhäusern und Selbstbedienungsläden, deren Existenz oft vielen Gefangenen, die lange einsitzen, unbekannt ist, und Besuche von Gaststätten eingeschlossen sind.

Die begleitenden Beamten tragen hierbei keine Uniformen.

In Betracht kommen hierfür Gefangene, deren ununterbrochener Freiheitsentzug länger als fünf Jahre gedauert hat. Innerhalb der letzten drei Monate vor der Entlassung ist eine solche Ausführung einmal oder mehrmals zulässig. Die zum Zeitpunkt der Anstaltsbesuche des Verfassers gemachten Erfahrungen der Anstaltsleiter waren sehr gut und unterstrichen die Bedeutung dieser Maßnahmen als gutes Resozialisierungsmittel. Hervorzuheben ist auch, daß eine solche Ausführung auch im Rahmen eines Konzertbesuches in Begleitung eines Beamten in Zivil stattgefunden hat.

Die bayerische Regelung ist ausdrücklich ergangen, um den Gefangenen „die Umstellung auf das Leben in Freiheit zu erleichtern“[14].

Im Gegensatz zu dieser Regelung steht die Anordnung zur Entlassungsvorbereitung in Berlin. Sie ist eine Ausführungsbestimmung zu Nr. 165 V DVollzO, stellt sich also als Urlaub dar.

Innerhalb des letzten Monats vor der Entlassung ist ein Ausgang an höchstens drei Werktagen möglich. Es muß jedoch ein dringendes Bedürfnis nachgewiesen werden; hierfür werden nur Wohnungs- oder Arbeitssuche oder andere für die Resozialisierung wichtige Gründe anerkannt. Voraussetzung zur Ausgangsgewährung ist die Erwartung, „daß der Gefangene den Ausgang nicht mißbraucht und freiwillig und rechtzeitig in die Anstalt zurückkehrt.“

In Nordrhein-Westfalen bestehen ausführliche Regelungen[15]. Gegen Ende der Strafzeit werden geeignete Gefangene in Anstalten mit gelockertem oder offenem Vollzug eingewiesen.

---

14 Im übrigen wird auf die im Anhang angeführte JME Bezug genommen, S 195

15 Vgl. die auszugsweise im Anhang aufgeführten Regelungen, S. 197/198

Weiterhin ist ein Urlaub bis zu drei Tagen innerhalb der letzten drei Monate vor der Entlassung zu deren Vorbereitung, zur Vorstellung beim Arbeitgeber oder zur Wohnungssuche möglich.

3. Urlaub

Nr. 165 V DVollzO ermöglicht grundsätzlich die Gewährung von Urlaub, enthält aber sonst keinerlei nähere Bestimmung über die Gestattung und Gestaltung dieses Urlaubs.

Unter B III 1 wurde nach den bestehenden Bestimmungen für Gefangenenurlaub gefragt.

Der Inhalt der zugänglichen Urlaubsbestimmungen wird gekürzt in der folgenden vergleichenden Darstellung wiedergegeben.

a) Die Voraussetzungen zur Urlaubsgewährung

Unter B III 2 wurde nach den Voraussetzungen der Urlaubsgewährung gefragt. Bis auf Schleswig-Holstein und Niedersachsen wurde von allen anderen Beantwortern auf die Urlaubsregelungen verwiesen.

Niedersachsen und Schleswig-Holstein nannten die in Tabelle 35 aufgeführten Voraussetzungen.

Tabelle 35 Frage B III 2

Voraussetzungen für Urlaub

Alle Antworten verweisen auf Frage B III 1, ausgenommen Schleswig-Holstein und Niedersachsen. Schleswig-Holstein nennt folgende Voraussetzungen:

a) zur Regelung von dringlichen Berufs- und Familienangelegenheiten
b) Vertrauen auf pünktliche Rückkehr

Niedersachsen führt aus:

1) Voraussetzung für einen Kurzurlaub ist, daß
   a) wichtige Angelegenheiten eines Gefangenen seine Anwesenheit außerhalb der Vollzugsanstalt erfordern,
   b) es nicht möglich ist oder nicht ausreicht, den Gefangenen aus der Vollzugsanstalt ausführen zu lassen,
   c) mit freiwilliger, pünktlicher Rückkehr gerechnet werden kann.

   Vor der Beurlaubung soll die Zustimmung der Vollstreckungsbehörde eingeholt werden. Andere Stellen brauchen nicht gehört zu werden.
2) Der Kurzurlaub wird auf die Strafe angerechnet. Er ist der Vollstreckungsbehörde mitzuteilen.

In Baden-Württemberg ist das Vertrauen, daß der Gefangene den Urlaub nicht zu neuen Straftaten mißbrauchen und rechtzeitig in die JVA zurückkehren wird, primäre Voraussetzung.

Der Kontakt zu einer Beziehungsperson (Eltern, Ehegatten, Kinder, Arbeitgeber) muß erhalten oder wiederhergestellt werden oder die Arbeitsaufnahme nach der Entlassung vorbereitet werden.

Ferner müssen mindestens sechs Monate der Strafe verbüßt sein, wobei der Strafrest nicht mehr als 18 Monate betragen darf.

Darüber hinaus muß der Gefangene seinen Urlaub durch seine Haltung im Vollzug verdient haben.

Die bayerische Urlaubsordnung besitzt einen umfangreichen Katalog von Voraussetzungen. Es bleibt eine allgemeine Einschränkung der Urlaubsgewährung auf solche Gefangene, die sich für den Urlaub eignen und bei denen die Erwartung besteht, daß eine Festigung oder Wiederherstellung sozialer Bindungen eintritt.

Weiterhin wird verlangt, daß die häuslichen und familiären Verhältnisse der Strafgefangenen geordnet sind. Eine andere Einschränkung besteht in der Berücksichtigung der gesamten Strafdauer.

Für die Urlaubsgewährung kommen nur Gefangene mit Freiheitsstrafen bis zu drei Jahren im Erstvollzug, bzw. bis zu zwei Jahren im Regelvollzug in Betracht, wobei noch eine bestimmte Mindeststrafzeit verbüßt sein muß[16].

Die Berliner Urlaubsregelung vom 19.6.1970 – 43 11 – IV/A. 1 – weicht in manchem erheblich von der bayerischen Urlaubsordnung ab. Die allgemeinen Urlaubsvoraussetzungen (Teil C) entsprechen jedoch denen der bayerischen Regelung. Es muß erwartet werden können, daß der Urlaub nicht mißbraucht wird und daß der Gefangene freiwillig und rechtzeitig in die Anstalt zurückkehrt.

Weiterhin müssen bei Regelurlaub Unterkunft und Lebensunterhalt gesichert sein. Daher darf der Regelurlaub nur für den Besuch von Familienangehörigen oder von Beziehungspersonen des Gefangenen gewährt werden. Diese sind der JVA namhaft zu machen. Der Resozialisierung des Gefangenen entgegenstehende Umstände dürfen der JVA nicht bekannt sein.

In Betracht für den Regelurlaub kommen Gefangene, die von Gerichten des Landes Berlin zu zeitiger Freiheitsstrafe verurteilt sind und deren Reststrafzeit zwei Jahre nicht übersteigen darf. Mindestens ein Drittel und mindestens sechs Monate der Strafe müssen bereits verbüßt sein. Eine solche Urlaubsgewährung ist also auch grundsätzlich für Gefangene mit längeren Strafen möglich, wenn nur der Strafrest zwei Jahre nicht übersteigt.

---

16 Bei Gefangenen im Erstvollzug ein Viertel der Strafe, mindestens aber sechs Monate bei einem Höchststrafrest von 18 Monaten; bei Gefangenen im Regelvollzug die Hälfte, mindestens aber sechs Monate bei einem Höchststrafrest von einem Jahr.

Mit Wirkung vom 1.1.1970 wurde die Hessische Gnadenordnung durch die Bestimmungen über Sozialurlaub geändert. Er wurde eingeführt, „um die mit jedem Freiheitsentzug verbundene soziale Isolierung abzubauen". Voraussetzung ist die Eignung des Gefangenen. Es muß darauf vertraut werden können, daß der Gefangene seinen Urlaub nicht zu neuen Straftaten mißbraucht und daß er freiwillig und rechtzeitig in die Anstalt zurückkehrt.

Unterkunft und Lebensunterhalt für die Dauer des Urlaubs müssen gesichert sein. Dies kann sogar durch Sozialbehörden überprüft werden. Auch in Hessen hängt die Urlaubsgewährung vom Strafrest und nicht von der ganzen Strafe ab. Der Strafrest darf nicht mehr als drei Jahre betragen; mindestens ein Viertel, jedoch mindestens sechs Monate, müssen bereits verbüßt sein.

Weitaus enger ist die Regelung vom 17.3.1970 von Nordrhein-Westfalen. Die allgemeinen Voraussetzungen entsprechen denen der anderen Urlaubsordnungen; die Verurteilung muß durch ein Gericht von Nordrhein-Westfalen erfolgt sein, die Unterkunft des Gefangenen muß gesichert und schließlich die Erwartung gegeben sein, daß der Gefangene den Urlaub nicht zu neuen Straftaten mißbraucht und rechtzeitig in die Anstalt zurückkehrt. Der Kreis der Gefangenen ist allerdings sehr stark eingeschränkt. In den Genuß des Urlaubs können nur Gefangene kommen, die sich im offenen oder gelockerten Vollzug befinden. Weiterhin gilt dies für Insassen geschlossener Anstalten auch dann, wenn sie sich dort wegen einer Lehre oder einem Anlernverhältnis, das mit einer Prüfung abschließt, befinden oder wenn sie als Fachkräfte zur Aufrechterhaltung von Eigenbetrieben oder als Handwerker zur Bauunterhaltung in der geschlossenen Anstalt verblieben sind. Die Gefangenen des offenen Vollzugs kommen nur in den letzten zwölf Monaten vor ihrer Entlassung in den Urlaubsgenuß. Ein Gefangener des gelockerten Vollzuges muß mindestens die Hälfte seiner Strafe verbüßt haben.

Vor Verlegung in eine Anstalt mit gelockertem Vollzug darf der voraussichtliche Strafrest nicht mehr als zwölf Monate betragen. Es kommen für die Urlaubsgewährung also nur Gefangene mit einer Reststrafzeit von höchtens einem Jahr in Betracht. Zudem müssen sie sich im Verlaufe des Vollzuges so bewährt haben, daß sie in Anstalten mit gelockertem oder offenem Vollzug verlegt werden konnten.

Weiterhin ist eine Beurlaubung nur zu Angehörigen möglich.

b) Die Dauer des Urlaubs

Die Dauer des Urlaubs ist ebenfalls verschieden geregelt. Danach wurde unter B III 3 gefragt.

Die meisten Antworten verwiesen auf die beigelegten oder zitierten Regelungen. In Baden-Württemberg dauert der Urlaub in der Regel drei Tage, in Ausnahmefällen bis zu sieben Tagen, in Rheinland-Pfalz sechs bzw. zehn Tage, im Saarland bis zu drei Tagen, in Schleswig-Holstein bis zu sieben Tagen, die vom Anstaltsleiter gewährt werden können. Darüber hinaus obliegt die Gewährung der Gnadenbehörde. In Bayern beträgt der Urlaub bis zu 14 Tagen pro Kalenderjahr, zuzüglich Reisezeit, wobei der Urlaub in zwei Abschnitte geteilt werden darf.

In Berlin dauert der Regelurlaub zehn Tage pro Kalenderjahr für Insassen der Strafanstalt Tegel und 15 Tage für Insassen der übrigen Strafanstalten. Die Insassen in Tegel können ihren Urlaub in zwei Teilen, die der übrigen Anstalten in höchstens drei Teilen pro Kalenderjahr nehmen.

Die hessische Regelung sieht einen Urlaub bis zu 14 Tagen, zuzüglich Reisezeit vor.

In Nordrhein-Westfalen ist nur ein Wochenendurlaub möglich, der am Freitagmorgen beginnt und am Sonntagabend um 20.00 Uhr endet. Ein vorausgehender oder nachfolgender Feiertag kann aber erster bzw. letzter Urlaubstag sein.

c) Der Zeitpunkt

Der Zeitpunkt des Urlaubs steht dem Gefangenen frei. Allerdings soll der Urlaub in Bayern vornehmlich zu Weihnachten bewilligt werden. In den anderen Bundesländern ist die Urlaubsgewährung nicht an ein bestimmtes Fest gebunden.

d) Anrechnung des Urlaubs auf die Strafzeit

Außer im Saarland wird allgemein die Zeit des Urlaubs auf die Strafzeit angerechnet, wie aus den Antworten zu Frage B III 4 hervorgeht.

Die Voraussetzungen hierzu sind immer rechtzeitige Rückkehr und kein Mißbrauch des Urlaubs. Dies folgt aus den Antworten in Frage B III 5. Nur in Schleswig-Holstein erfolgt die Anrechnung auf Antrag im Gnadenwege.

e) Die Erfahrungen der Praxis

Die Fragen B III 6–10 befaßten sich mit den Erfahrungen, die die Praxis mit dem Gefangenenurlaub sammeln konnte.

Ganz allgemein gehalten war Frage B III 6. Die Ergebnisse sind bemerkenswert.

Tabelle 36 Frage B III 6

Erfahrungen mit Gefangenenurlaub

Baden-Württemberg	
Bruchsal	im allgemeinen gut
Freiburg	positiv
Gotteszell	gut bei etwa 80%
Heilbronn	gut
Hohenasperg	im ganzen gut, ersichtliche Mißbräuche nur bei ca. 10%

Erfahrungen mit Gefangenenurlaub

Karlsruhe	bisher nur ein Fall von Gefangenenurlaub ohne Beanstandung
Ludwigsburg	trotz mancher Enttäuschung überwiegend positiv. (Die Person des Anstaltsleiters wird durch Ablehnung von Urlaubsanträgen sehr stark belastet)
Mannheim	im allgemeinen positiv
Pforzheim	überwiegend positiv
Rottenburg	von Ausnahmen abgesehen günstig
Schwäb. Hall	von August 1969 bis September 1970: 102 Gefangenenurlauber, 6 Flüchtige
Stuttgart	gut
Ulm	gut
Bayern	hinsichtlich der Rückkehr günstig, hinsichtlich der Resozialisierungsbedeutung noch keine gesicherten Erfahrungen
Berlin	im allgemeinen gut, z.T. allerdings Rückkehr verspätet oder in angetrunkenem Zustand
Hessen	überwiegend gut
Niedersachsen	gut
Nordrhein-Westfalen	bisher bis auf Einzelfälle gut
Rheinland-Pfalz	befriedigend
Saarland	günstig
Schleswig-Holstein	gut

Die Frage B III 7 befaßte sich mit der Situation der Zurückgekehrten im Gefängnisbetrieb.

Tabelle 37 Frage B III 7

Einfügung der Zurückgekehrten in den Gefängnisbetrieb

Baden-Württemberg	
Bruchsal	gut
Freiburg	gut
Gotteszell	ohne Auffälligkeit
Heilbronn	ohne Schwierigkeiten
Hohenasperg	ohne Schwierigkeiten
Karlsruhe	–
Ludwigsburg	reibungslos
Mannheim	von Ausnahmen abgesehen gut
Pforzheim	ohne Schwierigkeiten
Rottenburg	normal
Schwäb. Hall	gut
Stuttgart	gut
Ulm	gut
Bayern	wenig Schwierigkeiten

Einfügung der Zurückgekehrten in den Gefängnisbetrieb

Berlin	es bereitet ihnen in der Regel Schwierigkeiten, sich erneut mit der Haftsituation abzufinden; unterschiedlich
Hessen	ohne Schwierigkeiten
Niedersachsen	gut
Nordrhein-Westfalen	reibungslos
Rheinland-Pfalz	befriedigend
Saarland	gut
Schleswig-Holstein	gut

– = Enthaltung

Auch war es interessant, die Reaktionen der Zurückgebliebenen zu betrachten.

Tabelle 38 Frage B III 8

Verhalten der Nichtbeurlaubten zu den Urlaubern

Baden-Württemberg	
Bruchsal	kein besonderes negatives Verhalten festzustellen
Freiburg	im allgemeinen unauffällig
Gotteszell	unauffällig
Heilbronn	nichts Negatives festzustellen
Hohenasperg	keine auffälligen Reaktionen
Karlsruhe	–
Ludwigsburg	der zurückgekehrte Urlauber muß manches mißgünstige Wort hören
Mannheim	darüber sind keine Erfahrungen gemacht worden
Pforzheim	unauffällig
Rottenburg	unauffällig
Schwäb. Hall	normal
Stuttgart	neidisch
Ulm	unbekannt
Bayern	Spannungen bestehen
Berlin	z.T. agressiv, fühlen sich zurückgesetzt, ansonsten kameradschaftlich
Hessen	–
Niedersachsen	nicht auffällig
Nordrhein-Westfalen	ohne besondere Reaktionen
Rheinland-Pfalz	bisher keine Besonderheiten bekanntgeworden
Saarland	keine Besonderheiten im Verhalten festzustellen
Schleswig-Holstein	–

– = Enthaltung

Die Gefahr der Erleichterung einer unerlaubten Kontaktaufnahme durch die Urlauber als Zwischenträger erschien groß und rechtfertigte auch die Einfügung der Frage B III 9.

Tabelle 39 Frage B III 9

Versuch von Nachrichtenschmuggel

	ja
Baden-Württemberg	
Bruchsal	+
Freiburg	+
Gotteszell	in wenigen Fällen
Heilbronn	bis jetzt nichts bekannt geworden
Hohenasperg	vermutlich ja
Karlsruhe	–
Ludwigsburg	+
Mannheim	+
Pforzheim	+ (in Einzelfällen)
Rottenburg	+
Schwäb. Hall	+
Stuttgart	+
Ulm	bisher kein Anhalt
Bayern	+
Berlin	+
Hessen	+
Niedersachsen	selten
Nordrhein-Westfalen	in Einzelfällen nicht ausgeschlossen
Rheinland-Pfalz	bisher nicht aufgefallen
Saarland	nein
Schleswig-Holstein	keine Fälle bekannt geworden

– = Enthaltung

Eine Ermöglichung von Fluchtversuchen hierdurch wurde zum Teil nicht angenommen, jedoch kann manchmal von einer Erleichterung einer Flucht hierdurch gesprochen werden.

Tabelle 40 Frage B III 10

Ermöglichung von Ausbrüchen

	ja	nein
Baden-Württemberg		
Bruchsal	+	
Freiburg	+	
Gotteszell	+ (u.U.)	
Heilbronn	kann nicht beantwortet werden	
Hohenasperg	+ (erleichtert)	
Karlsruhe	–	
Ludwigsburg		+
Mannheim	+	
Pforzheim		+
Rottenburg	+	
Schwäb. Hall	+	
Stuttgart		+
Ulm	bisher kein Anhalt	
Bayern	+	
Berlin	+	
Hessen	+	
Niedersachsen	nicht auszuschließen	
Nordrhein-Westfalen	+	
Rheinland-Pfalz	+	
Saarland	+	
Schleswig-Holstein	könnte evtl. durch Nachrichtenübermittlung begünstigt werden	

– = Enthaltung

4. Sportveranstaltungen

Eine weitere Möglichkeit für den Strafgefangenen, während der Haft mit der Außenwelt in Berührung zu kommen, ist bei Sportveranstaltungen gegeben. Die Fragen B I 31 bis 34 befaßten sich mit diesem Gebiet.

Die Antworten auf Frage B I 31 ergaben, daß nur mit wenigen Ausnahmen in allen Anstalten Sportveranstaltungen ausgetragen werden[17].

In vielen Fällen finden diese Austragungen auch in Gemeinschaft mit Sportvereinen statt.

Aus Tabelle 42 läßt sich der Austragungsort dieser Veranstaltungen entnehmen.

17 Folgende Ausnahmen sind zu nennen: Baden-Württemberg/Gotteszell, Heilbronn, Hohenasperg und Saarland; in Berlin z.Zt. nicht bei Frauen wegen mangelnden Interesses.

Sofern diese Veranstaltungen außerhalb der Anstalt stattfinden, stellt sich dies als eine Sonderform der Ausführung dar, die den Vollzugsbeamten eine große Verantwortung aufbürdet.

Die Frage B II 34 ging nach dem Grund einer etwaigen Verneinung von Frage B II 32.

5. Freigänger

Eine weitere Möglichkeit für den Gefangenen, mit der Außenwelt in Berührung zu kommen, bietet sich ihm, wenn er der privilegierten Gruppe der sogenannten Freigänger angehört. Der Freigänger ist ein Strafgefangener, der wie ein freier Arbeiter in Betrieben außerhalb der Anstalt arbeitet, mit und neben freien Arbeitern und der nach Arbeitsschluß allein in die Anstalt zurückkehrt.

Für diese Art des Vollzuges stehen leider nur Regelungen aus Baden-Württemberg und Nordrhein-Westfalen zur Verfügung.

Tabelle 41 Frage B II 32

Veranstaltung mit Sportvereinen von draußen

	ja	nein
Baden-Württemberg		
Bruchsal		+
Freiburg		+
Gotteszell		+
Heilbronn		+
Hohenasperg		+
Karlsruhe		+
Ludwigsburg		+
Mannheim	+	
Pforzheim		+
Rottenburg	+	
Schwäb. Hall	+	
Stuttgart	+	
Ulm		+ (bisher)
Bayern	+	
Berlin	+	
Hessen	+	
Niedersachsen	+	
Nordrhein-Westfalen	+	
Rheinland-Pfalz	+	
Saarland		+
Schleswig-Holstein		+

Tabelle 42 Frage B II 33

Sportveranstaltungen

	in der Anstalt	außerhalb auf öffentlichen Sportplätzen mit zuverlässigen Gefangenen
Baden-Württemberg		
Bruchsal	–	
Freiburg	–	
Gotteszell	–	
Heilbronn	–	
Hohenasperg	–	
Karlsruhe	–	
Ludwigsburg	–	
Mannheim	–	
Pforzheim	–	
Rottenburg	+	+
Schwäb. Hall		+
Stuttgart	+	
Ulm	+	+
Bayern	+	+
Berlin	+	+ (im Jugendstrafvollzug)
Hessen	+	+
Niedersachsen	+	+
Nordrhein-Westfalen	+ (in der Regel)	
Rheinland-Pfalz		+
Saarland	–	
Schleswig-Holstein	–	

– = Enthaltung

Tabelle 43 Frage B II 34

Grund für Beantwortung der Frage B II 32 mit „nein"

	Ablehnung von außen	Sorge um Sicherheit der Anstalt
Baden-Württemberg		
Bruchsal		+
Freiburg		+
Gotteszell	Die Zahl der sportlich interessierten Frauen ist zu gering	
Heilbronn	Es fehlen die entsprechenden Sportplätze und Sporthallen	
Hohenasperg	–	

	Ablehnung von außen	Sorge um Sicherheit der Anstalt
Karlsruhe	+	
Ludwigsburg	+	
Mannheim	–	
Pforzheim	Innerhalb der Anstalt kein ausreichender Platz	
Rottenburg	–	
Schwäb. Hall	–	
Stuttgart		+
Ulm	–	
Bayern	–	
Berlin	+	+
Hessen	–	
Niedersachsen	–	
Nordrhein-Westfalen	–	
Rheinland-Pfalz	–	
Saarland		+
Schleswig-Holstein	+	+

– = Enthaltung

In Baden-Württemberg[18] können „geeignete Gefangene als Freigänger vermittelt werden. Sie müssen jedoch mindestens drei Monate erst unter sogenannter „gelockerter Aufsicht" gestanden haben, ehe sie als Freigänger in Betracht kommen können. Eine solche gelockerte Aufsicht jedoch kommt nur für Gefangene in Frage, deren Strafrest nicht mehr als drei Jahre beträgt. Allerdings enthält die Regelung auch noch weitgehende Einschränkungen, um besonders gefährliche oder fluchtverdächtige Gefangene nicht als Freigänger einzusetzen[19].

Die Personalien der Freigänger, ihre Straftaten, ihr Arbeitsplatz, sind u.a. auch der zuständigen Polizeibehörde mitzuteilen[20]. Die Freigänger tragen Zivilkleidung, die sie nicht als Gefangene kennzeichnet.

Nordrhein-Westfalen hat sogenannte Übergangshäuser eingerichtet[21]. Darin wird Gefangenen am Ende des Vollzugs einer längeren Freiheitsstrafe Gelegenheit gegeben, in Betrieben außerhalb der Anstalt wie freie Arbeiter einer Erwerbsbeschäftigung nachzugehen.

Gefangene mit einer Mindestfreiheitsstrafe von drei Jahren können in den letzten sechs bis neun Monaten vor ihrer Entlassung im Übergangshaus aufgenommen

18 Vgl. JME 4410-VI/53 von Baden-Württemberg, die auszugsweise im Anhang aufgeführt ist, S. 196

19 Vgl. im einzelnen Nr. 4 der genannten JME

20 Nr. 5 der genannten JME

21 Vgl. JME 4400 – III C. 112 von Nordrhein-Westfalen, die auszugsweise im Anhang wiedergegeben ist.

werden. Sie müssen allerdings die persönlichen Voraussetzungen dafür bieten, daß ihre Wiedereingliederung durch den Übergangsvollzug besonders gefördert werden kann[22].

Der Kreis der Gefangenen, der für diese Regelung in Betracht kommt, ist unter Nr. 3 II a.a.O. angeführt. Auf dem Wege zur Arbeit und zurück findet keine Überwachung der Gefangenen statt. Weiterhin kann der Freigänger in Nordrhein-Westfalen in der arbeitsfreien Zeit Ausgang bis 22 Uhr erhalten, wobei jedoch Gaststätten nicht betreten werden dürfen, es sei denn, der Ausgang ist mit einem Besucher des Gefangenen erlaubt[23]. Die Regelung von Nordrhein-Westfalen hat Experimentalcharakter aufgrund ihrer kurzen Geltungsdauer vom 1.6.1969 bis zum 31.5.1971.

Im Gustav-Radbruch-Haus in Frankfurt/Main-Preungesheim wird in ähnlicher Weise das Freigängertum praktiziert; allerdings werden dort die Gefangenen, die in freien Betrieben arbeiten (ca. 80% der Insassen), mit Bussen zur Arbeitsstelle und zurückgefahren. Doch die Anstalt enthält keine besonderen Vorkehrungen gegen Ausbruchsversuche. Ein einfacher Maschendraht schützt das Gelände vor dem Zutritt Unbefugter[24].

B. Die rechtliche Würdigung

I. Der Briefverkehr

1. Briefpapier

Die Änderung der Nrn. 62 und 151 III DVollzO liegt über 1 1/2 Jahre zurück. Soweit bei Besichtigungen von JVA festgestellt werden konnte, hat dies nicht zu einer Störung des Vollzuges in irgendeiner Weise geführt.

Der Besitz eigenen Briefpapiers gefährdet die Sicherheit der Anstalt nicht in erheblicher Weise; wenn auch das Material für Kassiber nun leicht erhältlich ist, so war es doch auch schon vorher für einen etwas findigen Gefangenen nicht schwer, es sich zu besorgen.

Die alte Regelung war nutzlos und ist daher mit Recht gefallen.

2. Die Zensur

a) Die rechtlichen Grundlagen

Nach Nr. 152 I 1 DVollzO wird der Schriftverkehr des Gefangenen überwacht; ausgehende Schreiben sind nach Nr. 152 II 1 DVollzO in offenem Umschlag abzugeben.

---

22 Nr. 3 I der genannten JME

23 Nr. 11 I und II der genannten JME

24 A. Krebs in Gedächtnisschrift für Gustav Radbruch, S. 346

Diese Bestimmungen bedürfen der Überprüfung nach Art. 10 I GG, der die Unverletzlichkeit des Briefgeheimnisses statuiert. Nach Art. 10 I GG dürfen Beschränkungen nur auf Grund eines Gesetzes angeordnet werden, wobei jedoch nach Art. 19 II GG der Wesensgehalt des Grundrechts in keinem Fall angetastet werden darf.

Auf die Problematik einer eventuellen Weitergeltung der Normierungen des Vollzugsrechts in den Jahren 1934 und 1940 kann hier nicht eingegangen werden, da die Frage zwar strittig und ungeklärt, aber nicht von praktischer Bedeutung ist[25].

Die Beschränkungen, die Art. 10 II 1 GG zuläßt, müssen sich auf ein formelles Gesetz gründen; nicht genügend sind Rechts- oder gar Verwaltungsverordnungen und Gewohnheitsrecht[26].

Die DVollzO ist im Hinblick auf Art. 10 GG nicht geeignet, eine rechtlich einwandfreie Grundlage für die Zensur der Gefangenenpost zu bilden, da sie nur eine gleichlautende Anordnung der Länderjustizminister ist, aber kein Gesetz im formellen Sinn darstellt[27]. Eine Schranke des Art. 10 I GG kann daher nicht in der DVollzO gesehen werden[28].

Abgesehen von der Tatsache, daß auch Gewohnheitsrecht nicht zur Beschränkung des Art. 10 I GG führen kann, ist ein solches auch nicht ersichtlich, da hierzu die communis opinio, die allgemeine Überzeugung an der „Rechtlichkeit" dieses Vorgehens fehlt, wie sich schon aus Tabelle 10 ergibt, wonach einer überwiegend negativen Einstellung der Gefangenen nur drei Antworten mit „einsichtig" gegenüberstehen.

Die Eingriffe in Grundrechte der Gefangenen können also nur aufgrund eines besonderen Gewaltverhältnisses des Strafvollzuges noch zulässig sein, da die anderen beiden Fundamente hierfür nicht tragkräftig sind.

Nach überwiegender Meinung in Rechtsprechung und Wissenschaft ist bei dieser Rechtsfigur die Ausübung der Grundrechte beschränkt, soweit Sinn und Zweck des besonderen Gewaltverhältnisses es erfordern[29].

Diese Konstruktion scheint auch für den Strafvollzug geeignet zu sein. Das Gefangenschaftsverhältnis wird ja auch immer als Illustration und Beispiel, neben

---

25 Auch Tiedemann, NJW 1967, 87 ff., der sich eingehend mit diesem Problem beschäftigt, vermag keine eindeutige Antwort zu geben.

26 Hamann-Lenz, 3. Auflage, Anm. 5 zu Art. 10 GG; von Mangoldt-Klein, 2. Auflage, Anm. VI 4 zu Art. 10 GG

27 Hierbei kann die Rechtsnatur der DVollzO unerörtert bleiben, da sie ja auf keinen Fall ein formelles Gesetz ist.
Vgl. zu diesem Problem Schüler-Springorum, Übergang, S. 70 ff.

28 So auch Kieckebusch, S. 362

29 OVG Berlin DVBl. 55, 564; OVG Hamburg JZ 1964, 504; v. Mangoldt-Klein S. 137; Wolff I § 32 IV c 3; Hesse S. 130

Schule, Beamten- und Soldatenverhältnis, zur Erläuterung des besonderen Gewaltverhältnisses angeführt.

Während das besondere Gewaltverhältnis in der Stellung des Beamten und Soldaten zum Staat durch die gesetzliche Normierung (BBG, BRRG, Länderbeamtengesetz, Soldatengesetz etc.) zur Erreichung des Zwecks[30] nicht mehr benötigt wird[31], da die Rechtsstellung der genannten Kreise durch diese Gesetze bereits erfaßt ist, wird es im Vollzug immer noch als einzige Grundlage angesehen, die Stellung des Gefangenen zu umschreiben und zu regeln[32].

Aus dem Sinn und Zweck des besonderen Gewaltverhältnisses sollen sich die Ausgestaltung des Vollzugs und insbesondere das Maß der Einschränkung des einzelnen Grundrechts ableiten lassen können. Hierbei tritt aber eine starke Divergenz der einzelnen Zwecke dieses besonderen Gewaltverhältnisses zutage, die so weit geht, daß sie sich gegenseitig paralysieren.

Das BVerfG[33] nennt als Strafzwecke und damit als Zwecke des besonderen Gewaltverhältnisses Strafvollzug „Abschreckung, Resozialisierung, Vergeltung". Das OLG Hamburg[34] nennt „Sühne, Abschreckung", auch „Erziehung" als anerkannte Strafziele, die das besondere Gewaltverhältnis Vollzug gestalten.

Das OLG Oldenburg[35] erkennt als Strafzwecke die in Nr. 57 DVollzO genannten Kriterien, „Schutz der Allgemeinheit, Hilfe zur Einsicht, für begangenes Unrecht einstehen zu müssen, Eingliederung in die Gesellschaft", an und folgert, daß zur Erreichung dieser Zwecke der Strafvollzug als nachhaltiges Übel ausgestaltet werden müsse. Das Kammergericht[36] gar geht von vier nebeneinander bestehenden Strafzielen als Gestaltungsmaximen des Vollzuges aus, nämlich „Sühne, Vergeltung für begangenes Unrecht, Vorbereitung einer Resozialisierung und Abschreckung". Der BayVerfGH[37] spricht nur vom Sinn und Zweck der Strafhaft, ohne diesen Zweck näher zu konkretisieren; ähnlich wie das OLG Bremen[38] nur die durch den Strafzweck bestimmte Natur des Anstaltsverhältnisses zur Grundlage seiner Entscheidung macht. Dieser kurze Überblick zeigt schon, daß das besondere Gewaltverhältnis Vollzug den verschiedensten Zwecken dienen soll, deren gleichzeitige Erreichung aber nicht möglich ist. Wie soll auch z.B. Resozialisierung mit Abschreckung vereinbar sein, Vergeltung mit

30 Durch diese gesetzliche Regelung wird aber auch, wenn man daneben doch noch ein besonderes Gewaltverhältnis annimmt, zumindest der Zweck genügend konkretisiert.

31 Köhl ZBR 1957, 121 ff., 122 f.

32 z.B. Bonner Kommentar, Rn. 67 zu Art. 10 GG

33 NJW 1967, 1654 ff., 1656

34 NJW 1963, 1789 ff., 1790

35 NJW 1964, 2070 f., 2071

36 NJW 1966, 1088 ff.

37 NJW 1963, 1774

38 NJW 1963, 1465

Sühne, wo doch, wie schon im 1. Kapitel ausgeführt, Vergeltung nicht möglich ist und Sühne eine innere Einstellung des Gefangenen, die nicht von außen erzwingbar ist, darstellt?

Es läßt sich also eine weitgehende Unsicherheit der Rechtsprechung darüber, was im Vollzug geschehen soll, feststellen. Aus dieser Unsicherheit folgt ja die Heranziehung so vieler Zwecke, wenn nicht einfach nur auf die „anerkannten Strafzwecke" verwiesen wird. Diese Unklarheit führt auch zu divergierenden Entscheidungen[39], infolge einer jeweils verschiedenen Bewertung der Strafzwecke, über deren Zahl ja nicht einmal Gewißheit besteht.

Der Inhalt des besonderen Gewaltverhältnisses, nach der Definition durch seinen Zweck umrissen, ist folglich aufgrund dieser Zweckdivergenz ohne Konturen, erhält je nach Bewertung eines Zwecks eine andere Gestalt. Erziehungs- und Vergeltungsstrafvollzug können nicht gleichzeitig praktiziert werden, da die Maßnahmen des ersteren (Unterricht, Ausbildung, Bemühen um die Persönlichkeit des Gefangenen) als Milderung des Vollzuges erscheinen könnten, was aber mit der Ausgestaltung als Übelzufügung beim Vergeltungsstrafvollzug unvereinbar wäre, dieser Forderung ja zuwiderlaufen würde.

Das besondere Gewaltverhältnis des Vollzuges, das über die Ausgestaltung des Vollzuges Aussagen geben soll, ist daran gerade durch die geschilderte Zweckdivergenz gehindert; denn es läßt sich praktisch fast jede Maßnahme und damit fast jede Grundrechtsbeschränkung durch Hinweis auf irgendeinen Zweck begründen[40].

Hieraus folgt aber die Ungeeignetheit des besonderen Gewaltverhältnisses, sowie es sich z.Zt. darstellt, die Zulässigkeit von Grundrechtsbeschränkungen, namentlich hier des Art. 10 I GG zu begründen, da eine solche unklare Rechtsfigur konkrete Rechtsfolgerungen – und auf diese kommt es hier ja an – nicht ermöglicht. Der Vergeltungs- und Abschreckungsgedanke würde beim Problem der Zensur der Gefangenenpost konsequenterweise dahin führen, daß der Verkehr mit der Außenwelt radikal eingeschränkt werden müßte, während der Erziehungsvollzug den Kontakt mit der Außenwelt dagegen zu fördern hat[41].

Diese beiden Forderungen sind aber völlig unvereinbar miteinander. Dies illustriert noch einmal deutlich die Unbrauchbarkeit eines besonderen Gewaltverhältnisses, das die Erreichung so verschiedener Zwecke ermöglichen soll. Entscheidungen, die hierauf aufbauen, kann daher nicht gefolgt werden.

Das besondere Gewaltverhältnis, so wie es sich heute noch immer darstellt, ist nicht fähig, irgendwelche Grundrechtseinschränkungen des Strafgefangenen, die

39 vgl. z.B. OLG Bremen NJW 1968, 1642 und KG NJW 1969, 672

40 Es sei auf die ausführliche Darstellung von Schüler-Springorum, Übergang, S. 59–83 verwiesen, der auf S. 82, 83 aus den gleichen Gründen zum selben Ergebnis kommt.

41 So z.B. § 37 II 3 AE, § 25 EVollzG; ähnlich jetzt auch die Neufassung der Nr. 148 I DVollzO

nicht schon notwendig aus dem Freiheitsentzug folgen, zu begründen. Also auch die letzte Stütze der Begründung der Zensur ist weggefallen.

Fazit: Die Zensur aufgrund der Nr. 152 I 1, II 1 DVollzO ist verfassungswidrig[42].

Es soll nun versucht werden, eine Lösung de lege ferenda zu geben.

aa) Die Erforderlichkeit der Zensur

Die Antworten in Tabelle 1, wonach zensiert wird, weil dies vorgeschrieben ist, sind unergiebig, da hier nicht gezeigt wird, auf welche der in Nr. 152 III DVollzO angeführten Gründe das Hauptgewicht gelegt wird. Bei Betrachtung der übrigen Ergebnisse fällt auf, daß Sicherheitsgründe weit öfter als Resozialisierungsgründe genannt werden.

aaa) Sicherheitsgründe

Allein schon durch die Kenntnis der Tatsache, daß zensiert wird, lassen sich wohl die meisten Gefangenen davon abhalten, Briefe mit einem die Sicherheit der Anstalt gefährdendem Inhalt zu schreiben. Die Sicherheit der Anstalt kann durch Fluchtpläne, Verabredung von Fluchtwegen und Treffpunkten, durch Hinweise auf den Platz, wo ein Außenarbeiter ein sog. „gelegtes Schiffchen" – ein Paket mit verbotenen Gegenständen – finden könnte.

Der illegale Verkehr mit der Außenwelt, das Kassiberwesen, zeigt, was geschehen könnte, wenn eine Zensur nicht existieren würde. Es liegt auf der Hand, daß der illegale Verkehr mit der Außenwelt nach der Erforschung, noch dazu der indirekten Methode durch Fragebogenenquête, schwer zugänglich ist. Genaue Aussagen sind weithin unmöglich, da nur vage Schätzungen vorliegen.

Dennoch soll versucht werden, zu einigen Feststellungen zu gelangen.

Die Tabelle 23 läßt erkennen, daß schon über Erfahrungstatsachen schwer Erkenntnisse gewonnen werden können. Die Zahl der abgefangenen Kassiber ist gering, allerdings kann nicht beantwortet werden, ob tatsächlich so wenig Kassiber geschrieben wurden, oder ob die JVA für Kassiber so durchlässig sind. Es sei hier kommentarlos auf den Vergleich der Tabellen 24 und 25 verwiesen. Sehr aufschlußreich ist dagegen die Tabelle 26, die wieder auf festem Boden steht und nicht auf Schätzungen beruht.

Nur in Baden-Württemberg/Hohenasperg und Baden-Württemberg/Pforzheim wird der Inhalt dergestalt angegeben, daß er auch im legalen Verkehr mit der Außenwelt zulässig gewesen wäre.

Sehr häufig genannt wurden dagegen Ausbruchsvorbereitungen, Zeugenbeeinflussungsversuche und Einschleusung unerlaubter Gegenstände in die Anstalt. Dem illegalen Verkehr entspricht somit größtenteils illegaler Inhalt.

---

42 Ebenso mit gleicher Begründung Seebode MDR 1971, 98 ff., 104

Kassiberschreiber finden sich bei allen Gefangenentypen. Es ist also immer damit zu rechnen, daß versucht wird, illegale Nachrichten nach draußen zu bringen, die tatsächlich die Ausbruchssicherheit der Anstalt, aber auch die Sicherheit von Personen außerhalb der Anstalt, ja sogar die Intaktheit der Rechtspflege, gefährden können.

Sicherheitserwägungen gebieten daher grundsätzlich die Zensur der Gefangenenpost. Es kann aber B. Holl[43] nicht darin gefolgt werden, daß die Notwendigkeit einer Maßnahme auch schon deren Zulässigkeit begründe.

Die Notwendigkeit bildet erst die tatsächliche Grundlage, hierauf eine rechtlich zulässige Regelung aufbauen zu können.

In dieser Arbeit aber wird nicht die Notwendigkeit einer Zensur in gewissem Maße geleugnet, vielmehr das Fehlen eines Gesetzes, das diese Maßnahmen zulässig macht, beklagt.

Auch ein Plädoyer für einen noch so modernen Strafvollzug darf die Tatsache der Erforderlichkeit einer Zensur für die Sicherheit in und außerhalb der Anstalt nicht ignorieren. Ob und inwieweit aber Ausnahmen möglich und durchführbar sind, wird später erörtert werden. Insbesondere das Maß der erforderlichen Zensur wird noch zu behandeln sein.

bbb) Resozialisierungsgründe

Vier Antworten gaben an, die Zensur diene zum Teil u.a. der Resozialisierung. Es kommt hier darauf an, zu klären, ob diese Erwägung neben dem Sicherheitsbedürfnis noch Platz hat.

Bis auf Baden-Württemberg/Bruchsal und Schwäbisch Hall werden überall Erkenntnisse aus dem Briefverkehr, die durch die Zensur erlangt wurden, zur Persönlichkeitsforschung verwandt[44]. Wenn auch allgemein bekräftigt wurde, die Zensur sei ein wesentliches Hilfsmittel zur Persönlichkeitsforschung und damit zur Rückfallverhinderung durch geeignete Behandlung (es wird hier Bezug genommen auf die Ausarbeitungen in Kapitel 3 A I), so konnten letzte Zweifel an der Wirksamkeit dieses Instruments nicht ausgeräumt werden, da das Verhältnis der einsitzenden Gefangenen einerseits und der mit Persönlichkeitsforschung betrauten Personen andererseits sehr ungünstig ist, wie schon allein Tabelle A 18/19 zeigt, da nur 48 Psychologen für ca. 100 JVA (vgl. Tabelle A 1) zur Verfügung stehen[45]. Auch Winterhalder[46] bestätigt in gewissem Maße die Vermutung, die in Frage B I 38 (Tabelle 11) ausgesprochen worden war, daß wahrscheinlich viele Gefangene aufgrund ihrer Kenntnis der Zensur „alles herauszulassen" bestrebt sein werden, „was ihnen irgendwie abträglich sein

43 ZfStrVO 13, 142 f.

44 So die Antworten zu Frage B I 32

45 Diese allgemeinen Tabellen befinden sich im Anhang

46 ZfStrVo 5, 371 ff.

könnte"[47]. Dennoch befürwortet er die Zensur als Instrument der Persönlichkeitsforschung[48], da sie zumindest in Verbindung mit der Kenntnis des Verhaltens des Gefangenen im Vollzug Wesentliches über seine Person auszusagen vermag.

Feige[49] kann zu dem Gebiet der Persönlichkeitsforschung noch insoweit ergänzend angeführt werden, als er vorbringt, daß nicht alle Gefangenen einer Persönlichkeitsforschung unterworfen werden müssen[50]. Diese sei vielmehr nur bei „hinsichtlich der Kriminalität und ihrer Behandlung bedeutsamen Fällen" angebracht. Also nur auf diesem Gebiet kann die Persönlichkeitsforschung einen Grund für die Zensur bilden. Zur Illustration der Effizienz der Persönlichkeitsforschung sei abschließend noch auf das bei Scheu S. 40 geschilderte Beispiel der Eskalation der Verschlechterung von Beziehungen zwischen Ehegatten hingewiesen. Hier wird durch die Persönlichkeitsforschung gerade das Gegenteil des Angestrebten erreicht. Es soll hier nicht der Zensur der Gefangenenpost als der Persönlichkeitsforschung dienendes Mittel jede Wirksamkeit abgesprochen werden, doch dürfen die Möglichkeiten, die in der Zensur für dieses Ziel liegen, angesichts der Personallage nicht überbewertet werden, wozu die Antworten auf die Fragen B I 32–40 jedoch Anlaß geben.

Diese Ansicht stützt sich auch auf die bei den Beratungen der Strafvollzugskommission zur Sprache gekommenen Erfahrungen von Praktikern[51], wonach aufgrund einer „unterschiedslosen Kontrolle des gesamten Briefwechsels"[52] wenig Wirkungen in sozialpädagogischer Hinsicht gezeitigt werden könnten. Die weithin „oberflächliche"[53] Handhabung der Zensur ermögliche keine Verwertung des Inhalts zur Resozialisierung.

Dies aber bestärkt die Zweifel, die an der Effizienz der Zensur als Mittel der Persönlichkeitsforschung bestehen, zumal diese Ergebnisse der Strafvollzugskommission nicht leicht mit den Ergebnissen der Enquête zu vereinbaren sind[54].

Fazit: Die Zensur ist ein wesentliches Element zur Aufrechterhaltung eines leistungsfähigen Vollzuges, wobei jedoch das Hauptgewicht mehr auf der Sicherungsfunktion, denn auf der Resozialisierungsfunktion liegt.

---

47 a.a.O., S. 372
48 a.a.O., S. 372
49 MSchrKrim 64, 81 ff.
50 a.a.O., S. 83
51 Steierer Protokolle Bd. 3, 25 und Bd. 4, 9
52 Protokolle Bd. 3, 25
53 Protokolle Bd. 4, 9
54 Ergänzend sei noch auf die Enquête, S. 50 ff., von Müller-Dietz/Würtenberger hingewiesen, wonach an die Persönlichkeitsforschung keine großen Erwartungen geknüpft werden können.

bb) Das Maß der erforderlichen Zensur

Der verfassungsmäßige Grundsatz der Verhältnismäßigkeit[55] gebietet bezüglich der Zensur der Gefangenenpost, daß nur insoweit zensiert werden darf, wie dies notwendig ist. Kriterien für die Notwendigkeit sind der Sicherheitsgedanke einerseits und die Persönlichkeitsforschung andererseits. Wie oben gezeigt, ist mit der Strafvollzugskommission[56] für die Auslegung dieses Grundsatzes vor allem der Sicherheitsaspekt heranzuziehen. Der Persönlichkeitsforschung kommt zur Zeit nur untergeordnete Bedeutung zu[57].

Der Grundsatz der Verhältnismäßigkeit ergibt aber bei dem Kriterium der Sicherheit, daß die Zensur dem Sicherheitsrisiko, das der Gefangene bildet, entsprechen muß. Hierbei ist eine „Übersicherung" durch die Zensur verboten.

Es sollen zunächst verschiedene Arten der Zensur dargestellt werden, wobei anschließend versucht wird, sie entsprechend dem Verhältnismäßigkeitsgedanken in Beziehung zum Sicherheitsrisiko zu setzen. Es sind verschiedene Zensurmodalitäten denkbar:

Jeder Brief eines jeden Gefangenen wird zensiert.

Nur Briefe bestimmter Gefangener werden zensiert.

Es wird nur stichprobenweise zensiert, wobei der Zensur alle Gefangenen unterliegen.

Nur Briefe bestimmter Gefangener werden stichprobenweise zensiert.

Briefe bestimmter Gefangener werden zensiert, wobei jedoch der Anschein strikter Zensur dadurch aufrechterhalten wird, daß dem Gefangenen dies nicht mitgeteilt wird.

Die Post wird nicht mehr gelesen, sondern nur noch daraufhin kontrolliert, ob nicht etwa Geld u.ä. auf diesem Wege in die Anstalt gelangt.

Die erste Möglichkeit bietet naturgemäß die höchste Sicherheit, belastet jedoch sehr stark die Arbeitskraft des Personals und greift am stärksten in den Privat- und Intimbereich des Gefangenen ein.

Diese Zensurform ist in der Praxis sehr häufig, wenn nicht die Regel (vgl. Tabelle 2).

Die zweite Möglichkeit ist in einer Anstalt nicht durchführbar, wie sich aus Tabelle 8 ergibt, da andere Gefangene, die der Zensur unterliegen, diese unkontrollierten Kanäle zur Außenwelt für ihre Zwecke benutzten würden.

Ein solcher Mißbrauch läßt sich schon aus der gesamten Insassenstruktur einer JVA ableiten, die ein „horizontales, nach oben abgeschlossenes Kommunika-

55 BVerfGE 3, 383 (399); 7, 377 (378, 405, 407); 8, 80; 8, 310; 9, 346; 17, 314; 20, 159; Maunz-Dürig Rn. 118 zu Art. 20 GG mit dort angegebenen weiteren Nachweisen.

56 Protokolle Bd. 4, 9

57 Müller-Dietz/Würtenberger, a.a.O.

tionsnetz"[58] aufbaut. Der Häftling, der sich weigert, seinen unkontrollierten Verbindungsweg auch den anderen zugänglich zu machen, würde von diesem Netz ausgeschlossen. Wenn nicht schon dies ihn gefügig machen würde, so steht doch den übrigen Gefangenen, auch bei starker Überwachung der Insassen, noch eine große Zahl von Maßnahmen zur Verfügung, den Betreffenden unter Druck zu setzen und hierdurch das Gewollte zu erreichen. Andererseits besäße der Gefangene, der Nachrichten für die anderen nach draußen gelangen ließe, diesen gegenüber eine sehr große Machtstellung, da es in seinem Belieben stünde, Nachrichtenabgabe und -empfang zu manipulieren. Diese Machtstellung, die größer als die eines Kalfaktors[59] wäre, könnte auch von der Anstaltsleitung nicht unterdrückt werden, wie dies bei Kalfaktoren durch ständigen Wechsel geschieht.

Diese zweite Modalität der Zensur ist daher aus den Betrachtungen auszuscheiden.

Hinsichtlich der nur stichprobenweisen Durchführung der Zensur ist sich die Praxis im ganzen gesehen, unschlüssig (vgl. Tabelle 6). Die Zensur generell hierauf zu beschränken, wäre verfehlt; dieses Modell ist jedoch denkbar, zumindest im halboffenen Vollzug, oder dann, wenn über das geringe Sicherheitsrisiko eines Gefangenen Klarheit besteht.

Die zitierte Tabelle ist für dieses Problem schon aussagekräftig genug. § 30 II EVollzG läßt ausdrücklich diese Möglichkeit zu. Ebenfalls ist dies aus Nr. 152 I DVollzO zu schließen.

Mit einem eigenartigen Problem sieht man sich dann konfrontiert, wenn tatsächlich nicht zensiert wird, da der Gefangene kein Sicherheitsrisiko darstellt, aber der Anschein einer genauen Zensur erweckt wird, wie es z.B. in der JVA Straubing gehandhabt wird. Das Absehen von der Zensur geschieht in diesem Fall jedoch allein aus Gründen der Arbeitserleichterung der Zensurbeamten; denn der Zweck, das Wohlverhalten des Gefangenen, wird schon durch das vermeintliche Bestehen der Zensur erreicht.

Eine Mitteilung der Zensurfreiheit an einen Gefangenen, der kein Sicherheitsrisiko darstellt, würde aber gerade dieses Risiko, wie oben ausgeführt, begründen. Dieser Weg ist nicht gangbar.

Auch § 30 II 2, 3 EVollzG gibt keine Auskunft darüber, wie dieses Problem der Mitteilung der Art der Zensur an den Gefangenen in Zukunft gemeistert werden solle. Sicherheitserwägungen führen zu dem Ergebnis, daß Gefangenen über die Art der Zensur – vereinzelte Freistellung, Stichproben – keine Mitteilung gemacht werden kann, wenn in der betreffenden Anstalt gewöhnlich strikte Zensur gehandhabt wird. Bei Anstalten mit geringerem Sicherheitsgrad ist auch

58 Renate Mayntz, Soziologie der Organisation S. 91

59 Vgl. hierzu S. Harbordt, S. 62 ff.

die Zensur weniger streng zu handhaben und den Gefangenen dies auch mitzuteilen.

Im offenen Vollzug, bei Freigängern, erscheint eine Zensur unnötig, ja geradezu widersinnig, da der sonstige Verkehr mit der Außenwelt schon weitgehend ohne Kontrolle durch die Anstalt abläuft. Auf dem Weg von und zur Arbeitsstelle und am Arbeitsplatz selbst hat der Freigänger reichlich Möglichkeiten, Briefe aufzugeben oder von Mittelsmännern zu empfangen. Aus diesem Grunde erscheint auch die Zensur der Hausarbeiter der gleichen Anstalt, in der auch die Freigänger untergebracht sind, unnötig, da jene von diesen leicht mit Nachrichten versorgt werden können[60].

Im offenen Vollzug ist die stichprobenweise Durchführung der Zensur völlig ausreichend. Eine Anstalt, die fast keine Ausbruchsvorkehrungen kennt, also nur einen geringen Sicherheitsgrad hat, darf auf der anderen Seite auch bei der Zensur aus Sicherheitsgründen nicht weiter gehen. Dies ergibt sich aus dem hierauf angewandten Grundsatz der Verhältnismäßigkeit.

Aus dem von R. Mayntz[61] geschilderten engen Kommunikationsnetz folgt, daß bei der Zensur in einer Anstalt nicht differenziert werden darf, da die Gefahr unkontrollierten Nachrichtenverkehrs zu groß ist.

Dies gilt jedoch nicht für den Zensurgrund der Persönlichkeitsforschung. Wenn es auch fraglich ist, ob dieser Grund allein eine Beschränkung des Art. 10 I GG rechtfertigen kann[62], so bleibt aber festzustellen, daß das obige Differenzierverbot keine Geltung bei dem Zensurgrund der Persönlichkeitsforschung haben kann, da hierdurch die Sicherheit nicht tangiert wird.

Dieser Grundsatz gilt allerdings nur für die isolierte Betrachtung der Persönlichkeitsforschung als Zensurgrund.

b) Die Problematik des Art. 19 II GG

De lege lata et ferenda ist bei der Regelung der Zensur der Grundsatz des Art. 19 II GG zu berücksichtigen, wonach kein Grundrecht in seinem Wesensgehalt angestastet werden darf. Abgesehen von dem Verstoß gegen Art. 10 I GG bleibt weiter zu prüfen, ob Nr. 152 I DVollzO nicht auch noch Art. 19 II GG verletzt. Für eine künftige Regelung in einem Vollzugsgesetz muß gesichert sein, daß die Normierung der Zensur nicht wegen Unvereinbarkeit mit Art. 19 II GG nichtig ist. Strittig und ungeklärt ist die Frage nach dem Geltungsbereich der Wesensgehaltsgarantie des Art. 19 II GG, die noch einer Klärung durch das BVerfG harrt.

---

60 Wie bei der Besichtigung des Gustav-Radbruch-Hauses mitgeteilt wurde, wird die Post der Gefangenen nicht oder nur selten gelesen. Dies dient dann aber nur der Persönlichkeitsforschung. Eine Zensur findet nicht statt, nur eine Kontrolle daraufhin, ob nicht etwa Geld o.ä. eingeschleust wird.

61 a.a.O.

62 Protokolle Bd. 4, 9

Nach einer Ansicht schützt Art. 19 II GG nur die der Allgemeinheit gegebenen Grundrechtsgarantien. Ein Entzug eines Grundrechts im Einzelfall würde danach solange keinen Verstoß gegen das Verbot des Art. 19 II GG darstellen, solange noch das Grundrecht allgemein besteht[63]. Die gegenteilige Auffassung bezieht das Verbot der Antastung des Wesensgehalts eines Grundrechts auch auf den Einzelfall, so daß niemandes Grundrecht in seinem Wesenskern berührt werden darf.

Gegen die erste und für die zweite Auffassung spricht schon zunächst der eindeutige Wortlaut des Art. 19 II GG[64] und weiter die Überlegung, daß der Zweck des Art. 19 II GG, der Schutz zumindest gewisser Grundbestandteile eines Grundrechts – nur so kann diese Bestimmung verstanden werden – nur dann erreicht wird, wenn der zweiten Auffassung gefolgt wird.

Die erste Meinung deutet die Garantie eines gewissen Mindestinhalts eines Grundrechts – denn nichts anderes ist „der Wesensgehalt eines Rechts" – in eine Aussage über den Geltungsrahmen um, geht also von einer inneren Grenzziehung auf eine äußere über, wobei aber kein Wert darauf gelegt wird, daß dies ein aliud und kein gleichgeartetes Mehr-Weniger-Verhältnis ist.

Da nur die zweite Auffassung dem Sinn des Art. 19 II GG gerecht wird, wird dieser Meinung beigetreten.

Dies bedeutet aber für den Fall der strikten Zensur der Häftlingspost, daß diese Zensur sogar den unantastbaren Kern des Briefgeheimnisses tangiert[65].

Nr. 153 II DVollzO i.V.m. § 148 StPO gewährt nur dem Strafgefangenen, der mit seinem Verteidiger in irgendeiner ihn berührenden Strafsache in Schriftwechsel steht, Zensurfreiheit hierfür.

Dabei besteht für diesen Gefangenen auf diesem Gebiet noch das Postgeheimnis. Strafgefangenen, die das Glück haben, in keine weitere Strafsache verwickelt zu sein, oder die sonst keines Verteidigers, etwa für Wiederaufnahme, Gnadengesuche, Beschwerden, bedürfen, steht nicht einmal ein noch so kleines unkontrolliertes Gebiet des Schriftwechsels zur Verfügung. Hier ist aber der unantastbare Wesensgehalt des Postgeheimnisses mißachtet.

Die Betrachtung unter dem Gesichtspunkt des Art. 19 II GG zwingt zu dem Schluß auf die Unzulässigkeit der Zensur und ihrer Handhabung nach dem gegenwärtigen Rechtszustand.

Die Synthese der Forderung nach größtmöglicher Sicherung bei gefährlichen Gefangenen einerseits und dem Verbot des Art. 19 II GG andererseits ist in § 30 I EVollzG geglückt.

---

63 v. Mangoldt-Klein Anm. V 2 c zu Art. 19 GG; danach schützt Art. 19 II GG nur allgemeien, nicht aber im Einzelfall die Grundrechte.

64 ebenso Seebode MDR 1971, 103

65 Seebode, a.a.O., 103

Danach wird auf einem Gebiet, das von Mißbrauch frei ist, auch dem gefährlichsten Häftling die jederzeitige Möglichkeit einer unkontrollierten Verbindung nach draußen eröffnet. Der unüberwachte Schriftwechsel mit Volksvertretungen und deren Mitgliedern, mit Gerichten und Justizbehörden in der Bundesrepublik Deutschland, mit der Europäischen Kommission für Menschenrechte, sowie mit Vertretern, Rechtsanwälten und Notaren in einer Rechtssache[66] stellt ein von Art. 19 II GG geschütztes Kerngebiet, den Wesensgehalt des Postgeheimnisses, dar.

Bedenken aus Art. 19 II GG können daher nicht gegen die Regelung der Zensur des EVollzG vorgebracht werden.

Die obige Argumentation bezüglich des gegenwärtigen Rechtszustandes bestärkt noch die hier vertretene Auffassung der derzeitigen Unzulässigkeit der Zensur[67].

c) Die Einflußnahme auf die Partnerwahl

aa) Allgemeines – Verkehr mit der Familie

Zu Frage B I 1 wurde geantwortet, daß ca. 91% der Gefangenen, die von der Fragebogenenquête erfaßt wurden, Briefverkehr nach draußen haben. Dies zeigt ganz deutlich, daß der Verkehr mit der Außenwelt ein Gebiet ist, das den weitaus größten Anteil der Gefängnispopulation angeht. Ungefähr 66% der Gefangenen (vgl. Tabelle Nr. 16) stehen in Verbindung mit ihrem engeren Familienkreis. Diese Zahlen zeigen, daß dem Verkehr mit der Familie eine überaus große Bedeutung zukommt.

Nach Nr. 148 II DVollzO kann der Verkehr mit den Angehörigen untersagt werden, „wenn zu befürchten ist, daß er die Sicherheit oder Ordnung der Anstalt beeinträchtigt", mit anderen Personen dann, wenn er die Resozialisierung des Gefangenen „beeinträchtigen oder auf ihn einen schädlichen Einfluß ausüben kann." Schon aus dem Wortlaut erfolgt eine Differenzierung hinsichtlich der Untersagungsgründe. Bei der Untersagung des Schriftverkehrs mit der Familie muß eine „Beeinträchtigung" der Sicherheit und Ordnung zu befürchten sein. § 29 II Nr. 1 EVollzG faßt diese Voraussetzungen noch enger und verlangt eine „Gefährdung" der Sicherheit oder Ordnung der Anstalt zur Untersagung des Schriftwechsels. Beide Regelungen erscheinen unter dem Gesichtspunkt des Schutzes der Familie nach Art. 6 I GG immer noch zu weitgehend.

Stellt der Gefangene ein Sicherheitsrisiko dar, so befindet er sich schon zumeist in einer Anstalt einer hohen Sicherheitsstufe, einer geschlossenen Anstalt, wo auch die Zensur entsprechend streng gehandhabt wird. Eine Beeinträchtigung oder Gefährdung der Sicherheit oder Ordnung der Anstalt kann nur in einem Schriftstück des Gefangenen liegen, das Vorschläge zur Flucht, Zeugenbeeinflussung, Schmuggelaufträge oder sonst Verbotenes beinhaltet. Bei genauer Zensur

---

66 § 30 I EVollzG

67 Vgl. Seebode a.a.O.

wird jedoch das Schreiben angehalten, so daß dem Sicherheitsbedürfnis der Anstalt Genüge getan ist.

Nr. 148 II DVollzO spricht von der „Befürchtung“ der Sicherheitsbeeinträchtigung. Es müssen also Tatsachen vorliegen, die hierzu Anlaß geben, mit anderen Worten, die Anstaltsleitung muß Kenntnis vom Sicherheitsrisiko haben, das von dem Gefangenen ausgeht, um den Verkehr mit seinen Angehörigen ganz untersagen zu können; d.h. aber, in zumindest einigen Briefen muß eine sicherheitsgefährdende Absicht zutage getreten sein, die aber gewiß nicht offen geäußert werden wird, sondern nur versteckt mit Hilfe von Tarnbezeichnungen u.ä.

Wenn aber die Zensur dies aufgedeckt hat, so wird sie dazu auch bei weiteren Versuchen in der Lage sein. Hierauf aufbauend und unter Berücksichtigung des Art. 6 I GG, der auf dem Gebiete des Strafvollzugsrechts ebenfalls seine Wirkung zu entfalten hat, folgt die Überflüssigkeit der Nr. 148 II DVollzO, und des § 29 II Nr. 1 EVollzG, soweit dort die Untersagung des Verkehrs mit der Familie statuiert wird.

Art. 6 I GG fordert für das Gebiet des Vollzuges einen soweit wie möglich ungehinderten Kontakt zwischen inhaftierten freien Familienmitgliedern[68]. Eine gänzliche Unterbindung dieses Kontaktes darf nur ultima ratio sein.

Fazit: Die gänzliche Untersagung des Verkehrs mit der Familie ist ein unverhältnismäßig großer Eingriff in Art. 6 I GG, daher ist sowohl die gegenwärtige Regelung, als auch die geplante unzulässig und verfassungswidrig. Der gleichen Ansicht ist auch Bieler[69], der dem Strafvollzug nicht das Recht einräumt, „den Gedankenaustausch zwischen den Menschen zu unterbinden, die einander am nächsten stehen“.

Es wurden hier nur Argumente sicherheitsrechtlicher Art herangezogen. Beziehungen zwischen den Angehörigen können sicherlich dem Vollzugsziel, der Rückfallverhinderung, entgegenstehen, wenn durch die Familie ein schlechter Einfluß auf den Gefangenen ausgeübt wird; doch ist dies mit Rücksicht auf die Privatsphäre zwar nicht zu billigen, aber hinzunehmen.

Nur abträgliche Folgen für die Sicherheit der Anstalt sind auszumerzen, was mit Hilfe der Zensur geschehen kann, ohne daß eine gänzliche Briefverkehrsuntersagung vonnöten wäre.

Die Untersagungsgründe bezüglich des Verkehrs mit Personen, die nicht Angehörige des Gefangenen sind, sind weiter gefaßt. Nach Nr. 148 II DVollzO genügt hierfür die Befürchtung der Möglichkeit einer Beeinträchtigung der

---

68 Der Staat hat die Ehe durch geeignete Maßnahmen zu fördern und darf die Ehe nicht schädigen oder sonst beeinträchtigen; BVerfGE 6, 76; Schmidt-Bleibtreu-Klein Anm. 7 zu Art. 6 GG

69 Protokolle Bd. 3, 80 ff., 81, 82

Resozialisierung des Gefangenen oder der Ausübung eines schädlichen Einflusses auf ihn. Die gleichen Voraussetzungen beinhaltet § 29 II Nr. 2 EVollzG.

Ratio legis ist die Fernhaltung des Gefangenen von Einflüssen, die den Intentionen des Strafvollzuges zuwiderlaufen. Legt man das in dieser Arbeit vertretene Vollzugsziel der Rückfallverhinderung als Prüfungsmaßstab zugrunde, so folgt, daß die besagten Bestimmungen sich als Konkretisierung dieser allgemeinen Aussage darstellen und ein wesentliches Element zur Erreichung dieses Zieles bilden.

Die genannten Regelungen verdienen in einem Vollzugsgesetz aufgenommen zu werden.

bb) Sonderfälle

aaa) Anwaltspost

(a) Verteidigerpost

Nach § 148 StPO i.V.m. Nr. 153 II DVollzO ist der Schriftwechsel mit einem Verteidiger in einer Strafsache des Gefangenen, sei es Wiederaufnahmeverfahren, Gnadengesuch, Verteidigung in einem anderen Verfahren, unzensiert.

(b) Der übrige Schriftwechsel mit Rechtsanwalt und Notar

Jeder andere Schriftwechsel in einer Rechtsangelegenheit mit einem Rechtsanwalt oder Notar unterliegt hingegen der Zensur; denn ausdrücklich von der Überwachung ausgeschlossen ist nach Nr. 153 II DVollzO nur der schriftliche Verkehr des Verteidigers mit dem Gefangenen.

Wie bereits dargelegt, ist derzeit das gesamte Zensurwesen verfassungswidrig. Diese Unzulässigkeit erstreckt sich auch auf die Zensur der Anwalts- und Notarspost. Wird dennoch näher auf dieses Gebiet eingegangen, so zu dem Zweck, Grundlagen für eine künftige Regelung zu erarbeiten. Prüfungsmaßstab für die Zensur des Verkehrs mit dem Rechtsanwalt sollen die beiden Funktionen der Zensur – Sicherung und Persönlichkeitsforschung – sein.

Die Zensur eines ausgehenden Gefangenenbriefes geschieht aus dem Mißtrauen dem Gefangenen gegenüber, der versuchen könnte, hierdurch einen Ausbruch zu organisieren, Zeugen zu beeinflussen u.ä.m. Um aber die Sicherheit der Anstalt konkret gefährden zu können, muß ein solcher Brief an den richtigen Adressaten gelangen. Daher erstreckt sich das in der Zensur manifestierte Mißtrauen auch auf den Adressaten; er wird als potentieller Gehilfe des Gefangenen bei einem etwaigen unlauteren oder verbotenen Vorhaben betrachtet.

Durch die Zensur der an Rechtsanwälte gerichteten Briefe spricht mithin der Strafvollzug sein Mißtrauen gegenüber dem Anwaltstand aus; dies bedeutet eine Antastung und Infragestellung der Integrität eines selbständigen Organs der Rechtspflege (§ 1 BRAO)[70] und Unterstellung der jederzeitigen Bereitschaft zu

70 Vgl. Seebode, a.a.O.

einer Standeswidrigkeit. Gründe der Sicherheit können daher die Zensur der Anwaltspost nicht tragen. Ebensowenig ist die Berufung auf die Persönlichkeitsforschung geeignet, die Erforderlichkeit der Zensur in diesem Bereich zu begründen. Abgesehen von der zumindest zweifelhaften Effizienz im allgemeinen, ist nur ein geringer Gewinn hierfür aus dem Schriftverkehr mit dem Rechtsanwalt, wenn überhaupt, ersichtlich.

Handelt es sich um Schadensersatzforderungen aus dem Delikt, aufgrund dessen der Gefangene verurteilt worden ist, so kann für das Verständnis der Persönlichkeit des Täters und der Umstände nichts mehr hinzugewonnen werden, da die Strafprozeßunterlagen bereits der Vollzugsanstalt vorliegen. Bei Schadensersatzforderungen aus einem anderen Delikt, zu dem parallel ein Strafverfahren in Gang ist, sind die Ziehung von Schlüssen auf die Persönlichkeit des Gefangenen und darauf aufbauende Behandlungsmethoden unzulässig, da dies sich auf einen noch nicht endgültig gerichtlich geklärten Sachverhalt stützt. Es würden hierdurch noch aus einem schwebenden Verfahren, dessen Ausgang ungewiß ist, Folgerungen gezogen, die den Gefangenen u.U. stark beeinträchtigen könnten.

Rechtsangelegenheiten im Zusammenhang mit Straftaten scheiden daher für eine Persönlichkeitsforschung und die damit zusammenhängende Zensur aus. Des weiteren sind Rechtsangelegenheiten möglich, die nicht an der Persönlichkeit des Gefangenen orientiert sind, so daß diese also für eine Persönlichkeitsforschung unergiebig sind und eine Zensur überflüssig machen.

Bei Scheidungssachen genügt für ein individuelles Eingehen auf die Persönlichkeit des Gefangenen die Tatsache des eingeleiteten Scheidungsverfahrens, doch eignen sich eben die Gegebenheiten, die zu dem Verfahren führen, nicht als Grundlage einer Behandlung, da auch hier ein schwebendes Verfahren vorliegt. Seebode[71] weist zutreffend auch auf die Peinlichkeiten des Aufdeckens der persönlichen und intimsten Gegebenheiten und die Versuche von Gefangenen, mit genehmigter Verteidigungspost nach Nr. 153 II DVollzO, auch Zivilsachen unkontrolliert, regeln zu können, hin, wodurch der Rechtsanwalt wiederum in einen Gewissenskonflikt gestürzt wird. Darüber hinaus ordnet § 170 GVG die Nichtöffentlichkeit von Ehesachen an. Dies hat zur Folge, daß nur ein eng begrenzter Personenkreis, der direkt mit diesem Verfahren befaßt ist, Kenntnis der zugrundeliegenden Tatsachen erhält. Hieraus ist aber zu folgern, daß dieser Kreis möglichst klein zu halten ist und alle nicht unmittelbaren Verfahrensbeteiligten, also auch der Strafvollzug, von der Kenntnis auszuschließen sind.

Gleiches, was oben zu schwebenden Schadensersatzprozessen ausgeführt wurde, gilt auch bei Unterhaltsklagen[72]. Der Schriftwechsel in Verfahren, die den Vollzug selbst betreffen, (§§ 23 ff. EGGVG) ist für die Persönlichkeitsforschung

71 a.a.O., S. 101

72 Vgl. auch Seebode, a.a.O., S. 101

sowieso unergiebig, da hier keine neuen Aufschlüsse über die Person des Gefangenen erwartet werden können.

Die Zwangslage, in der sich der Gefangene, der gegen Maßnahmen des Vollzuges vorgehen will, bei Beantragung der Wahrung seiner Rechte durch einen Rechtsanwalt befindet, hat Seebode[73] dargelegt.

Fazit: Weder Sicherheit noch die Persönlichkeitsforschung können eine tragfähige Grundlage für die Zensur des Schriftverkehrs mit einem Rechtsanwalt oder Notar, für den die gleichen oben ausgeführten Erwägungen gelten, bilden. Die fragliche Zensur ist überflüssig und unzulässig.

Die Entscheidung des OLG Bremen vom 21.5.1963[74] V As 5/63 befaßte sich mit dem Problem der Zensur der Anwaltspost und hielt sie für zulässig. Die Begründung kann nicht überzeugen und das gefundene Ergebnis nicht in Frage stellen. Das OLG Bremen geht von der allseitigen Beschränkung der Freiheit durch den Strafvollzug aus, wodurch auch das Post- und Briefgeheimnis durchbrochen werde. Danach sei somit das Briefgeheimnis zur Gänze aufgehoben. Ausnahmen von dieser allgemeinen Durchbrechung des Postgeheimnisses bilde im Strafvollzug nur § 148 StPO. Auf die Problematik des Art. 19 II GG wird nicht eingegangen. Aus der engen Auslegung des § 148 StPO wird gefolgert, daß nur bei einem schwebenden Strafverfahren Zensurfreiheit bezüglich des Schriftwechsels mit dem Verteidiger herrsche. Der Beschluß beruht auf dem Umkehrschluß aus § 148 StPO, daß nach Abschluß des Verfahrens die Zensurfreiheit zu bestehen aufgehört hat. Erwägungen über die Erforderlichkeit der Zensur des Anwaltspostverkehrs, insbesondere zu der mit der Zensur einhergehenden Diskriminierung der Anwaltschaft wurden nicht angestellt. Wie Seebode[75] ausgeführt hat, ist besagter Umkehrschluß jedoch nicht zwingend, da § 148 StPO nur prozeßrechtlicher Natur ist und keine Aussagen über das Zensurrecht im Strafvollzug geben konnte und wollte.

Die Kritik Tiedemanns[76] setzt schon an dem Ausgangspunkt der allseitigen Freiheitsbeschränkung, die die völlige Aufhebung des Postgeheimnisses beinhaltet, an. Insoweit darf auf seine Ausführungen a.a.O. Bezug genommen werden.

Die Forderung von Bieler[77], den Schriftwechsel des Gefangenen mit einem Rechtsanwalt, gleichviel in welcher Rechtssache, von der Zensur auszunehmen, hat ihren Niederschlag in § 30 I EVollzG gefunden. In dieser Bestimmung ist ausdrücklich festgelegt, daß ein solcher Schriftwechsel nicht überwacht werden darf. Es bleibt zu hoffen, daß diese Regelung auch in dem künftigen Strafvollzugsgesetz enthalten sein wird.

---

73 a.a.O., S. 102

74 NJW 1963, 1465

75 a.a.O., S. 103

76 NJW 1963, 1841 f.

77 In Protokolle Bd. 3, 82

bbb) Behördenpost

(a) Petition an Volksvertretung

Da ausdrücklich in Nr. 153 DVollzO nur der Schriftverkehr mit dem Verteidiger von der Überwachung ausgenommen ist, sind auch sämtliche Eingaben, Petitionen etc. an Behörden, Volksvertretungen, einzelne Abgeordnete zu zensieren. Auch hier sind, abgesehen von der bereits mehrfach erwähnten derzeitigen generellen Unzulässigkeit der Zensur, weder Sicherheitsgründe noch Gründe der Persönlichkeitsforschung anzuerkennen.

Nach Nr. 148 III DVollzO darf der Schriftverkehr mit Volksvertretungen nicht untersagt werden; ein Verbot wäre auch mit Art. 17 GG, bzw. den entsprechenden Bestimmungen der Landesverfassungen unvereinbar. Allerdings seien die Erfahrungen mit Freigabe der besagten Schreiben von der Überwachung in Niedersachsen äußerst unbefriedigend verlaufen[78]; dennoch wurde in den Beratungen der Strafvollzugskommission gefordert, den Schriftverkehr u.a. mit Volksvertretungen nicht mehr zu überwachen[79], was auch in § 30 I EVollzG übernommen wurde. Schon am 6.1.1969 erschien diese Forderung in den Grundsätzen der Strafvollzugskommission[80]. Es ist offensichtlich, daß die Möglichkeit unkontrollierten Verkehrs mit den Volksvertretungen oder einzelnen Abgeordneten von Gefangenen auch mißbraucht werden kann. Doch es ist nicht Aufgabe des Vollzugsgesetzes, diese Institutionen vor unsachlichen Eingaben von Gefangenen zu schützen[81], zumal es nicht im Bereich der Vollzugsverwaltung liegen kann, zu beurteilen, wann eine Eingabe an die betreffende Institution zulässig und begründet ist. Andernfalls würde das Petitionsrecht nach Art. 17 GG unterlaufen werden.

Weiterhin rechtfertigt die Befürchtung eines Mißbrauchs, der nur darin bestehen kann, daß unsachliche Kritik und Polemik gegen Vollzugsmaßnahmen oder den Vollzug schlechthin an diese Stellen gelangen, nicht, daß grundsätzlich auf Form und Inhalt, die der Gefangene für richtig hält, von der JVA Einfluß genommen wird, sei es durch Anhalten nach Nr. 155 DVollzO oder durch Begleitvermerke nach Nr. 154 I DVollzO.

Die gleichen Grundsätze, die oben dargelegt sind, haben auch im Bereich der Eingaben an die Menschenrechtskommission Geltung, da insoweit die Problematik gleich gelagert ist.

(b) Sonstige Behördenpost

Schutz vor unsachlichen Eingaben ist nicht Aufgabe des Vollzuges, da er nur in einem Teilbereich, nämlich nur bezüglich der Gefangenen, wirken kann. Der

78 Protokolle Bd. 3, 82

79 Protokolle Bd. 4, 9

80 „Empfehlungen und Grundsätze der Strafvollzugskommission" S. 36, Nr. 2

81 Protokolle Bd. 4, 9

Filter der Unzulässigkeit und Unbegründetheit der Eingaben an die verschiedenen Institutionen muß bei diesen selbst liegen; diese Arbeit kann nicht abgewälzt werden.

Der Einwand, es müsse ungewandten Gefangenen durch die Zensur geholfen werden, nur zulässige und begründete Schreiben einzureichen, kann damit entkräftet werden, daß der Anstaltsleiter durch Nr. 150 DVollzO zur Hilfe verpflichtet ist, wenn der Gefangene beim Verkehr mit den Behörden einen Rat braucht. Diese Vorschrift kann aber auch nicht so weit ausgelegt werden, daß sie beim Schriftverkehr mit Behörden der JVA ein weiteres Zensurrecht neben Sicherheit der Anstalt und Persönlichkeitsforschung geben könnte, da aus ihr eindeutig hervorgeht, daß nur im Bedarfsfall der Anstaltsleiter „sich des Gefangenen annehmen soll". Weiterhin ist auch einem Gefangenen, der nicht schreiben kann, nach Nr. 151 IV DVollzO durch einen Bediensteten Schreibhilfe zu leisten.

Auf das Problem eines Schreibens mit beleidigendem Inhalt wird unten bei Punkt 3 („Anhalten von Schreiben") eingegangen.

d) Ausländer

Nr. 152 I 4 und 5 DVollzO befaßt sich mit dem Problem der Übersetzung und der Kostentragung hierfür bei der Zensur von Schreiben in fremder Sprache. Der EVollzG enthält dagegen keinerlei Regelung zu dieser Frage.

Es ist daher zu untersuchen, wie die derzeitige Praxis zu würdigen und ob gegebenenfalls eine Regelung dieser Frage in einem Vollzugsgesetz wünschenswert ist. Wie aus den Tabellen 14 und 15 ersichtlich, tritt das Problem der Kostentragungspflicht für ausländische Strafgefangene nicht häufig auf, da meist durch fremdsprachenkundige Anstaltsbedienstete die Übersetzung besorgt wird. Art. 3 III GG verbietet eine Benachteiligung jedes Menschen u.a. aufgrund seiner Sprache. Damit ist zunächst der Weg verschlossen, Gefangenen nur Briefe in deutscher Sprache schreiben zu lassen und alle fremdsprachigen Schreiben zu verbieten, da dies eine Benachteiligung aufgrund der Sprache darstellen würde. Da jedoch auch bei Ausländern zumindest aus Sicherheitsgründen oft nicht auf eine Zensur ihrer Post verzichtet werden kann[82], müssen diese Schreiben übersetzt werden. Die Überbürdung der Übersetzungskosten auf den ausländischen Gefangenen würde gegen Art. 3 III GG verstoßen, da dies ebenfalls eine Benachteiligung aufgrund der Sprache darstellen würde.

Nr. 153 I 5 DVollzO ist keine zwingende Vorschrift, sondern gibt dem Anstaltsleiter ein Ermessen, ob er die Kosten der Übersetzung der Staatskasse aufbürden

82 Aus Tabelle 14 geht hervor, daß Ausländerbriefe zum Teil nicht zensiert werden. Ob das Sicherheitsproblem bei Ausländern geringer ist als bei anderen Gefangenen oder ob die Sicherheitsgefährdung allgemein durch unzensierten Schriftwechsel geringer ist als angenommen, kann hier jedoch nicht beantwortet werden.

will. Aus der Berücksichtigung des Art. 3 III GG folgt aber ein Gebot an den Anstaltsleiter, die Übernahme der Übersetzungskosten durch die Staatskasse anzuordnen. Der Ansicht, den ausländischen Strafgefangenen von der Kostentragungspflicht der Übersetzung freizustellen, waren auch die Leiter der nichtselbständigen JVA. von Nordrhein-Westfalen auf einer Arbeitstagung am 3. und 4.6.1969. Hierbei wurde ebenfalls die Ansicht vertreten, „daß eine Benachteiligung fremdsprachiger Gefangener gegenüber deutschsprachigen Gefangenen wegen ihrer Sprache, ihrer Heimat oder ihrer Herkunft sich nach Art. 3 III GG verbiete". Die Übernahme der Übersetzungskosten (ca. DM 40,– bis 50,– pro Brief) empfehle sich auch aus fürsorgerischen Gründen.

Das Verfahren der Praxis steht zum großen Teil mit dem GG in Einklang. Soweit jedoch der ausländische Gefangene die Übersetzungskosten tragen muß, ist dies grundgesetzwidrig und unzulässig. Aus Tabelle 14 ergibt sich, daß in Baden-Württemberg/Rottenburg, Stuttgart, in Bayern und im Saarland grundsätzlich die Möglichkeit besteht, den ausländischen Gefangenen zur Tragung der Kosten heranzuziehen, wenn er über ausreichend Geld verfügt. Jedoch ist nur aus Baden-Württemberg/Stuttgart (Tabelle 15) bekannt, in wieviel Prozent der Fälle die Kosten übernommen werden und daher auch, zu wieviel Prozent der Gefangene die Kosten selbst zu tragen hat. So errechnet sich z.B. aus den Tabellen 12, 14 und 15, daß ca. 69 Gefangene in Baden-Württemberg/Stuttgart die Übersetzungskosten selbst tragen mußten, was aber nach den vorausgegangenen Erwägungen als verfassungswidrig zu qualifizieren ist.

Weitgehend ist jedoch die Praxis sich des Gebots, das aus Art. 3 III GG folgt, bewußt und sucht eigene Wege, keine Kosten entstehen zu lassen. Auf der oben erwähnten Arbeitstagung wurde zum Maß der Übersetzung noch angeführt, daß es meist ausreiche, wenn der Übersetzer nur eine knappe Inhaltsangabe liefere und gegebenenfalls nur die zu beanstandenden Stellen wörtlich übersetze. Aus Art. 3 III GG folgt bezüglich der Dauer der Zensur, daß ohne Rücksicht auf die Kosten dafür Sorge getragen werden muß, daß die Zensur der Briefe von Ausländern nicht unverhältnismäßig lange dauert.

Fazit:

Aus der Betrachtung des Art. 3 III GG ergibt sich, daß Ausländer durch die Zensur keine weitergehenden Benachteiligungen hinsichtlich Kosten und Dauer erfahren dürfen als die anderen Gefangenen. Dieser Grundsatz ist noch insoweit zu überprüfen, ob er ausdrücklich in einem Vollzugsgesetz Eingang finden soll. Für den Fall, daß zur Zensur eine Übersetzung vorgenommen werden muß, gibt Nr. 153 I 5 DVollzO wenigstens eine Teilantwort, wie die Kostenfrage zu regeln sei. § 30 EVollzG schweigt vollkommen hierüber.

Die Übernahmepflicht der Kosten durch die Staatskasse folgt zwar aus Art. 3 III GG, wie oben erarbeitet, dennoch sprechen Gründe der Klarheit dafür, eine entsprechende Regelung in das VollzG aufzunehmen, zumal eine Minderheit der

Praxis den Schluß aus Art. 3 III GG nicht für zwingend erachtet. Zum Schutz vor Benachteiligung der Ausländer durch zu lange Dauer der Zensur empfiehlt sich weiter die Aufnahme einer Regelung hierüber. Da jedoch tatsächliche Gründe – Suche eines Dolmetschers, dessen Arbeitsbelastung etc. – die Dauer der Zensur verlängern können, ist dieses Gebot flexibel zu fassen.

Es wird daher folgende Ergänzung des § 30 EVollzG durch einen Absatz IV vorgeschlagen:

„§ 30

IV Schreiben in fremder Sprache werden, soweit nötig, übersetzt[83]; kann dies nicht durch Bedienstete der JVA geschehen, in der der Gefangene einsitzt, so ist ein Dolmetscher heranzuziehen. Die Kosten für die Übersetzung trägt die Staatskasse. Es ist dafür Sorge zu tragen, daß die Überwachung der Schreiben in fremder Sprache möglichst nicht länger dauert, als die der Schreiben in deutscher Sprache."

Die vorgeschlagene Regelung hat analog auch dann zu gelten, wenn ein deutscher Gefangener aus zwingenden Gründen in einer Fremdsprache korrespondiert.

Dies ergibt sich aus folgendem Gedankengang:

Aus dem vorgeschlagenen § 30 IV, der nur eine Konkretisierung des Art. 3 III GG darstellt, folgt, daß keinem Gefangenen Kosten durch die Schriftverkehrsüberwachung entstehen dürfen. Würde man den deutschen Gefangenen, der in einer Fremdsprache korrespondieren muß, mit den Kosten der Übersetzung belasten, so wäre er aufgrund seiner Sprache benachteiligt, wenn man den Ausdruck „seiner Sprache" nicht eng wie im Sinne von „Muttersprache", auffaßt, sondern weiter auslegt in dem Sinne, „der Sprache, deren er sich bedienen muß."

Einer ausdrücklichen Regelung in einem VollzG wird dieses, vermutlich verhältnismäßig selten auftretende Problem nicht bedürfen, da unschwer die vorgeschlagene Lösung in analoger Anwendung zu gerechten Ergebnissen führen wird.

3. Das Anhalten von Schreiben, einschließlich des Verfahrens

Nr. 155 DVollzO regelt die materiellrechtlichen Gründe für das Anhalten von Schreiben von Gefangenen; Nr. 156 DVollzO ist formellrechtlicher Natur und regelt das Verfahren beim Anhalten von Schreiben.

a) Die materiellrechtlichen Grundlagen[84]

Nach Nr. 155 I DVollzO sind alle Schreiben anzuhalten, die gegen Nr. 151 IV

83 Gleichlautend mit Nr. 153 I 4 DVollzO

84 Diese Betrachtung beschränkt sich auf die Vereinbarkeit des Anhaltens mit Art. 5 GG, ändert aber nichts an der Tatsache der Unzulässigkeit der Zensur an sich, wenngleich deren Zulässigkeit Voraussetzung für ein Anhalten von Schreiben ist.

DVollzO verstoßen, also solche, „die nicht aus zwingenden Gründen in einer Fremdsprache geschrieben sind oder in einer Geheimsprache oder sonstigen künstlichen Sprache gehalten sind“ oder deren Leserlichkeit nicht den Anforderungen der Nr. 151 IV DVollzO entspricht.

Weiterhin sind die Schreiben des Schriftverkehrs anzuhalten, der untersagt ist. Diese Vorschrift ist absolut und gibt dem Anstaltsleiter keinen Ermessenspielraum. Er ist gezwungen, ein solches Schreiben anzuhalten.

Nr. 155 II DVollzO überläßt dem Anstaltsleiter die Entscheidung, ob er Schreiben anhalten will, deren Inhalt die Beeinträchtigung der Ziele des Strafvollzugs oder der Sicherheit und Ordnung der JVA befürchten läßt, oder der die öffentliche Sicherheit gefährdet.

Weiterhin können Schreiben angehalten werden, deren Inhalt beleidigende oder sonst strafbare Äußerungen oder offenbar unwahre Angaben enthalten, oder in denen persönliche Verhältnisse von anderen Gefangenen oder von Vollzugsbediensteten oder Straftaten erörtert werden[85].

Die Prüfung der Nr. 155 I, II DVollzO hinsichtlich ihrer Rechtmäßigkeit reduziert sich auf die Frage der Vereinbarkeit der Nr. 155 I, II DVollzG mit Art. 5 I GG; denn aus dem Umkehrschluß folgt, daß alle anderen Schreiben unbeanstandet die Anstalt verlassen dürfen, so daß hier schon eine gewisse Eingrenzung hinsichtlich des Inhalts erreicht ist.

Wie bereits ausgeführt, kann die Konstruktion des besonderen Gewaltverhältnisses nicht für Grundrechtseinschränkungen herangezogen werden; denn die betreffenden Ausführungen gelten nicht nur hinsichtlich des Art. 10 I GG, sondern bezüglich aller anderen Grundrechte.

Eine Einschränkung des Art. 5 I GG kann sich nur aus dem Vollzugsziel und dem Gedanken der Sicherheit, der wiederum ein Ausfluß dieses Zieles ist[86], ergeben. Dies stellt aber nur eine Konkretisierung des nach Art. 103, 104 I, II GG i.V.m. StGB und StPO zulässigen Freiheitsentzuges dar.

Danach stellt die Freiheitsstrafe primär nur einen Entzug der körperlichen Bewegungsfreiheit dar; der Entzug anderer Freiheitsrechte ist nur insoweit zulässig, als er der Durchführung des auf den genannten Vorschriften beruhenden Strafurteils dient.

Es ist also keineswegs, wie das KG in seinem Beschluß vom 9.12.1965[87] meint, „denkgesetzlich ein vollständiger Gewahrsam des Inhabers der staatlichen Gewalt hinsichtlich des betroffenen Staatsbürgers begründet“[88]. Würde dies zutreffen,

---

85 Geringfügig veränderter Wortlaut von Nr. 155 II DVollzO

86 Vgl. die Ausführungen in Kapitel 1 C

87 NJW 1966, 1088 ff.

88 KG a.a.O., 1089

so wäre die Folge eine völlige Absperrung und keine Einsperrung[89] mehr, was mit der Unantastbarkeit der Menschenwürde und dem Sozialstaatsprinzip[90] in Widerspruch stehen würde. Die Einschränkung der Meinungsfreiheit aufgrund des Vollzugszieles und des Sicherheitsgedankens ist grundsätzlich nach Art. 5 II GG zulässig, da dies Kriterien sind, die aus allgemeinen Gesetzen (Art. 104 GG, StGB, StPO) ableitbar sind.

Soweit Nr. 155 I DVollzO das Anhalten von Schreiben, die gegen Nr. 151 IV DVollzO verstoßen, gebietet, sind keine rechtlichen Bedenken möglich, da dies aufgrund des Sicherheitsgedankens gerechtfertigt ist. Wenn jedoch darüber hinaus Schreiben nur deswegen anzuhalten sind, weil sie an Personen gerichtet sind, mit denen der Schriftverkehr untersagt ist, ist zu differenzieren.

Anhaltbar nach Nr. 155 I DVollzO sind nur Schreiben, bei denen die Untersagung nach Nr. 148 II DVollzO aufgrund der obigen Ausführungen zu diesem Problem[91] zulässig ist. Dies bedeutet aber, daß Briefe an Familienangehörige nicht deswegen angehalten werden dürfen, weil der Verkehr mit ihnen untersagt ist.

Nr. 155 I DVollzO ist also nur eingeschränkt anwendbar. Es empfiehlt sich, da diese eingeschränkte Geltung nicht aus der DVollzO ersichtlich ist, bei einem Vollzugsgesetz diese absoluten Anhaltsgründe in obigem Sinne differenziert zu fassen, wenn sie nicht ganz wegfallen und nur als relative Gründe, ähnlich wie in Nr. 155 II DVollzO und § 32 EVollzG, übernommen werden.

Nr. 155 II 1 DVollzO hält einer Überprüfung aus dem Gedanken der Rückfallverhinderung als Strafvollzugsziel bzw. der Sicherheit stand. Insoweit ist kein Verstoß gegen Art. 5 I GG ersichtlich. Nr. 155 II 2 DVollzO ermöglicht das Anhalten von Schreiben beleidigenden Inhalts. § 32 I EVollzG enthält diesen Anhaltegrund nicht mehr. Die Aufgabe des Strafvollzuges, Rückfälle, aber auch sonstige Straftaten zu verhindern, erfordert eine Erziehung und Behandlung des Gefangenen, wodurch er in den Stand gesetzt werden soll, künftig ein Leben ohne Straftaten zu führen (§ 3 EVollzG). Hieraus folgt aber auch eine Pflicht des Vollzuges zur Erziehung des Gefangenen, allgemeine Mindestformen im Umgang mit dem Partner des Schriftwechsels zu beachten.

Weiterhin findet die Meinungsfreiheit des Art. 5 I GG schon nach Art. 5 II GG ihre Schranke in dem Recht der persönlichen Ehre. Bei ehrverletzenden Meinungsäußerungen besteht also kein Grundrecht. Weiterhin ist mit Meyer[92] zu argumentieren – wenn sich seine Ausführungen auch in erster Linie auf

89 Zum Problem der Einsperrung und Absperrung vgl. Schüler-Springorum, Übergang, S. 178 ff.

90 Seebode a.a.O., S. 100

91 Vgl. Kapitel 3 B I 2 c aa

92 MDR 1964, 724 ff.

Untersuchungsgefangene beziehen – daß, auch wenn der Vollzug den allgemeinen Lebensverhältnissen so weit wie möglich anzugleichen ist[93], auch der Strafgefangene kein Recht zur Begehung von Straftaten hat[94]. Ein Anhalten von besagten Schreiben beraubt den Strafgefangenen nicht eines Restes ihm noch verbliebener Handlungsfreiheit, sondern nimmt ihm nur die Möglichkeit, dieses Recht zu mißbrauchen[95].

Aus der Zusammenschau dieser Gesichtspunkte ergibt sich, daß der Anhaltegrund der Beleidigung zu Recht besteht, ja gerade vom GG in Art. 5 II gefordert wird. Es ist zumindest fraglich, ob nach § 32 I Nr. 1 EVollzG eine Beleidigung unter den Anhaltegrund der Gefährdung des Ziels der Behandlung subsummierbar ist. Aus diesem Grunde empfiehlt es sich, die klare Regelung in Nr. 155 II 2 DVollzO, Schreiben mit beleidigendem Inhalt betreffend, beizubehalten und in § 32 I EVollzG zusätzlich aufzunehmen. Das gleiche gilt für Nr. 155 II 2 DVollzO, soweit hier ein Anhaltegrund bezüglich Schreiben mit sonst strafbarem Inhalt statuiert wird. Hier ist die Schranke der Meinungsäußerungsfreiheit in einem allgemeinen Gesetz, dem StGB[96], gegeben. Insoweit besteht dieses Grundrecht nicht, so daß der Gefangene durch das Anhalten in seinen Rechten nicht verletzt sein kann. Auch insoweit empfiehlt sich aus oben genannten Gründen eine Korrektur des § 32 I EVollzG.

Gründe des Vollzugszieles sprechen auch bei Schreiben mit offenbar unwahren Angaben für die Zulässigkeit des Anhaltens.

Aus dem Behandlungsziel folgt die Pflicht zur Erziehung zur Wahrheit, so daß ein Anhalten bei eklatanten Fällen der Lüge, da ein grundrechtlicher Schutz ebenfalls nicht ersichtlich ist, unbedenklich ist. Somit folgt die Zulässigkeit auch dieses Anhaltegrundes der Nr. 155 II 2 DVollzO und die Empfehlung der Beibehaltung bzw. Einfügung in § 32 I EVollzG.

Weiter ist der Anhaltegrund der Erörterung persönlicher Verhältnisse von Gefangenen oder von Vollzugsbediensteten zu überprüfen. Der Grund für diese Bestimmung ist, daß der Empfänger diese Kenntnisse nicht mißbräuchlich verwertet. So ist z.B. denkbar, daß die Angehörigen eines anderen Gefangenen mit der Tatsache seines Einsitzens erpreßt werden oder daß der Bedienstete irgendwie unter Druck gesetzt wird. Diese Bestimmung dient sonach in erster Linie dem Schutz von Mitgefangenen und Anstaltspersonal und ist daher schon unter dem Gesichtspunkt der Sicherheit zulässig. Für den Schutz der Mitgefangenen ergibt sich die Erforderlichkeit dieser Bestimmung auch aus dem

93 § 3 a II EVollzG

94 a.a.O., S. 725

95 Meyer a.a.O., S. 725

96 Das StGB ist ein „allgemeines Gesetz" i.S.v. Art. 5 II GG, da es nicht eine Meinung als solche verbietet; Leibholz-Rinck Rn. 9 zu Art. 5 GG; Hamann-Lenz Anm. 10 zu Art. 5 GG stellvertretend für die h.M.; ähnlich Boehm S. 157

Gedanken, daß schädlichen Folgen des Vollzuges entgegenzuwirken sei, wenn auch diese Forderung primär darauf bezogen wird, daß durch die Tatsache des Freiheitsentzuges an sich auftretende Schädigungen zu unterbinden seien[97].

Weiterhin entspringt diese Schutzvorschrift der Erziehungsaufgabe des Strafvollzugsziels, wonach der Gefangene dazu erzogen werden soll, seinen Vorteil nicht auf Kosten anderer zu suchen. Aus diesen Erwägungen folgt die Zulässigkeit auch dieses Punktes der Nr. 155 II 2 DVollzO. Auch hier erscheint aus Gründen der Klarheit, auch dem Gefangenen gegenüber, eine Übernahme dieser Regelung in § 32 I EVollzG geboten. Die Erörterung von Straftaten kann nur dann einen Anhaltegrund bilden, wenn aus dem Schreiben hervorgeht, daß es sich um geplante Verbrechen handelt. Bei abgeschlossenen Taten, die bereits abgeurteilt sind oder über die ein Prozeß noch anhängig ist, ist kein Grund für ein Anhalten ersichtlich, wenn nicht noch zusätzlich Sicherheitsbelange tangiert werden. Dies wird durch die generalklauselartige Regelung des § 32 I Ziff. 1 EVollzG erfaßt. Eine ausdrückliche Beibehaltung dieses Anhaltegrundes empfiehlt sich daher nicht.

Aufgrund der obigen Erwägungen wird daher folgende Ergänzung des § 32 I EVollzG vorgeschlagen:

§ 32 I

Der Anstaltsleiter kann Schreiben anhalten:

1) wenn sie beleidigende, sonst strafbare Äußerungen oder offenbar unrichtige Angaben enthalten oder in denen persönliche Verhältnisse von anderen Gefangenen oder von Vollzugsbediensteten erörtert werden[98] [99] oder . . .

. . . Der weitere Text des § 32 I Ziff. 1 EVollzG bleibt unverändert.

Da nur diese erwähnten Anhaltegründe anerkannt werden, folgt, daß alle anderen Schreiben unbeanstandet die Anstalt verlassen dürfen. Es soll hier noch auf das Problem der für eine Veröffentlichung bestimmten Schreiben eingegangen werden. Art. 5 I GG schützt insbesondere die Meinungsäußerungen, die in der Öffentlichkeit abgegeben werden und dort auch Widerhall finden sollen[100]. In Nr. 155 DVollzO wird kein Unterschied zwischen schriftlichen Meinungsäußerungen, die an die Öffentlichkeit (z.B. Presse, Funk, Fernsehen etc.) oder an Privatleute gerichtet sind, gemacht, wobei die Abgrenzung oft Schwierigkeiten bereiten kann, z.B. wenn ein Brief an Angehörige zur Veröffentlichung durch diese bestimmt ist. Zur Veröffentlichung sind meist Schreiben an Kommunika-

---

97 § 3 a III EVollzG

98 Wörtliche Übernahme der Nr. 155 II 2 DVollzO

99 Dieser Wortlaut stellt noch nicht den endgültigen Vorschlag dar, da sich aus den nachfolgenden Ausführungen noch Ergänzungen ergeben werden.

100 Wernicke, Bonner Kommentar, Anm. II 1 b zu Art. 5 GG; v. Mangolst-Klein Anm. III 1 zu Art. 5 GG

tionsmedien[101] bestimmt, wobei eine grobe Unterteilung in Stellungnahmen zu Einzelproblemen (im folgenden kurz „Leserbriefe" genannt, wenn auch die Bezeichnung zu eng ist) und Gesamtdarstellungen irgendwelcher Probleme vorgenommen wird.
Beide Gruppen können wieder unterteilt werden in allgemeine Probleme behandelnde und in den Strafvollzug behandelnde Veröffentlichungen. Gesamtdarstellungen zu allgemeinen Themen – hier ist an umfangreichere Werke insbesondere schriftstellerischer Art gedacht – können unter Art. 5 III GG fallen und sind in diesem Falle völlig unbeeinflußt an die Öffentlichkeit gelangen zu lassen[102]. Es gelten hier die allgemeinen Rechtsanschauungen zu Art. 5 III GG. Für Leserbriefe zu allgemeinen Themen gelten die obigen allgemeinen Erörterungen.

Leserbriefe und Gesamtdarstellungen, die den Vollzug zum Gegenstand haben, sind innerhalb der Grenzen der Nr. 155 II 2 DVollzO ohne weiteres zulässig. Es kann also z.B. einem Gefangenen nicht verwehrt werden, seinen eigenen Fall der Öffentlichkeit zu unterbreiten. Dies folgt daraus, daß die Meinungsäußerungsfreiheit des Gefangenen nicht als allseitig, sondern nur als in dem erarbeiteten Rahmen beschränkt angesehen wird.
Wenn auch die Presse nicht zur Wahrung der Rechtsinteressen des Strafgefangenen berufen ist – insoweit ist dem KG[103] zuzustimmen – so wird hierdurch aber auch nicht die Meinungsäußerungsfreiheit des Gefangenen berührt. Ob und wie die geäußerte Meinung aufgenommen wird, liegt nicht mehr im Bereich der Anstalt. Als Beispiel für eine Veröffentlichung einer Monographie mit vollzugsrechtlichem Inhalt sei nur das Buch von Werner Scheu, „Verhaltensweisen deutscher Strafgefangener heute" genannt, zum Beweis, daß diese Ausführungen einen tatsächlichen Hintergrund haben. Es ist festzuhalten, daß aufgrund obiger Erwägungen grundsätzlich schon de lege lata Veröffentlichungen von Strafgefangenen im Gegensatz zum KG a.a.O. zulässig sind. Zur Bestärkung dieser Ansicht sei noch auf die Ausführungen Eberhard Schmidts auf der ersten Tagung der Strafvollzugskommission hingewiesen[104], der für eine Aktivierung des Gefangenen im Vollzuge, für ein Herausführen des Gefangenen aus der „Verkrampfung in

---

101 Vgl. ergänzend Boehm, S. 181

102 Diese Ansicht steht im Gegensatz zu KG NJW 1966, 1088 ff., 1089. Dieser Entscheidung kann aber, abgesehen von der Ablehnung des besonderen Gewaltverhältnisses, auch aus dem Gedanken des § 3 a II EVollzG nicht mehr gefolgt werden, da durch diesen Entwurf auch der Sinngehalt der Strafe erneuert wird. Vgl. i.ü. Hamann-Lenz Anm. 15 zu Art. 5 GG; Wernicke, Bonner Kommentar Anm. II 3 c zu Art. 5 GG

103 a.a.O., 1089

104 Protokolle Bd. 1, 28–57

der eigenen Ich-Welt"[105] spricht. Diese Gedanken aber sprechen gerade für Veröffentlichungen Gefangener als Mittel der Resozialisierung.
§ 33 EVollzG geht daher von der Möglichkeit und Zulässigkeit von Veröffentlichungen Strafgefangener aus und enthält drei Anhaltegründe, denen die hier vorgelegten Erwägungen entsprechen. Die Aufnahme einer ausdrücklichen Regelung bezüglich der Veröffentlichung von Schriften Strafgefangener wird im Interesse der Klärung einer unbefriedigend gelösten Rechtsfrage begrüßt.

Abschließend sei nur noch das Gebiet des Annoncenwesens behandelt. Es wird eine große Einteilung in die Aufgabe von allgemeinen Annoncen und Aufgabe von und Schreiben auf Heiratsannoncen vorgenommen.

Die Aufgabe von Annoncen allgemeiner Art, beispielsweise zwecks Arbeitssuche, ist unter den erarbeiteten Anhaltegründen, sei es nach Nr. 155 I, II DVollzO oder nach §§ 32, 33 EVollzG zulässig.
Bei Heiratsannoncen tauchen jedoch Probleme auf. So fällt bei Betrachtung der Tabelle 21 die deutliche Spaltung der Praxis auf. Baden-Württemberg, Bayern und Schleswig-Holstein verbieten das Schreiben auf Heiratsangebote, wohingegen es in den übrigen Bundesländern, im Saarland mit Einschränkungen, zulässig ist. Zwei Gefahrenquellen bilden die Grundlage für das Verbot. Zum einen würde in der Anstalt ein lebhafter Tauschhandel mit den Adressen beginnen mit den mißlichen Folgen solch illegalen Handels (Machtstellung einiger weniger Häftlinge etc.), wie bei Anstaltsbesuchen des Verfassers wiederholt mitgeteilt wurde. Weiter könnte ein Gefangener unter Berufung auf seine ernsthaften Heiratsabsichten den Besuch aller seiner Korrespondenzpartnerinnen verlangen, um eine Auswahl treffen zu können. Dies würde aber schon dann zu einer erheblichen Belastung der Anstalt führen, wenn auch nur eine geringe Anzahl von Gefangenen darauf bestehen würde. Zum anderen besteht ein solches Verbot zum Schutze der Frau, zur Unterbindung von Mißbräuchen, da gerade oft Heiratsschwindler schon in der Anstalt versuchen, neue Delikte dieser Art in die Wege zu leiten. Andererseits ist es mit Rücksicht auf das Vollzugsziel erstrebenswert, dem Gefangenen einen Halt schon vor seiner Entlassung zu geben, ein Grund, der dafür spricht, die Anbahnungen von Beziehungen, die zu einer Ehe führen könnten, schon während der Haft zu gestatten und zu fördern.

Sechs Länder scheinen die Gefahren nicht so gravierend zu sehen, als daß sie ein Verbot begründen könnten. Über die tatsächliche Größe dieser Gefahren können hier keine Aussagen gemacht werden. Eine spezielle Vorschrift zu dieser Frage fehlt sowohl in der DVollzO, als auch im EVollzG. Zum Schutz der Frau kann gefordert werden, daß bei allen Schreiben auf Heiratsannoncen der Gefangene die Tatsache seiner Inhaftierung angeben muß. Das Fehlen einer solchen Angabe muß als Anhaltegrund qualifiziert werden. Wie Scheu[106] berichtet, wird in Celle

105 a.a.O., S. 42 f.

106 S. 53, 54

seit etwa zwei Jahren schon nach eben diesem Ergebnis verfahren. Dieses Erfordernis läßt sich jedoch weder Nr. 155 II DVollzO noch § 32 I EVollzG entnehmen. Wenn auch Nr. 155 II 1 DVollzO den Anhaltegrund der Gefährdung der öffentlichen Sicherheit anerkennt, so ist dies doch nicht ausreichend, da bei Verschweigen der Strafhaft die öffentliche Sicherheit noch nicht zwangsläufig gefährdet sein muß. Auch der Anhaltegrund der Angabe offenbarer Unwahrheiten kann nicht eingreifen; denn oft wird das Verschweigen des Einsitzens mit einer Halbwahrheit gekoppelt sein. Die Angabe, man arbeite als Schreiner in Bruchsal, stellt ein Verschweigen des Einsitzens dar, ist aber noch keine offenbare Unwahrheit, wenn der Gefangene tatsächlich in der Schreinerei der JVA Bruchsal arbeitet. Dieses Beispiel genügt zur Veranschaulichung der These, daß Nr. 155 II DVollzO eine Lücke enthält. Dieselbe Lücke ist auch im gegenwärtigen Wortlaut des § 32 I Nr. 1 EVollzG zu finden; denn der Anhaltegrund der Gefährdung des Behandlungsziels allein erscheint zu unpräzise, um ein Anhalten einer halbwahren Annoncenzuschrift hierauf stützen zu können. Dieser Bestimmung eignet vor allem subsidiär Charakter. Es wird daher folgende endgültige Ergänzung des § 32 I Nr. 1 EVollzG vorgeschlagen, wobei die bisherigen Nr. 1 und 2 zu Nr. 2 und 3 werden.

„§ 32 I

Der Anstaltsleiter kann Schreiben anhalten:

1) wenn sie beleidigende, sonst strafbare Äußerungen oder offenbar unrichtige Angaben enthalten oder wenn bei Schreiben auf Heiratsannoncen die Tatsache der Strafhaft verschwiegen wird oder wenn in den Schreiben persönliche Verhältnisse von anderen Gefangenen oder von Vollzugsbediensteten erörtert werden."

Der übrige Text von Abs. I bleibt unverändert.

Durch diese Fassung wird der Pflicht des Vollzuges zur Erziehung, zur Sicherung der Außenwelt vor neuen Straftaten des Gefangenen aus der JVA heraus und dem Bedürfnis des Gefangenen zur Anbahnung neuer Kontakte gerecht. Die gleiche, oben geschilderte Problematik liegt auch dann vor, wenn der Strafgefangene selbst eine Heiratsanzeige aufgeben will. Der DVollzO ist auch dieses Problem unbekannt, ebensowenig ist es in § 33 EVollzG angesprochen. Aus den gleichen Gründen empfiehlt sich die Einfügung einer dies regelnden Vorschrift in den Entwurf. Es wird daher folgende Ergänzung des § 33 EVollzG vorgeschlagen:

„§ 33

Zur Veröffentlichung bestimmte Schriften des Gefangenen können angehalten werden,

. . .4. wenn bei Heiratsannoncen die Tatsache der Strafhaft verschwiegen wird."

Der übrige Text des § 33 EVollzG bleibt unverändert.

b) Das Verfahren beim Anhalten von Schreiben

Nr. 156 DVollzO regelt das Verfahren beim Anhalten eines Schreibens. Nach Abs. I ist die Anhalteverfügung mit Angabe des Grundes dem Gefangenen mitzuteilen.

Abs. II 1 statuiert eine vom Ermessen des Anstaltsleiters abhängige Ersetzungsbefugnis des Gefangenen, wonach er das angehaltene Schreiben durch ein neues ersetzen kann.

Abs. II 2 bezieht sich auf eingehende Post und wird dementsprechend in Kapitel 4 behandelt.

Die Regelung der Nr. 156 II 1 DVollzO ist seit Freigabe der Schreibfristen in Nr. 147 DVollzO am 1.7.1969 obsolet geworden, da nunmehr der Gefangene jederzeit schreiben kann, also auch jederzeit ein angehaltenes Schreiben durch ein neues ersetzen kann, ohne hierzu einer ausdrücklichen Berechtigung durch eine besondere Bestimmung zu bedürfen.

Nr. 156 II 1 DVollzO findet sich in gleicher Fassung auch schon in der DVollzO i.d.F. vom 1.12.1961, ist also bei der Neufassung vom 1.7.1969 nicht geändert worden. Es liegt daher offenbar ein Redaktionsversehen vor. Bezeichnenderweise enthält daher auch § 32 EVollzG keine solche Bestimmung mehr.

Nr. 156 III 1 DVollzO ordnet die Verwahrung angehaltener Schreiben als Anlage der Gefangenenpersonalakten an. Nach Abs. III 2 kann der Anstaltsleiter die zuständigen Stellen verständigen, wenn das Schreiben aus Gründen der öffentlichen Sicherheit angehalten worden war. Ein allgemeiner Rechtsgrundsatz, der dem Rechtsstaatsprinzip entspringt und in zahlreichen Einzelvorschriften (§§ 34 StPO, 25 FGG, 122 II VwGO, 113 FGO, 142 SGG; 73 III VwGO, 85 III SGG, 1589, 1631 RVO, 204 AVG, 197 RKG etc.) seinen Niederschlag gefunden hat, ist die Pflicht zur Begründung einer Entscheidung oder Maßnahme[107].

Nr. 156 I DVollzO entspricht dadurch, daß sie die Mitteilung der begründeten Anhalteverfügung an den Gefangenen anordnet, diesem allgemeinen Verfassungsgrundsatz. Nr. 156 I i.d.F. bis zum 1.9.1969 enthielt noch den Zusatz, daß der Grund dann nicht dem Gefangenen zu eröffnen sei, wenn dadurch der mit dem Anhalten verfolgte Zweck beeinträchtigt werde[108].

Dieser Zusatz ist in der Neufassung seit 1.7.1969 ersatzlos weggefallen. Es ist also bei jedem Anhalten der Grund zu eröffnen.

---

107 Zur Begründungspflicht vgl. BVerfGE 6, 44; VGH Freiburg NJW 1957, 37 (die ablehnende Anmerkung von Idel dortselbst bezieht sich nur auf die Folgen der fehlenden Begründung); Lerche NJW 1953, 1897, Zschacke NJW 1954, 413; Schütz MDR 1954, 459; Reuß DVBl. 54, 594; Hamann-Lenz Anm. 16 zu Art. 19 GG

108 Nr. 156 I DVollzO a.F. hat folgenden Wortlaut: „Die Anhalteverfügung ist dem Gefangenen mit Angabe des Grundes zu eröffnen, es sei denn, daß dadurch der mit dem Anhalten verfolgte Zweck beeinträchtigt wird."

§ 32 II EVollzG dagegen ordnet lediglich die Mitteilung der Tatsache des Anhaltens an, geht aber nicht auf die Frage der Mitteilung der Begründung ein. Nach diesem Wortlaut muß dem Gefangenen also keine Begründung mehr gegeben werden. Soweit es sich um ausgehende Schreiben handelt – und nur solche werden in diesem Kapitel behandelt – ist diese Fassung abzulehnen. Ein Grund für das Verschweigen der Anhaltebegründung läßt sich Nr. 156 I a.F. entnehmen. Eine verfassungskonforme Auslegung, die sich auf das Rechtsstaatsprinzip gründet, kann bei dieser Vorschrift nur ergeben, daß „dadurch" nur auf „Angabe des Grundes" zu beziehen ist und nicht auf den ganzen Vordersatz; denn das Verschweigen des Anhaltens wäre nach dem Grundsatz der Verhältnismäßigkeit von Mittel und Zweck zumindest bei ausgehenden Briefen unzulässig. Hieraus folgt, daß die Angabe des Grundes dann unterlassen werden konnte, wenn dadurch der mit dem Anhalten verfolgte Zweck beeinträchtigt werden konnte. Dies konnte aber nicht für ausgehende Briefe gelten, da hierbei durch die Angabe des Grundes der Anhaltezweck nicht beeinträchtigt werden kann; denn Anhaltezweck ist, daß ein Schreiben eines bestimmten Inhalts nicht die Anstalt verläßt; hierauf hat aber die Angabe oder Nichtangabe des Grundes keinen Einfluß. Aus diesen Darlegungen folgt, daß die Nr. 156 I DVollzO a.F. für ausgehende Schreiben, soweit darin die Möglichkeit der Verschweigung des Anhaltegrundes bestanden hat, nicht gelten durfte. § 32 II EVollzG ist dadurch, daß keine Mitteilungspflicht der Begründung statuiert ist, der Nr. 156 I DVollzO a.F. inhaltlich stark angenähert und stellt gegenüber Nr. 156 I DVollzO n.F. einen Rückschritt dar. Es ist aus obigen Erwägungen kein Grund ersichtlich, für ausgehende Schreiben des Gefangenen keine Mitteilungspflicht der Anhaltebegründung einzuführen. Es wird daher empfohlen, § 32 II EVollzG in dieser Hinsicht zu überarbeiten. Die Mitteilungspflicht der Begründung ist auch gerade hinsichtlich des Rechtsschutzes im Verfahren nach § 23 ff. EGGVG für den Gefangenen wesentlich, um eine eventuelle Beschwerde gegen die Anhalteverfügung begründen zu können und ausreichende Aussichten auf Erfolg in diesem Verfahren haben zu können. Ein Formulierungsvorschlag wird in Kapitel 4 B I 2b erfolgen.

Nr. 156 III 1 DVollzO bestimmt, daß angehaltene Schreiben zu verwahren sind. Die nachteiligen Folgen für den Gefangenen hierdurch sind offenkundig, da sie bei Anträgen auf Aussetzung des Strafrestes nach § 26 StGB oder bei Gnadengesuchen herangezogen werden.

Nach § 26 I 2 StGB sind bei der Entscheidung über die Aussetzung des Strafrestes u.a. die Persönlichkeit des Verurteilten und sein Verhalten im Vollzug wichtige Kriterien. Liegen verschiedene angehaltene Schreiben dem Personalakt bei, so kann dies u.U. den Ausschlag zur Ablehnung des Antrages geben, wobei es denkbar ist, daß diese angehaltenen Schreiben nur Entgleisungen waren, die auf eine Konfliktsituation, die gerade durch eine längere Haft erzeugt wurde, zurückzuführen sind und wenig Aussagewert hinsichtlich der Persönlichkeit und der Erfolgsprognosen durch den Vollzug haben. Nach der gegenwärtigen Regelung hat der Gefangene, sobald der Brief abgegeben ist, keinen Einfluß mehr auf ihn. Auch eine unbeabsichtigte oder falsch formulierte Äußerung kann u.U. einen Anhaltegrund darstellen, was zur Folge hat, daß ein solcher einmaliger Fehler den Gefangenen bis zu seiner Entlassung begleitet und ihm womöglich eine schlechte Prognose einbringen kann. Geht man von den Forderungen des hier vertretenen Vollzugsziels aus, das nicht Straftatverfolgung, sondern Straftatverhütung bedeutet, so folgt, daß dem Gefangenen auch nach Abgabe des Schreibens zur Zensur noch eine gewisse Gestaltungsbefugnis einzuräumen ist. Hieraus resultiert die Forderung, daß mit Mitteilung des Anhaltens und des Grundes dem Gefangenen das Schreiben zur Vernichtung zurückzugeben ist. Erst bei einer Weigerung des Gefangenen ist das Schriftstück zu den Akten zu nehmen. Dies ist jedoch nur bei den Schreiben möglich, die für die Beurteilung des Gefangenen geringere Bedeutung haben. Kennzeichnen sie ihn als gefährlichen Häftling, so besteht kein Anlaß für diese Maßnahme. Die Möglichkeit der Vernichtbarkeit von Schreiben ist demzufolge nur dann aussichtsreich und dem Vollzugsziel dienlich, wenn sie für Schreiben besteht, die nach Nr. 155 II 2 DVollzO anzuhalten sind, also Schreiben, die nicht die Sicherheit der Anstalt oder der Öffentlichkeit gefährden.

§ 32 IV EVollzG gibt neben der Möglichkeit der behördlichen Verwahrung auch die Möglichkeit der Rückgabe, überläßt also offensichtlich dem Anstaltsleiter die Auswahl, welche Schreiben dem Gefangenen zurückgegeben werden. Gründe der Klarheit sprechen jedoch für eine Umarbeitung des § 32 IV in oben ausgeführtem Sinn. Es wird daher folgende Fassung des § 32 IV EVollzG vorgeschlagen:

„§ 32

IV Schreiben, die nach Abs. I Nr. 1[109] angehalten werden, werden dem Gefangenen zurückgegeben. Weigert sich der Gefangene, sie zurückzunehmen, so werden sie behördlich verwahrt. Alle anderen angehaltenen Schreiben können behördlich verwahrt oder dem Gefangenen bzw. Absender[110] zurückgegeben werden."

Durch diese Fassung wird ein größtmögliches Entgegenkommen dem Gefangenen gegenüber erreicht, ohne daß das Ziel des Vollzuges oder sonstige Erfordernisse benachteiligt werden würden. Ein ausreichender Rechtsschutz gegen die Anhalteverfügung und die Verwahrung, die auch eine Maßnahme auf dem Gebiete des Strafvollzuges ist, ist in den §§ 23 ff. EGGVG gegeben.

Ist durch die vorgeschlagene Fassung des § 32 IV EVollzG schon der Kreis der verwahrten Schreiben enger gezogen, so erscheint dies doch aus dem Blickwinkel

109 Abs. I Ziff. 1 der hier vorgeschlagenen Fassung

110 Diese Fassung stellt einen Vorgriff auf Kapitel 4 dar, wo sie näher begründet werden wird.

des hier vertretenen Strafvollzugsziels nicht ausreichend, um dem Strafgefangenen optimale Chancen für sein künftiges Leben zu geben. Es soll hier versucht werden, eine Verbesserung der Aussichten auf Aussetzung des Strafrestes nach § 26 StGB zu erarbeiten. Wie bereits erwähnt, können u.U. angehaltene Briefe, die bei den Personalakten des Gefangenen liegen, von großer Bedeutung bei der Entscheidung über die Aussetzung des Strafrestes sein (§ 26 I 2 StGB). Hier ist die Gefahr der Verwertung von angehaltenen Briefen, die schon Jahre zurückliegen und oft über die gegenwärtige Persönlichkeit des Gefangenen und seine Prognose nichts oder wenig aussagen, groß. Gerade durch einen Brief, in dem der Gefangene etwa die Möglichkeit einer Flucht erörtert hat, der aber Jahre zurückliegt und für das gegenwärtige Verhalten des Gefangenen nicht mehr maßgebend ist, kann seine Aussicht auf Aussetzung zunichte gemacht werden, obwohl er an sich hierfür geeignet wäre. Ein Vorbild für die hier vorgeschlagene Regelung findet sich im Strafregisterwesen. Nach § 7 Straftilgungsgesetz[110a] ist nach einer bestimmten Zeit die Strafe aus dem Register zu tilgen. Diese Strafe existiert dann nicht mehr. Es erscheint aus Gründen des Vollzugsziels erstrebenswert, eine ähnliche Regelung bezüglich der Aufbewahrung von angehaltenen Schreiben in ein Vollzugsgesetz aufzunehmen[111], wobei jedoch nicht verkannt werden darf, daß die Aufbewahrung der Schreiben nicht mit einer Strafe vergleichbar ist. Doch da vergleichbare Wirkungen von beiden ausgehen – Nachteile aufgrund abgeschlossener, zeitlich weit zurückliegender Lebenssachverhalte – ist dieser Ausgangspunkt doch gerechtfertigt. Da der Strafvollzug jedoch ein Kontinuum darstellt, während im Strafregisterwesen nur die Tatsache der Verbüßung einer Strafe eine Rolle spielt, folgt, daß die Regelung des § 7 StTilgGG[110a] nicht entsprechend übernommen werden kann. Es ist weiter auf den Gedanken Rücksicht zu nehmen, daß bei der Beurteilung nach § 26 I 2 StGG vor allem die gegenwärtige Persönlichkeit und ihre Prognose im Vordergrund steht.

Es wird daher vorgeschlagen, angehaltene Briefe nur für beschränkte Zeit bei den Akten zu verwahren, es sei denn, daß während dieser Zeit wieder ein Schreiben des Gefangenen angehalten werden muß. Für die Bemessung der Aufbewahrungszeit ist maßgebend, daß nur weit zurückliegende, einmalige „Verfehlungen“ entfernt werden sollen. Es wird daher eine Regelung analog § 26 I 1 StGB unter Berücksichtigung der verflossenen unbeanstandeten Zeit vorgeschlagen. So soll daher ein verwahrter Brief nach zwei Drittel der Zeit, die zwischen Vollzugsbeginn und Anhalten liegt, dem Gefangenen zurückgegeben werden. Nach Ablauf der längsten so ermittelten Zeit sind alle Briefe, die verwahrt werden,

---

110a Nunmehr §§ 43 ff. BZRG

111 Eine solche Regelung müßte sich auch auf Hausstrafen o.ä. Maßnahmen, die über das Gefangenenverhalten Auskunft geben, erstrecken, doch würde eine Einbeziehung dieser Gedanken den Rahmen der Arbeit sprengen.

zurückzugeben, wenn nicht während dieser Zeit neue Schreiben anzuhalten waren. Dieses Verfahren bildet ein praktikables System der Bewährung des Gefangenen, wobei gerade die jüngere Entwicklung des Häftlings, die bei seiner Beurteilung am wichtigsten ist, ausgespart bleibt. Ein einfaches Beispiel mag diesen Vorschlag veranschaulichen und stützen.

Ein Gefangener ist zu 9 Jahren Freiheitsentzug verurteilt. Nach 6 Jahren kann er gem. § 26 StGB entlassen werden. Nach 3 Jahren Strafzeit wird ein Brief angehalten und verwahrt. Die Verwahrzeit beträgt 2/3 der bis zum Anhalten verflossenen Zeit, also in dem Beispielsfall 2 Jahre. Das Schreiben wird sonach bis zum 5. Jahr des Vollzuges verwahrt und herausgegeben, wenn in dieser Zeit kein weiterer Brief anzuhalten war. Wenn nun nach 6 Jahren Antrag nach § 26 StGB gestellt wird, so erscheint kein angehaltener Brief mehr in den Akten des Gefangenen. Aus diesem einmaligen Vorfall entstehen ihm keine Nachteile. Ist er jedoch zu sechs Jahren verurteilt, so befindet sich nach vier Jahren, wenn der Antrag nach § 26 StGB zulässig ist, der Brief noch in den Akten und kann zur Beurteilung herangezogen werden. Dies erscheint sinnvoll, da davon auszugehen ist, daß ein Vorfall desto gravierender ist, je näher er zeitlich dem Punkt liegt, ab dem die Aussetzung des Strafrestes möglich ist. Es wird daher folgender Abs. V zu § 32 EVollzG vorgeschlagen, wobei der bisherige Abs. V zu Abs. VI wird:

„§ 32

V Angehaltene Schreiben, die nach Abs. IV verwahrt werden, werden nur beschränkte Zeit behördlich verwahrt, es sei denn, daß während dieser Zeit weitere Schreiben angehalten und verwahrt werden. Die Verwahrzeit beträgt zwei Drittel der Zeit, die zwischen Vollzugsbeginn und dem Anhalten liegt."

4. Portokosten

Eine natürliche Schranke gegen den Mißbrauch des Wegfalls der Schreibfristen nach Nr. 147 DVollzO sind die Portokosten, so daß Argumente gegen Nr. 147 DVollzO, die sich auf Arbeitsüberlastung der Zensurbeamten stützen, hieran scheitern, wenn auch nicht übersehen wird, daß die Belastung tatsächlich gestiegen ist. Die Praxis ist hinsichtlich der Portoregelung erfreulich großzügig. Nur drei Antworten in Tabelle 22 geben an, daß kein Portokostenvorschuß gegeben wird; dies steht zwar nicht mit Nr. 160 I 2 DVollzO in Widerspruch, da dies nur eine Kann-Vorschrift und nicht zwingender Natur ist. Doch der Großteil der Praxis gewährt einen Vorschuß auf das Hausgeld, allerdings meistens nur in dringenden Fällen. Weder die Fassung der Nr. 160 DVollzO, noch die Praxis, die sich hierzu gebildet hat, ist irgendwelchen rechtlichen Bedenken ausgesetzt. Die Gewährung von fünf portofreien Privatbriefen im Monat und die Befreiung von den Portokosten für Behördenbriefe in einigen Bundesländern entspricht den Forderungen der §§ 37 II 3 AE und 25 EVollzG; es wird daher empfohlen, diese

Praxis auch auf die übrigen Bundesländer auszudehnen. Da aber gerade bei den Behördenbriefen die Mißbrauchsgefahr groß ist, erscheint es derzeit noch nicht ratsam, eine entsprechende Bestimmung in ein Vollzugsgesetz aufzunehmen. Dies kann erst nach einer Auswertung der Erfahrungen der Praxis hierzu, die sich auf Beobachtungen über einen längeren Zeitraum hinweg gründen, erwogen werden.

II. Telefonate/Telegramme

Ein schneller Verkehr des Strafgefangenen mit der Außenwelt durch Telefon und Telegramm ist gemäß Nr. 162 DVollzO nur bei zwingenden Gründen erlaubt. Die in Tabelle 31 angegebenen Gründe für diese Regelung sind stichhaltig und rechtfertigen diese Beschränkung. Dennoch ist die Regelung in § 34 EVollzG vorzuziehen, weil hier die Beschränkung von zwingenden auf begründete Fälle ausgedehnt ist; denn oftmals ist die Grenzziehung zwischen zwingenden und nicht zwingenden, aber immer noch begründeten Fällen schwierig, die zwischen begründeten und nicht begründeten Fällen leichter. Doch scheint die Praxis im Falle der Telegrammaufgabe weitgehend großzügig zu verfahren, wie das Beispiel der Tabelle 32 bezüglich der Gestattung von Glückwunschtelegrammen erweist. Auch in diesem Punkte sind rechtliche Bedenken gegen Vorschrift und Praxis nicht ersichtlich.

III. Preisausschreiben/Lotto/Toto

Nr. 75 II DVollzO verbietet Spiele um einen Einsatz, ebenso die Beteiligung an öffentlichen Preisausschreiben und Lotteriespielen, insbesondere an Fußballtoto oder Zahlenlotto. Eine solche ausdrückliche Bestimmung fehlt im EVollzG. Preisausschreiben und Toto und Lotto werden von Nr. 75 II DVollzO pauschal erfaßt. Es soll hier getrennt die Regelung überprüft werden.

1. Teilnahme an Preisausschreiben

Eine große Zahl von Firmen veranstaltet Preisausschreiben zu Werbezwecken. Eine Beteiligung daran setzt meistens nur die Einsendung einer Karte mit Absenderangabe und Lösung eines kleinen Problems voraus. Aus den richtigen Einsendungen werden die Gewinner durch Los ermittelt. Die Praxis ist überwiegend der Ansicht, daß ein Gewinn aus einer solchen Veranstaltung nicht dem Strafvollzugsziel zuwiderlaufen würde (vgl. Tabelle 30). Ausgehend vom Vollzugsziel läßt sich kein Grund finden, der gegen einen Gewinn eines Strafgefangenen bei einem Preisausschreiben sprechen würde. Die in Tabelle 29 angegebenen Gründe für Nr. 75 II DVollzO können hinsichtlich der Preisausschreiben bis auf einen nicht überzeugen. Eine Verleitung zu unangebrachten

Geldausgaben kann bei einem Preisausschreiben nicht angenommen werden, auch darf die Ansicht, daß länger einsitzende Gefangene in ihrer Freizeit nichts anderes mehr machen würden, bezweifelt werden, da ja die Zahl der gleichzeitig veranstalteten Preisausschreiben beschränkt ist und die Gefangenen nicht von allen Kenntnis haben können. Weiter ist das Ausfüllen einer Karte keine die gesamte Freizeit des Gefangenen ausfüllende Beschäftigung. Eine Spielleidenschaft ist wegen des damit verbundenen Risikos des Verlustes des Einsatzes u.U. kausal für die Straffälligkeit, doch greift dieser Einwand nicht gegenüber der Beteiligung an einem Preisausschreiben durch, da die Teilnahme risikolos ist. Die Teilnahme an Preisausschreiben könnte keine Spielgemeinschaften erfordern und bilden, da für jeden Gefangenen die Teilnahme allein möglich wäre.
Eine Arbeitsbelastung der Anstaltsverwaltung ist nicht gegeben, da nur die Einsendungskarten zu kontrollieren sind, wozu jedoch ein kurzer Blick genügt. Lediglich der Einwand von Nordrhein-Westfalen vermag eine brauchbare Begründung zu liefern, soweit dort ausgeführt wird, daß eine große Zahl der Preisausschreiben zum Zwecke der Konsumentenwerbung veranstaltet wird Nr. 75 II DVollzO wolle den Gefangenen dazu erziehen, nicht in einer Welt voller Illusionen zu leben, in der Geld ohne Arbeit erreichbar sei und die es dem Gefangenen nicht möglich oder schwer mache, in der realen Welt zu leben. Doch ist dem damit zu entgegnen, daß der Gefangene mit den Angeboten in Zeitungen und Zeitschriften in Berührung kommt. In der darinliegenden Suggestion eines leichten Lebens, das durch Geld ohne Arbeit ermöglicht wird, liegt die Gefahr des Aufbaus einer Scheinwelt, nicht aber in der Beteiligung an dem Preisausschreiben selbst. Da ein Gewinn nur in seltenen Fällen erfolgen wird, dient der ausbleibende Erfolg auch gleichzeitig der Zerstörung dieser Phantasiewelt. Es sind daher keine schwerwiegenden Gründe ersichtlich, die für eine Beibehaltung des Verbotes der Teilnahme an Preisausschreiben in Nr. 75 II DVollzO sprechen. Es wird deshalb die Initiative des JM von Nordrhein-Westfalen begrüßt, die auf eine entsprechende Änderung der Nr. 75 II DVollzO gerichtet ist. Der EVollzG enthält auch keine diesbezügliche Regelung mehr. Es folgt weiter, daß die nachträgliche Übernahme des Teilnahmeverbotes an Preisausschreiben ohne Einsatz in den EVollzG sich nicht empfiehlt.

2. Teilnahme an Toto/Lotto

Die in Tabelle 29 angegebenen Gründe für Nr. 75 II DVollzO vermögen bezüglich von Spielen um Einsätze, also von Lotterien, zu überzeugen. Abgesehen von dem sehr großen Arbeitsaufwand für die Verwaltung, den sicher entstehenden Unzuträglichkeiten unter den Gefangenen etc., greift hier der Einwand von Nordrhein-Westfalen durch, wonach der Gefangene lernen müsse, daß Geld durch Arbeit zu verdienen sei und ihm nicht ohne sein Zutun in den Schoß fallen könne.

Die Regelung der Nr. 75 II DVollzO bezüglich des Verbots von Lotteriespielen wird für praktikabel und rechtlich bedenkenfrei gehalten, da ein solches Verbot den Erfordernissen des Strafvollzugsziels entspricht.

3. Preisausschreiben zu gemeinnützigen Zwecken

Diese Gruppe von Spielen fällt auch unter Nr. 75 II DVollzO. Wenn auch die Einsätze zu wohltätigen Zwecken verwandt werden und Spenden des Gefangenen, die wohl nur eines Gewinnes wegen erfolgen würden, grundsätzlich zu billigen wären, so sprechen doch die Gründe eines unvertretbaren Verwaltungsaufwandes gegen die Zulässigkeit der Teilnahme der Gefangenen an solchen Veranstaltungen. Einem Bedürfnis der Gefangenen nach Hingabe von Spenden könnte auch auf andere Weise abgeholfen werden.
Fazit: Soweit Nr. 75 II DVollzO die Teilnahme von Preisausschreiben ohne Einsatz verbietet, ist diese Bestimmung nicht gerechtfertigt. Sie besteht zu Recht bezüglich der Teilnahme an Lotterien und öffentlichen Spielen um einen Einsatz. Da die angegebenen Gründe in Tabelle 29 überzeugend sind, wird die Aufnahme einer entsprechenden Vorschrift in den EVollzG empfohlen. Es wird daher die Aufnahme des folgenden § X vorgeschlagen, der im achten Titel – Erwachsenenbildung und Freizeit – eingefügt werden sollte:

„§ X
Die Teilnahme an öffentlichen Spielen ist insoweit untersagt, als hierzu ein Einsatz zu leisten ist.“

IV. Verlassen der Anstalt trotz Fortdauer der Strafzeit

1. Ausführungen

Nr. 165 DVollzO ermöglicht die Ausführung eines Gefangenen für einige Stunden. Hierzu ist Voraussetzung gem. Nr. 165 I DVollzO, daß Veranlassung aus Vollzugs- oder Verwaltungsgründen besteht.

Weiterhin können nach Nr. 145 II DVollzO wichtige und unaufschiebbare Angelegenheiten persönlicher, geschäftlicher oder rechtlicher Art eine Ausführung begründen, wenn die Anwesenheit des Gefangenen außerhalb der Anstalt erforderlich ist und keine Bedenken wegen seiner Persönlichkeit bestehen. Die Ausführung hat in Begleitung besonders geeigneter Bediensteter zu erfolgen (Nr. 165 III 1 DVollzO). Diese Regelung gewährleistet, daß dem Gefangenen keine vermeidbaren Nachteile dadurch entstehen, daß er wichtige persönliche Angelegenheiten durch den Freiheitsentzug nicht regeln kann. Bedenken gegen die Voraussetzungen können nicht geltend gemacht werden.

Die Möglichkeit der Ausführung wird von der Praxis gelegentlich bei geeigneten Gefangenen als Mittel der Resozialisierung benützt. So wurde in einer bayerischen JVA zwei langjährigen Gefangenen, die sehr musikinteressiert waren und auch im Gefangenenorchester spielten, der Besuch eines Konzertes in Begleitung von Beamten in Zivil ermöglicht. Wie dem Verfasser beim Besuch dieser Anstalt mitgeteilt wurde, stellte dieser Versuch einen wertvollen Beitrag zur Resozialisierung dieser Gefangenen dar. Allerdings darf die Gefahr der Flucht, die mit jeder Ausführung verbunden ist, auch bei vertrauenswürdig scheinenden Gefangenen, nicht unterschätzt werden, wie ein Vorfall in Berlin zeigt[112]. Dort war aus einer Gruppe von fünf Häftlingen, denen ein Theaterbesuch ermöglicht worden war, einer in der Pause verschwunden. Dennoch gibt die Justizverwaltung an, es seien keine schlechten Erfahrungen mit derartigen Ausführungen gemacht worden. § 37 III EVollzG bringt für diese Versuche eine geeignetere Vorschrift, da dazu dem Anstaltsleiter ohne Einschränkungen eine Befugnis zu Ausführungen eingeräumt wird. Dies ist zu begrüßen, da unter den engen Voraussetzungen der Nr. 165 DVollzO eine Initiative des Anstaltsleiters oft nicht eine ausreichende rechtliche Grundlage findet.

Eine Sonderform der Ausführung stellen die in Frage B II 31 bis 34 angesprochenen Sportveranstaltungen dar, die gemeinsam mit Sportvereinen außerhalb der Anstalt abgehalten werden. Es ist klar, daß hierfür nur ganz besonders ausgewählte Gefangene in Frage kommen, da bei diesen Gelegenheiten Fluchtmöglichkeiten in hohem Maße gegeben sind. Es wäre einer genaueren Untersuchung wert, inwieweit der Gedanke und das Erlebnis des Sports und der Fairneß einem Anreiz zur Flucht entgegenstehen.

Die Möglichkeiten einer Eingliederung und damit einer Rückfallverhinderung scheinen bei solchen Veranstaltungen besonders groß zu sein, da hier der Gefangene dem freien Wettbewerber unter gleichen Bedingungen entgegentritt, wenn er erlebt, daß im sportlichen Wettkampf nur sein Einsatz zählt, ohne Rücksicht darauf, daß er ein Strafgefangener ist. Ein solcherhand gesteigertes Selbstwertgefühl, verbunden mit kameradschaftlichen Kontakten, kann noch lange positive Nachwirkungen erzeugen. Gerade hier zeigt sich aber auch die Verantwortung, die der Gesellschaft obliegt.

Tabelle 41 zeigt, daß in sechs Ländern gemeinsam mit Sportvereinen Wettkämpfe abgehalten werden, Tabelle 43, daß zum Teil wegen Ablehnung von außen, also mangels geeigneter Partner, solche Veranstaltungen unterbleiben. Sie wären jedoch geeignet, dem gegenseitigen Verständnis von Gefangenen und Außenwelt zu dienen und Vorurteile auf beiden Seiten abzubauen. Diese Problematik der Einstellung der Gesellschaft zum Strafgefangenen kann jedoch ein Vollzugsgesetz nicht regeln. Allerdings sind die Voraussetzungen dafür zu schaffen, die den Anstaltsleiter in den Stand setzen, Gemeinschaftsveranstaltungen mit Gruppen der freien Gesellschaft durchführen zu können, ohne daß er dabei fürchten muß, im Falle einer Flucht eines Gefangenen zur Verantwortung

112 Vgl. Süddeutsche Zeitung vom 30.4./1.5.1971, S. 10

gezogen zu werden, weil die vorhandenen Regelungen seinen Mut nicht decken. Für eine solche Resozialisierungsmaßnahme kann § 12 I Nr. 2 EVollzG als eine Grundlage angesehen werden. Diese Bestimmung gilt allerdings primär nur für einen Gefangenen. Es ist somit zumindest zweifelhaft, ob sie auch die erwähnten Gruppenausführungen deckt, die wesensmäßig nur für den offenen Vollzug geeignet sind. Zur Klarstellung wird aus dem oben erwähnten Grund folgende Ergänzung des § 12 EVollzG durch einen Absatz III vorgeschlagen:

„§ 12

III Erscheint es aus Gründen des Behandlungsziels vorteilhaft, Gemeinschaftsveranstaltungen mit Gruppen außerhalb der Anstalt durchzuführen, so kann der Anstaltsleiter geeignete Gefangene unter den Voraussetzungen des Abs. II ausführen lassen."

Weitergehende Erörterungen über das Gebiet der Ausführungen würden über das Thema hinausgehen, da die Problematik des Ausführungswesens nur am Rande des Verkehrs des Strafgefangenen mit der Außenwelt liegt.

2. Entlassungsvollzug

Gleiches über die Randlage zu dem bearbeiteten Thema gilt auch für das Gebiet des Entlassungsvollzugs. Abgesehen davon, daß der gesamte Vollzug auf die Entlassung vorbereiten soll, ist dies in der Zeit kurz vor der Entlassung besonders zu intensivieren.

Dennoch ist die Vorbereitung auf die Außenwelt nicht dem Verkehr mit der Außenwelt gleichzustellen, vielmehr ist der Verkehr mit der Außenwelt nur ein Mittel des Entlassungsvollzuges. Da aber die Verbindungen des Gefangenen zur Außenwelt während des Vollzuges in Relation zur erforderlichen Sicherheit zu beschränken sind, folgt, daß, je weniger Sicherungen im Vollzug der Freiheitsstrafe, also auch gegen Ende im Entlassungsvollzug, bestehen, desto mehr Beschränkungen entfallen. Eine solche Variabilität wurde jedoch schon in den vorgeschlagenen Regelungen im Verein mit den sonstigen Bestimmungen des EVollzG berücksichtigt. Da für den Entlassungsvollzug die Problematik auf einem anderen Gebiet liegt (Sicherheit, Lockerung des Vollzuges, Arbeitsplatzbeschaffung, social training etc.) kann nur eine allgemeine Anregung dergestalt erfolgen, vor jeder Entlassung nach Verbüßung einer nicht nur geringen Strafe einen Entlassungsvollzug vorzuschalten.

3. Urlaub

Nr. 165 V DVollzO ermöglicht die Gewährung von Urlaub für Strafgefangene. Aufgrund dieser Bestimmung wurden von den einzelnen Bundesländern eigene Urlaubsordnungen erlassen, die oft stark voneinander abweichen[113].

---

113 Es wird auf die Darstellung in Kapitel 3 A III 3 Bezug genommen.

Im EVollzG ist in § 13 ebenfalls ein Vorschlag zum Urlaub des Gefangenen enthalten.

a) Gründe für Urlaubsgewährung
Verhältnis der Regelungen des EVollzG

Es lassen sich verschiedene Gründe für die Gewährung von Urlaub für Strafgefangene finden.

aa) Allgemeiner Grund

Der Urlaub soll zunächst die Funktion der Aufrechterhaltung, Festigung, Stärkung und Bildung von sozialen Bindungen haben und hierdurch als Mittel der Ein- oder Wiedereingliederung des Gefangenen dienen[114]. Es soll vermieden werden, daß durch eine lange Haft der Kontakt zur Familie oder zu sonstigen Angehörigen abreißt und dadurch der Gefangene am Ende der Haft aufgrund seiner Haltlosigkeit stärker zur Begehung neuer Straftaten neigt. Aus diesem Grunde gewährt der EVollzG in § 13 einen Regelurlaub aus der Haft von bis zu 14 Tagen im Jahr. Weiterhin soll nur kurz auf die Funktion des Urlaubs als Mittel zum Abbau des Sexualproblems in der Anstalt hingewiesen werden. Hierauf wird jedoch im Zusammenhang mit der Erörterung des Problems der Gestattung des Geschlechtsverkehrs in der Anstalt näher eingegangen werden.

Daneben sind noch besondere Gründe herauszustellen.

bb) Besondere Gründe

Eine Hafterleichterung aus humanitären Gründen stellt die Urlaubsgewährung aufgrund lebensgefährlicher Krankheit oder Tod von Angehörigen oder nahestehenden Personen dar (§ 37 II EVollzG). Daneben kann auch ein sonstiger wichtiger Grund eine Urlaubsgewährung angebracht erscheinen lassen, etwa zur Regelung wichtiger persönlicher oder geschäftlicher Angelegenheiten, wenn hierzu eine Ausführung nicht ausreicht. Dementsprechend läßt § 37 I EVollzG eine Beurlaubung bis zu einer Woche zu. Letztlich kann noch die Tatsache der Arbeitsleistung des Gefangenen, die an sich schon nicht entlohnt, sondern nur belohnt wird, die Gewährung eines Urlaubs begründen. Allerdings liegt das Problem des Arbeitsurlaubs nur am Rande des Themas dieser Arbeit, da hiermit nicht zwangsläufig ein Urlaub aus der Haft verbunden ist. Der EVollzG hat in § 49 einen zweiwöchigen Arbeitsurlaub pro Arbeitsjahr statuiert.

Das Verhältnis der verschiedenen Formen des Urlaubs nach dem EVollzG ist etwas kompliziert, aber durchaus sachgerecht gestaltet. Ein Urlaub wegen Krankheit oder Tod eines Angehörigen wird nicht auf den Regelurlaub nach § 13 EVollzG angerechnet (§ 37 II EVollzG). Ein Urlaub aus wichtigem Grund dagegen wird auf den Regelurlaub angerechnet, § 37 II EVollzG. Soweit der Arbeitsurlaub nicht in der Anstalt zu verbringen ist, werden auf ihn der

---

114 Fuchs ZfStrVo 3, 366; Strafvollzugskommission Protokolle Bd. 7, 23

Regelurlaub oder der Urlaub aus wichtigem Grund, nicht jedoch der Urlaub wegen Krankheit oder Tod eines Angehörigen angerechnet, § 49 III EVollzG. Diese Regelungen ergeben, daß nicht mehr als 14 Tage pro Jahr Urlaub aus der Haft gegeben werden kann, es sei denn, es tritt der Fall des § 37 II EVollzG ein.

b) Die Voraussetzungen

Rechtliche Probleme tauchen bei der Regelung des Gefangenenurlaubs aus dem Blickpunkt des Themas der Arbeit nur in geringem Ausmaß auf, so daß sich die Erörterung vorwiegend auf die Praktikabilität der vorgefundenen Bestimmungen und auf eigene Vorschläge beschränken muß. Die Voraussetzungen für den Urlaub eines Gefangenen können in allgemeine und besondere unterteilt werden.

aa) Allgemeine Voraussetzungen

Die DVollzO gibt hierfür keinen Anhaltspunkt im Gegensatz zu § 13 II 3 EVollzG, der auf § 12 II EVollzG verweist. Danach sind Lockerungen des Vollzuges und Urlaubsgewährung nur dann zulässig, wenn anzunehmen ist, daß der Gefangene sich nicht dem Vollzug des Strafrestes entziehen, also rechtzeitig in die JVA zurückkehren und während des Urlaubs keine weiteren Straftaten begehen werde. Weiter fällt hierunter die Verbüßung eines Teiles der Strafe.
Diese allgemeinen Voraussetzungen sind in allen Urlaubsordnungen genannt und verstehen sich von selbst.

bb) Besondere Voraussetzungen

Der gegenwärtige Rechtszustand ist wegen seiner Zersplitterung auf verschiedenartige besondere Voraussetzungen unbefriedigend.

aaa) Unterscheidung zwischen Erst- und Regelvollzug

In der Aussprache der Strafvollzugskommission wurde erörtert, ob bei der Urlaubsgewährung ein Unterschied zwischen Gefangenen des Erst- und Regelvollzugs hinsichtlich der Urlaubsgewährung gemacht werden solle[115]. Es sollten gleiche Chancen für beide Gefangenengruppen bestehen; des weiteren müsse auf den Einzelfall abgestellt werden; dies bedeutet aber gerade die Nichtberücksichtigung der Tatsache, ob sich der Gefangene im Erst- oder Regelvollzug befindet. Dementsprechend ist auch in § 13 EVollzG keine solche Unterscheidung zu finden. Ein sachlicher Grund für diese Unterscheidung läßt sich auch nicht finden; im Gegenteil, gerade für Gefangene des Regelvollzuges könnte eine Urlaubsgewährung hinsichtlich ihrer Resozialisierung ratsamer sein als für andere, da gerade sie von der Gefahr des Verlustes des Haltes in einer Familie gewöhnlich stärker betroffen sind. Gerade aber um den sozialen Halt des Gefangenen in der Außenwelt nicht zu zerstören, sondern zu festigen und zu stärken, wird Urlaub gewährt. Aus diesem Grunde ist daher die bayerische Regelung insoweit

115 Protokolle Bd. 7, 24

abzulehnen, als sie den Unterschied zwischen Erst- und Regelvollzug als Kriterium für die Urlaubsgewährung heranzieht.

bbb) Bereits vollzogene Strafdauer/Strafrest

Auch bezüglich der Dauer der bereits vollzogenen Strafe sind die Regelungen uneinheitlich. Allgemein werden zwei Größen hierfür herangezogen. Als absolute Größe ist das Erfordernis der Verbüßung einer konkreten Strafdauer – in § 13 II 1 EVollzG auf neun Monate festgesetzt – zu nennen. Als relative Größe kann der Bruchteil der gesamten Strafdauer – im EVollzG ein Viertel der erkannten Strafe – bezeichnet werden. In allen Regelungen, auch im EVollzG, findet sich eine Kombination dieser beiden Komponenten dergestalt, daß wenigstens die absolute Mindestdauer vollzogen sein muß, wenn auch die relative Mindestdauer schon verstrichen ist. Dieses Verfahren ist deshalb zu begrüßen, da erst von einer gewissen Mindestvollzugsdauer an Erfolge zu erwarten sind und hierdurch eine gewisse Gleichbehandlung aller Gefangener gewährleistet ist. Teilweise wird auch die Urlaubsgewährung erst von einer bestimmten Mindestreststrafzeit abhängig gemacht. Zurecht ist § 13 EVollzG diesen Weg nicht gegangen.

Da Grund für die Urlaubsgewährung die Aufrechterhaltung und Festigung der sozialen Bindungen des Gefangenen ist, darf diese Bindung nicht erst abreißen. Gerade bei längeren Strafen kann dies jedoch schon geschehen sein, bevor noch die Mindestreststrafe erreicht ist. Ist dieser Zeitpunkt dann eingetreten, so kann u.U. dem Gefangenen aus dem Grund kein Urlaub gewährt werden, weil keine wertvollen Bindungen mehr bestehen. Gerade das soll aber durch den Urlaub vermieden werden. Aus diesem Grunde sind alle Regelungen, die hierauf aufbauen, in dieser Hinsicht abzulehnen.

ccc) Kontaktpersonen

§ 13 EVollzG kennt die weitere Voraussetzung der Urlaubsgewährung nur zu Kontaktpersonen oder bei geordneten häuslichen Verhältnissen nicht, was aber in den vorliegenden anderen Urlaubsordnungen vorgeschrieben ist. Eine solche Voraussetzung ist dagegen nicht nötig, da sie implicit schon in den allgemeinen Voraussetzungen enthalten ist. Deren Vorliegen muß dem Anstaltsleiter ja erst durch nachprüfbare Tatsachen die Überzeugung von der Unbedenklichkeit der Urlaubsgewährung für den Gefangenen verschafft haben. Durch den Verzicht auf diese besonderen Voraussetzungen ist nach dem EVollzG die Urlaubsregelung flexibler geworden und ermöglicht Strafgefangenen auch dann einen Urlaub, wenn sie ohne Familie sind, aber sonst keine Bedenken bestehen. Es liegt auf der Hand, daß die im EVollzG vorgeschlagene Regelung andererseits dem Anstaltsleiter eine weit größere Verantwortung aufbürdet. Dennoch verdient sie realisiert zu werden.

ddd) Meldung des Urlaubs an die Polizeibehörde

Sacchetto[116] weist noch auf ein weiteres Problem hin, das nicht nur für den schweizerischen Strafvollzug Geltung hat und das derzeit in den Urlaubsregelungen der BRD noch wenig beachtet wurde.

Wenn auch die Gefangenen, die Urlaub erhalten, noch so sorgfältig ausgewählt werden, so bleibt dennoch die Gefahr bestehen, daß ein Häftling während seines Urlaubs neue Straftaten begeht und dann unauffällig wieder in die Strafanstalt zurückkehrt. Bei der Ahndung des Delikts steht die Polizei dann vor einem Rätsel, da der Täter, dessen „Handschrift" das begangene Verbrechen zeigt, diese Tat wegen seiner vermeintlichen Inhaftierung nicht begangen haben kann. Hierdurch werden die Ermittlungen der Polizei erheblich gestört, da sie ihre Suche nach einem Unbekannten ausrichten muß.

Mit Sacchetto[117] ist daher zu fordern; daß ein beurlaubter Strafgefangener und die Dauer seines Urlaubs der zuständigen Polizeibehörde zu melden sind. Eine Beeinträchtigung von Rechten des Gefangenen – etwa seiner Menschenwürde nach Art. 1 GG – oder des Behandlungsziels ist nicht ersichtlich, wenn in dieser Maßnahme auch ein Mißtrauen dem Häftling gegenüber zu sehen ist. Ein solches Mißtrauen verstößt aber nicht gegen Art. 1 I 1 GG, da es durch das Verhalten, das dieser Mensch gezeigt hat und das ein Wiederbegehen möglich erscheinen läßt, gerechtfertigt ist. Wenn auch das Vollzugsziel erfordert, durch Vertrauensbeweise etwaige Minderwertigkeitskomplexe, die aus Gründen der Selbstbestätigung zu einer Straftat geführt haben, abzubauen, so ist aus diesem Ziel aber auch abzuleiten, daß im Wiederholungsfall eine weitere Behandlung so rasch als möglich einzusetzen hat, was nur durch einen Aufklärungserfolg der Polizei möglich ist. Soweit ersichtlich, sind nur Baden-Württemberg[118] und Nordrhein-Westfalen[119] diesen Weg gegangen.

Es wird daher eine Ergänzung des § 13 EVollzG durch folgenden Absatz IV vorgeschlagen:

„§ 13

IV Der Polizeibehörde des Ortes, an den der Gefangene beurlaubt wird, sind seine Person, seine Urlaubsanschrift, seine Tat und die Dauer des Urlaubs zu melden."

Der übrige Text des § 13 EVollzG bleibt unverändert.

c) Dauer

§ 13 I EVollzG sieht einen Urlaub bis zu vierzehn Tagen im Jahr vor. Auch

116 Kriminalistik 1958, 155

117 a.a.O.

118 JME vom 17.12.1969, 4430 a – VI/173, Ziff. I 6

119 AV d. JM vom 17.3.1970, 4516 – IV B. 2 – JMBl. NRW S. 102, Ziff. VII

hinsichtlich der Urlaubsdauer herrscht Uneinigkeit[120]. Die Festlegung der Dauer beruht weitgehend auf praktischen Erwägungen und persönlichen Ansichten[121]. Eine rechtstheoretische Stellungnahme muß sich in der Billigung des § 13 I EVollzG und der übrigen Regelungen beschränken.

d) Zeitpunkt

§ 13 EVollzG hat die Frage unbeantwortet gelassen, wann dem Gefangenen Urlaub gewährt werden sollte, ob vornehmlich zu Feiertagen (Weihnachten, Ostern) oder ob diese Zeiten gerade ausgespart werden sollen. Dieses Problem wurde von der Strafvollzugskommission aufgegriffen[122]. Darnach spricht gegen eine Gewährung des Urlaubs gerade an Feiertagen, daß den beurlaubten Gefangenen in besonderem Maße zu dieser Zeit „die Gefahr der Verleitung zu neuen Straftaten oder zu übermäßigem Alkoholgenuß" gegeben sei. Außerdem rufe die Urlaubsgewährung zu dieser Zeit bei den nichtbeurlaubten Gefangenen große Unruhe hervor. Andererseits wurde angeführt, daß gerade an Feiertagen die Festigung sozialer Kontakte besonders begünstigt werde. Diese Frage kann nicht allgemein beantwortet werden.

In diesem Zusammenhang sind die Ergebnisse der Tabellen 37 und 38 interessant, die sich mit den Reaktionen der Zurückgebliebenen und der Zurückgekehrten befassen, da aus dem Verhalten der beiden Gruppen keine größeren Störungen für den Vollzugsbetrieb zu befürchten sind.

Es muß immer eine Einzelfallregelung[123] getroffen werden, die dem Anstaltsleiter obliegt, der auch am besten aufgrund seiner Kenntnis der Persönlichkeit des Gefangenen abwägen kann, wann der günstigste Zeitpunkt für die Urlaubsgewährung gegeben ist.

§ 13 EVollzG läßt insoweit dem Anstaltsleiter freie Hand.

e) Anrechnung des Urlaubs auf die Strafzeit

Fast alle Regelungen, die zur Zeit in Kraft sind, lassen ebenso wie § 13 III EVollzG eine Anrechnung des Urlaubs auf die Strafzeit zu. Voraussetzung hierfür ist gewöhnlich eine rechtzeitige Rückkehr des Gefangenen in die Anstalt. Hierdurch wird noch einmal die Bedeutung des Regelurlaubs als Mittel der Resozialisierung unterstrichen, da sich dadurch ja der Gefangene auch im Urlaub noch im Vollzug der Strafe befindet; gleichzeitig wird hierdurch eine Grenze zur Strafunterbrechung (§§ 45, 46 StrVollstr.O) abgesteckt[124]. Nach § 37 II

---

120 Vgl. die Darstellung in Kap. 3 A III 3 b

121 So erschien im Gegensatz zu § 13 EVollzG Müller-Dietz und Würtenberger höchstens eine Woche gerechtfertigt; vgl. Hauptprobleme S. 119 VI 1

122 Protokolle Bd. 7, S. 23 f.

123 Protokolle Bd. 7, 24

124 Vgl. Protokolle Bd. 7, 21

EVollzG soll auch der Urlaub wegen Krankheit oder Tod eines Angehörigen auf die Strafe angerechnet werden.

f) Schlußbemerkung

Die Ergebnisse der Tabellen 36 bis 40 lassen den Schluß zu, daß sich die bisherige Praxis bewährt hat und im allgemeinen keine schwerwiegenden Störungen des Vollzuges aufgetreten sind, daß sich also die Erwartungen, die an die Urlaubsgewährung als Resozialisierungsmittel gestellt wurden, im wesentlichen erfüllt haben; verschiedene Zeitungsberichte bekräftigen diesen Schluß[125].

125 Süddeutsche Zeitung vom 8.1.1970, 5.2.1970, 27/28.5.1970, 9.12.1970

KAPITEL 4
DIE VON DER AUSSENWELT AUSGEHENDEN BEZIEHUNGEN ZUM GEFANGENEN

A. Die derzeitige Praxis

In diesem Abschnitt wird nur das, was von dem in Kapitel 3 A Dargelegten abweicht, gesondert dargestellt, da grundsätzlich jene Ausführungen auch für das hier behandelte Gebiet Geltung haben.

I. Der Briefverkehr

1. Die Zensur

Die für den Gefangenen eingehende Post unterliegt theoretisch (aufgrund der Nr. 152 I DVollzO) in gleichem Maße der Überwachung wie die ausgehende. Eine Zusammenfassung der Antworten auf Frage B I 7 ergibt, daß eine Differenzierung der Zensur je nach dem Absender, außer in Niedersachsen, nirgends stattfindet. Dort werden Briefe von Ehefrauen „nicht zensiert, sondern nur kontrolliert", vermutlich dahingehend, daß nichts in die Anstalt eingeschmuggelt wird.

2. Weiterleitung der Post

Die Dauer der Zensur der eingegangenen Post entspricht der der ausgehenden; unverhältnismäßige Beeinträchtigung der Gefangenen sind hierdurch nicht gegeben.

3. Absender

Bezüglich des Absenderkreises darf auf Tabelle 1 verwiesen werden.

4. Empfangsbeschränkungen

Es verdient festgehalten zu werden, daß zeitliche Empfangsbeschränkungen nie bestanden haben. Jedoch konnten nach Nr. 152 a.F. DVollzO Briefe, die in so geringen Zeitabständen eingingen, daß die Ordnung der Anstalt gestört wurde, nach einem erfolglosen Hinweis an den Absender zurückgesandt werden. Wie hierzu bei Anstaltsbesichtigungen berichtet wurde, stellte jedoch ein Brief pro Tag noch keine Ordnungsstörung dar.

Diese Vorschrift der Nr. 152 a.F. DVollzO wurde erfreulicherweise gestrichen.

Tabelle 44 Frage B I 6

Dauer der Zensur einlaufender Post

	am selben Tag	am nächsten Tag	am darauffolgenden Werktag
Baden-Württemberg			
Bruchsal	+		
Freiburg	+		
Gotteszell	+		
Heilbronn	+		
Hohenasperg	+		
Karlsruhe	+		
Ludwigsburg	+		+
Mannheim	+		
Pforzheim	+		+
Rottenburg	+		
Schwäb. Hall	+		
Stuttgart	+		
Ulm	+		
Bayern			+
Berlin	+		+
Hessen		+	
Niedersachsen	+		
Nordrhein-Westfalen		+	
Rheinland-Pfalz	+		+
Saarland		+	
Schleswig-Holstein	+		

5. Pakete

Die DVollzO enthielt in Nr. 162 II, III a.F. Regelungen für den Paketempfang, die durch die Neufassung vom 1.7.1969 gestrichen wurden. Ein Ersatz hierfür findet sich in Nr. 62 I Ziff. 6 DVollzO n.F., wonach besondere Bestimmungen für den Empfang von Paketen gelten.

Dieses Gebiet liegt jedoch am Rande der Arbeit, da diese sich auf die Behandlung des Verkehrs des Strafgefangenen mit der Außenwelt auf gedanklicher Ebene beschränkt[1].

Den Paketen beigelegte Mitteilungen werden wie Briefe behandelt.

II. Der Bezug von Informationsmitteln

Grundlage eines sinnvollen Gedankenaustausches, der über rein persönliche Dinge hinausgeht, ist das Informiertsein über ein bestimmtes, zu behandelndes

1 Vgl. „Vorbemerkung" bei Kapitel 3 A

Thema. Ohne ausreichende Information kann kein ernsthafter Gedankenaustausch möglich sein. Eine Sperre jeglicher Information würde auch den Verkehr des Gefangenen mit der Außenwelt einer wesentlichen Grundlage berauben.

Die Informationsmöglichkeit des Gefangenen erschien daher im Rahmen des Themas dieser Arbeit so wichtig, daß sie in die Untersuchung miteinzubeziehen war, wobei wiederum der Informationsmittelbezug von außen sich als Teil des Verkehrs mit der Außenwelt darstellt.

Da jedoch in gewissem Maße die Information auch durch die Anstalt in ihrer Bücherei geleistet wird, war auch eine kurze Untersuchung des Anstaltsbüchereiwesens, die auch Vergleichszwecken dienen kann, angebracht.

1. Zeitungen

a) Nr. 128 III DVollzO ermöglicht das Halten von Zeitungen durch die Anstalt in ihrer Bibliothek. Dort stehen sie dem Gefangenen zur Verfügung.

b) Im Mittelpunkt dieser Erörterung steht jedoch der Bezug eigener Zeitungen durch den Gefangenen.

Nr. 129 I 2, i.V.m. Nr. 62 I Ziff. 3 DVollzO ermöglicht grundsätzlich, daß sich der Gefangene Zeitungen selbst beschafft.

Frage B I 62 ging nach den nicht zugelassenen Zeitungen.

Politische Tages- und Wochenzeitungen sind also für den Gefangenen frei erhältlich. Allerdings sind nach Nr. 129 II 1 DVollzO Zeitungen, die gegen Strafgesetze oder gegen die freiheitliche demokratische Grundordnung verstoßen, verboten, d.h. auch der Anstaltsleiter darf solche Publikationen nicht zulassen.

Ergänzend sei auf die bayerische Regelung hingewiesen, die im Anhang beigefügt ist[2].

Danach ist grundsätzlich nur der Bezug einer Zeitung erlaubt, wobei jedoch der Anstaltsleiter den Bezug zusätzlicher Zeitungen gestatten kann (Nr. 1 [7]). In der Regel werden diese Zeitungen nicht zensiert, allerdings können einzelne Nummern oder Teile davon dem Gefangenen vorenthalten werden, wenn durch sie die Sicherheit oder Ordnung der Anstalt gefährdet werden könnte.

Der Gefangene darf Zeitungen, die älter als drei Tage sind, nicht behalten. Eine neue Nummer erhält er grundsätzlich nur gegen Rückgabe der vorletzten Nummer. Nur bei schriftlichem Einverständnis mit dieser Regelung wird dem Gefangenen die Erlaubnis zum Zeitungsbezug erteilt.

2. Zeitschriften

a) Fachzeitschriften

Der Fachzeitschriftenbezug unterliegt keinen Beschränkungen.

2 JME 4510 – VII a – 2348/68 vom 22.5.1969

Tabelle 45 Frage B I 62

Nicht zugelassene Periodika

Baden-Württemberg	
Bruchsal	Gefährdung des Vollzugsziels und der Resozialisierung, deren Inhalt gegen Strafgesetz verstößt, Störung von Sicherheit und Ordnung der Anstalt
Freiburg	Pornographie
Gotteszell	keine Beschränkung
Heilbronn	nicht im Zeitschriftenhandel erhältliche
Hohenasperg	s. AV vom 5.12.1969
Karlsruhe	nicht im Zeitschriftenhandel erhältliche, nicht deutschsprachige
Ludwigsburg	Pornographie
Mannheim	vgl. AV vom 5.12.1969 4564 – VI/21 und Richtlinien
Pforzheim	vgl. Frage B I 61. Gegen Strafgesetz oder freiheitlich demokratische Grundordnung verstoßende oder die Erreichung des Vollzugs gefährdende Publikationen und nicht im Zeitschriftenhandel erhältliche
Rottenburg	sittlichkeitsgefährdende
Schwäb. Hall	vgl. AV vom 5.12.1969
Stuttgart	Pornographie, verrohend wirkende, zu Gewalttätigkeit neigende, zu strafbaren Handlungen oder Rassenhaß anreizende Druckerzeugnisse
Ulm	Gefährdung von Sicherheit und Ordnung der Anstalt
Bayern	Illustrierte
Berlin	Rote Presse Korrespondenz, 883; nicht im Zeitschriftenhandel erhältliche
Hessen	Die in der Bundesrepublik Deutschland einschließlich Westberlin erscheinenden Zeitungen und Zeitschriften, soweit diese im Zeitungshandel erhältlich und im Abonnement bestellt werden können. Vom Bezug ausgeschlossen sind Zeitungen und Zeitschriften, deren Inhalt gegen Strafgesetze verstößt oder die Erreichung des Vollzugszieles, insbesondere die Wiedereingliederung gefährden.
Niedersachsen	Pornographie
Nordrhein-Westfalen	Gefahr des Vollzugszieles, der Resozialisierung, von Sicherheit und Ordnung der Anstalt, Verstoß gegen Strafgesetz
Rheinland-Pfalz	Verstoß gegen Strafgesetz, Gefährdung des Vollzugsziels oder der Resozialisierung
Saarland	Illustrierte
Schleswig-Holstein	a) gegen Strafgesetze verstoßende, b) die Erreichung des Vollzugsziels, insbesondere die Wiedereingliederung gefährdende c) bei im Ausland erscheinenden ist der Bezug eingeschränkt

b) Unterhaltungs- und Sportzeitschriften

Auch diese Gruppe unterliegt nur den allgemeinen, in Tabelle 44 genannten Beschränkungen.

c) Illustrierte

In diesem Punkt ist die Praxis völlig uneinheitlich und unsicher. Ausdrücklich verboten sind Illustrierte nur im Saarland und in Bayern[3]. Die anderen Bundesländer nennen verschiedene Kriterien, deren Vorliegen das betreffende Druckwerk vom Bezug durch den Gefangenen ausschließt. Hieraus ergeben sich ganz andere Gruppierungen der zugelassenen und verbotenen Publikationen. Beachtenswert ist, daß der Grund des Verbots von Illustrierten in Bayern selbst höheren Beamten des Vollzugsdienstes nicht klar ist. Zwei Beamte in leitenden Funktionen derselben Strafanstalt, zu diesem Problem voneinander unabhängig befragt, gaben widersprechende Antworten.

Eine Begründung ging dahin, daß die Gefangenen durch Aktbilder, die in Illustrierten häufig enthalten sind, nur unnötig gequält würden, da sie ihren Trieb nicht ausleben könnten.

Die zweite Antwort verwarf die obige Begründung. Verbotsgrund sei allein der Gedanke, daß Illustrierte der Unterhaltung dienten. Unterhaltung sei aber mit

Tabelle 46 Frage B I 65

Vereinbarkeit von Unterhaltungslektüre mit Strafzweck

	ja	nein
Baden-Württemberg		
Bruchsal	+	
Freiburg	+	
Gotteszell	+	
Heilbronn		+
Hohenasperg	+	
Karlsruhe		+
Ludwigsburg	+	
Mannheim	+	
Pforzheim	+	
Rottenburg	+	
Schwäb. Hall	+	
Stuttgart	+	
Ulm	+	
Bayern	+	
Berlin	+	
Hessen	+	
Niedersachsen	+	
Nordrhein-Westfalen	+	
Rheinland-Pfalz	+	
Saarland	+	
Schleswig-Holstein	+	

3 Vgl. Nr. 1 (5) der genannten JME

dem Strafzweck nicht vereinbar. Die Tatsache dieser völlig differierenden Begründungen in einer Anstalt für eine Vorschrift, wobei jeweils die andere auf Vorhalt verworfen wurde, bildete den Anlaß für Frage B I 65.

Die Fragen B I 63 und 64 richteten sich nach einer etwaigen Differenzierung in der Gestattung des Publikationsmittelbezuges.

Es ist festzuhalten, daß im Erwachsenenstrafvollzug weder zwischen verschiedenen Anstalten, noch innerhalb einer Anstalt in irgendeiner Weise differenziert wird.

3. Bücher

a) Eigene Bücher

Für den Bezug eigener Bücher gilt grundsätzlich dasselbe wie oben unter 1 und 2 dargelegt. Ein Vergleich zwischen Tabelle und den hier folgenden Antworten zu den Fragen B I 60 und 61 begründet dies.

Tabelle 47 Frage B I 60

Anschaffungsmöglichkeit aller am Markt erhältlicher Bücher

	ja	nein
Baden-Württemberg		
Bruchsal		+
Freiburg		+
Gotteszell		+
Heilbronn		+
Hohenasperg		+
Karlsruhe		+
Ludwigsburg	+ (außer Pornographie)	
Mannheim		+
Pforzheim		+
Rottenburg		+
Schwäb. Hall		+
Stuttgart		+
Ulm		+
Bayern		+
Berlin		+
Hessen		+
Niedersachsen	+ (bis auf pornographische Bücher)	
Nordrhein-Westfalen		+
Rheinland-Pfalz	+ (im Rahmen von Nr. 129 DVollzO)	
Saarland		+
Schleswig-Holstein		+

Tabelle 48 Frage B I 61

Art der nicht zugelassenen Bücher

Baden-Württemberg	
Bruchsal	Gefährdung des Vollzugsziels und der Resozialisierung, deren Inhalt gegen Strafgesetz verstößt. Störung von Sicherheit und Ordnung der Anstalt
Freiburg	Pornographie
Gotteszell	Pornographie u.ä.
Heilbronn	Kriminalromane, Pornographie
Hohenasperg	APO, sadistische, pornographische Literatur
Karlsruhe	Pornographie und Bücher, die gegen die Strafgesetze verstoßen
Ludwigsburg	Pornographie
Mannheim	die unter Nr. 129 III DVollzO und die dazu gehörenden Richtlinien fallenden Bücher
Pforzheim	Gefährdung des Vollzugsziels, gegen Strafgesetz verstoßender Inhalt, Gefährdung freiheitlicher demokratischer Grundordnung
Rottenburg	Sittlichkeits- sowie die Sicherheit und Ordnung der Anstalt gefährdende Bücher
Schwäb. Hall	siehe Nr. 129 III DVollzO u.f.
Stuttgart	siehe Nr. 129 III DVollzO u.f.
Ulm	Gefährdung des Vollzugsziels, insbesondere Resozialisierung, Verstoß gegen Strafgesetz, Gefährdung der Sicherheit und Ordnung, siehe Nr. 129 DVollzO
Bayern	siehe Nr. 129 DVollzO
Berlin	Verstoß gegen Strafgesetz, Anregung zu Straftaten in und außerhalb der Anstalt
Hessen	Bücher, deren Inhalt gegen Strafgesetze verstößt oder die die Erreichung des Vollzugsziels, insbesondere Wiedereingliederung, gefährden; das gleiche gilt bei Gefährdung der Sicherheit und Ordnung.
Niedersachsen	Pornographie
Nordrhein-Westfalen	Gefahr des Vollzugsziels, der Resozialisierung, von Sicherheit und Ordnung der Anstalt, Verstoß gegen Strafgesetz
Rheinland-Pfalz	vgl. Nr. 129 DVollzO
Saarland	Pornographie, Volks- und Rassenhaß verherrlichende Bücher
Schleswig-Holstein	vgl. Nr. 129 III DVollzO

b) Gefängnisbibliothek

Frage A 7 wurde dahingehend beantwortet, daß in jeder JVA eine Anstaltsbibliothek besteht. Der Umfang ergibt sich aus Tabelle A 8.

Tabelle 49 Frage A 8

Anzahl der Bände der Gefängnisbibliothek

Baden-Württemberg	
Bruchsal	10 000
Freiburg	8 000
Gotteszell	4 000
Heilbronn	4 000 auf Außenstelle Hohrain 100
Hohenasperg	4 500
Karlsruhe	1 300 (Hauptanstalt) Durlach: 700, Rastatt 610, Kieslau 2 000
Ludwigsburg	10 000
Mannheim	8 000 bzw. 1 500
Pforzheim	2 500
Rottenburg	10 000
Schwäb. Hall	11 000
Stuttgart	9 000
Ulm	3 500 Ulm-Frauengraben: 1 000 Außenstelle Bettenreute 300
Bayern	10–30 Bände pro Gefangenen
Berlin	3 000–6 000
Hessen	Unter Berücksichtigung der Größe einer JVA bis zu 10 000 Bände
Niedersachsen	Je nach Größe der Anstalt zwischen 2 000 und 15 000 Bände
Nordrhein-Westfalen	Etwa das Fünffache der Anzahl der Haftplätze der Anstalt; manche Anstaltsbibliotheken haben erheblich mehr Bücher, z.B. die JVA Düsseldorf rd. 16 000 Bände
Rheinland-Pfalz	Zwischen 2 000 und 10 000
Saarland	1 500–8 000
Schleswig-Holstein	4 000–6 000

Die Antworten auf Frage A 9 ergaben, daß diese Bibliotheken im allgemeinen zum größten Teil Unterhaltungs- und Fachliteratur, weiterhin Sachbücher (Technik/Wissenschaft) und Reisebeschreibungen enthalten. Die Gliederung entspricht meist der von öffentlichen Büchereien.

aa) Auswahlmöglichkeiten

Die Fragen A 10, 11 und 12 befaßten sich mit der Gestaltung der Benutzung der Anstaltsbüchereien durch den Gefangenen. Die Tabellen 50, 51 und 52 geben Auskunft darüber, inwieweit ein Gefangener in seiner Wahlmöglichkeit eingeschränkt ist. Hierbei ist aber zu beachten, daß ein Großteil der Gefangenen kein oder nur wenig Interesse am Lesen hat und weiter, daß viele Gefangene keine speziellen Wünsche haben, sondern die Zuteilung irgendwelchen Lesestoffs einer eigenhändigen Wahl vorziehen. Darüber hinaus stellt „Lesen" bei nicht wenigen Häftlingen nur ein Überfliegen einiger Seiten ohne genauere Beschäftigung mit dem Inhalt dar.

Erst auf diesem Hintergrund ist eine richtige Interpretation der Tabellen 50–52 möglich.

Tabelle 50 Frage A 10

Zuteilung der Bücher an Gefangene

	ja	nein
Baden-Württemberg		
Bruchsal	+	
Freiburg	+	
Gotteszell	+	
Heilbronn		+
Hohenasperg		+
Karlsruhe	+	
Ludwigsburg		+
Mannheim	+	
Pforzheim		+
Rottenburg	+	
Schwäb. Hall		+
Stuttgart	+ (wenn er nicht selbst auswählt)	
Ulm	+ (auf Wunsch)	
Bayern		+
Berlin	+ (falls die gewünschten nicht da sind)	
Hessen	teils Zuteilung, teils Freihandausleihe	
Niedersachsen	+	
Nordrhein-Westfalen		+
Rheinland-Pfalz		+
Saarland	+	
Schleswig-Holstein	+	

Tabelle 51 Frage A 11

Zuteilungspersonen

	Beamte	Gefangene, die in der Bibliothek arbeiten	Sonstige Personen
Baden-Württemberg			
Bruchsal		+	
Freiburg		+	
Gotteszell	+		Lehrer und Geistliche
Heilbronn	–		
Hohenasperg	–		

Karlsruhe	+		
Ludwigsburg	–		
Mannheim		+	
Pforzheim	–		
Rottenburg		+	
Schwäb. Hall	–		
Stuttgart		+	
Ulm		+	Fachbücher über Fürsorger
Bayern	–		
Berlin		+	
Hessen	+	+	
Niedersachsen	+ unter Beteiligung von Gefangenen, die in der Bibliothek arbeiten		
Nordrhein-Westfalen	–		
Rheinland-Pfalz	–		
Saarland	+		
Schleswig-Holstein		+	

– = Enthaltung

Tabelle 52 Frage A 12

Eigene Auswahl durch den Gefangenen

	aufgrund einer Bücherliste	in der Bücherei
Baden-Württemberg		
Bruchsal	+	
Freiburg	+	
Gotteszell	+	zum Teil
Heilbronn		
Hohenasperg	+	
Karlsruhe	+	+ (nur Außenstelle Kieslau)
Ludwigsburg	+ (Kassetten mit je einem Belletristik- und einem Fachbuchkatalog)	
Mannheim	+	
Pforzheim	+	
Rottenburg	+	
Schwäb. Hall	+	
Stuttgart	+	
Ulm	+	
Bayern	+	+
Berlin	+	+ (zum Teil)
Hessen	+	+
Niedersachsen	+	+
Nordrhein-Westfalen	+ (in geschlossenen Anstalten)	+ (in offenen Anstalten)
Rheinland-Pfalz	+	
Saarland	+	
Schleswig-Holstein	+	

bb) Menge des Lesestoffs

Die Anzahl der Bücher, die ein Gefangener pro Woche erhalten kann, folgt aus Tabelle 53.

Tabelle 53 Frage A 13

Anzahl der Bücher pro Woche für einen Gefangenen

Baden-Württemberg	
Bruchsal	4
Freiburg	3
Gotteszell	5 und mehr je nach Umfang
Heilbronn	2, in Gemeinschaft 1
Hohenasperg	bis 5
Karlsruhe	4
Ludwigsburg	3–5, darüber hinaus Fachbücher und Allgemeinbildung bis 4 Wochen
Mannheim	2, zusätzlich Fachbücher nach Bedarf
Pforzheim	bis zu 6
Rottenburg	3
Schwäb. Hall	bis zu 5 (1 000 Seiten pro Woche)
Stuttgart	3 Unterhaltungsliteratur, bis 10 Bücher Fachliteratur
Ulm	2, Fachbücher nach Bedarf
Bayern	2–3 in der Regel
Berlin	3, auf Wunsch auch mehr
Hessen	3, bei Bedarf auch mehr
Niedersachsen	mindestens 2–3, aber auch mehr
Nordrhein-Westfalen	2–3 Bände Belletristik, zusammen Fachliteratur/Sachbücher beliebig
Rheinland-Pflaz	2–3 (ca. 1 000 Seiten Unterhaltung) Fachliteratur unbeschränkt
Saarland	3 und mehr
Schleswig-Holstein	beliebig

cc) Bevorzugte Themenkreise

Tabelle 54 beantwortet die Frage nach den von den Gefangenen bevorzugten Themenkreisen, wobei sich weitgehende Übereinstimmungen feststellen lassen.

Tabelle 54 Frage A 14

Bevorzugte Themenkreise

Baden-Württemberg	
Bruchsal	Unterhaltung, Romane, Erzählungen, Novellen, Sport und Spiel
Freiburg	Abenteurer- und Heimatromane
Gotteszell	Romane und Lebensbeschreibungen
Heilbronn	Abenteurerromane
Hohenasperg	Unterhaltungsliteratur, Psychologie, Philosophie, Lebenskunde, Politik, Wirtschaft
Karlsruhe	Unterhaltungsromane
Ludwigsburg	Kriegs-, Abenteurer-, Schicksalsromane, Sport- und Kriminalliteratur
Mannheim	Romane, Reisebeschreibungen, historische Darstellungen
Pforzheim	Sport, Romane, allgemeinverständliche naturwissenschaftliche Sachbücher
Rottenburg	Romane, Fachliteratur
Schwäb. Hall	Krimi, Tierbücher, Abenteuer, Wild-West
Stuttgart	Heimatliteratur, Krimis, Spannungsliteratur (Krieg, Abenteuer usw.)
Ulm	Kriegs- und Reiseromane
Bayern	Heimat-, Berg- und Abenteuerromane
Berlin	Kriegs-, Abenteuer-, Kriminal-, Wild-West-Romane, freizügige Liebesromane, Reiseberichte, Zeitgeschichte, Technik, Bildbände
Hessen	Unterhaltungsliteratur
Niedersachsen	Unterhaltungsromane
Nordrhein-Westfalen	Unterhaltungs-, Abenteuer-, Zukunftsromane
Rheinland-Pfalz	leichte Unterhaltungsliteratur, Kriegs- und Abenteuerliteratur
Saarland	Unterhaltungs- und Abenteuerromane
Schlewig-Holstein	Unterhaltung

4. Informationsmittel, die sich auf den Gefangenen und seine Rechtsstellung beziehen

Für den Gefangenen, der sich in der Zwangslage des Aufenthalts in einer JVA befindet, ist es sehr wichtig, wenigstens die Grundlagen für den Vollzug und dessen Ausgestaltung im täglichen Anstaltsleben zu kennen.

Hieraus folgt aber, daß dem Gefangenen alle Informationsmittel, die sich auf seine Rechtsstellung im Vollzug beziehen, zur Verfügung stehen müssen.

a) Aushändigung der DVollzO

Ob das Ergebnis der Frage B I 67 rechtsstaatlichen Grundsätzen entspricht, wird in Teil B geklärt werden.

Zwei veröffentlichte Entscheidungen bestätigen noch diese Praxis. OLG Celle[4]

4 3 VAs 28/62 vom 8.8.1962, MDR 1962, 924

Tabelle 55 Frage B I 67

Aushändigung des vollen Wortlauts der DVollzO

	ja	nein
Baden-Württemberg		
Bruchsal		+
Freiburg		+
Gotteszell		+
Heilbronn		+
Hohenasperg		+
Karlsruhe		+
Ludwigsburg		+
Mannheim		+
Pforzheim		+
Rottenburg		+
Schwäb. Hall		+
Stuttgart		+
Ulm	+ (soweit sie Belange des Gefangenen betreffen)	
Bayern		+
Berlin	im allgemeinen nur 2. Teil (Nr. 44–270)	
Hessen	+	
Niedersachsen	+ (falls sie es wünschen)	
Nordrhein-Westfalen	+	
Rheinland-Pfalz		+
Saarland		+
Schleswig-Holstein		+

und OLG Hamburg[5] beschränken die Informationsmöglichkeit des Gefangenen auf die „Verhaltensvorschriften", die gemäß Nr. 69 II DVollzO in jedem Haftraum aushängen müssen. Nach diesen Entscheidungen hat der Gefangene kein Recht, sich über andere als die ihn unmittelbar berührenden Vorschriften zu informieren, insbesondere haben ihm Behördenaufbau und -organisation und die Dienstpflichten des Beamten unbekannt zu sein.

Die Praxis, die dem Gefangenen wenig Informationen über den Vollzug gibt, sieht sich also durch diese Rechtsprechung bestätigt.

b) Zugänglichkeit von Gesetzestexten, insbesondere von StGB und StPO

Nach den Ergebnissen der Frage B I 66 können sich die Gefangenen ausnahmslos die Texte einschlägiger Gesetze beschaffen.

5 VAs 41/63 vom 21.1.1964, NJW 1964, 682

c) Kommentare

Kommentare zu diesen Gesetzen werden manchmal verweigert, zum großen Teil besteht jedoch für die Gefangenen hier eine Informationsmöglichkeit[6]. Bei persönlichen Besuchen in verschiedenen JVA wurde angeführt, man gebe ungern Kommentare, insbesondere für längere Zeit oder für immer aus, um zu vermeiden, daß der betreffende Gefangene als „Rechtsberater" für andere Häftlinge diene und sich hierdurch eine starke Stellung erarbeite; auch sollen wegen der vermuteten unsachlichen, laienhaften Auffassung der Rechtsproblematik unbegründete Hoffnungen und Illusionen bei den anderen Gefangenen nicht geweckt werden.

Eine Entscheidung des OLG Hamburg[7] zu diesem Problem, die die Ablehnung der Aushändigung eigener Kommentare aus der Habe des Gefangenen für zulässig erachtet, wird unten auf ihre Begründetheit untersucht werden.

Wie das Ergebnis der Frage B I 66 zeigt, hat sich die Praxis nur vereinzelt von dieser Entscheidung angesprochen gefühlt.

d) Gefangenenzeitschriften

Es ist bekannt, daß auch eigene Zeitschriften für Gefangene existieren; es sei nur auf die „Brücke" verwiesen. Eine neue Zeitschrift, „Gefangenenzeitung" genannt, erschien am 25.9.1970 zum ersten Mal. Eine ihrer Hauptaufgaben, die sie sich gestellt hat, soll es sein, den Häftling juristisch zu beraten, ihm also Informationen zu liefern, die gerade ihn in seiner Rechtsstellung betreffen. In Nordrhein-Westfalen wurde jedoch die Auslieferung an Strafgefangene und Sicherungsverwahrte mit der Begründung untersagt, das Blatt enthalte in einem Artikel eine Aufforderung zum Streik, was einer Anstiftung zur Gefangenenmeuterei gleichkomme.

Tatsächlich war in dem betreffenden Artikel jedoch nur eine Entscheidung eines Bochumer Schöffengerichts besprochen worden, wonach keine Meuterei vorliege, wenn Gefangene die Arbeit aus bestimmten Gründen verweigern.

Eine Gefährdung der Sicherheit und Ordnung, auf die sich das Justizministerium von Nordrhein-Westfalen beruft, kann ernstlich nicht aus dem sachlich gehaltenen und zurückhaltend formulierten Artikel entnommen werden.

Es ist jedoch ungewiß, ob dieses Beispiel symptomatisch für die Praxis ist, ob aus ihm tatsächlich auf ein Bestreben der Praxis geschlossen werden kann, dem Gefangenen möglichst viele Informationen, die ihn betreffen und aus denen er Rechte herleiten könnte, vorzuenthalten. Zumindest aber wird die Vermutung in diese Richtung gelenkt.

---

6 Nur in Baden-Württemberg/Heilbronn und Rottenburg, in Rheinland-Pfalz und im Saarland werden den Gefangenen die besagten Kommentare vorenthalten; in Bayern werden diese Werke nur begrenzte Zeit ausgehändigt.

7 VAs 67/62 vom 8.7.1963, NJW 1963, 1789 ff.

5. Rundfunk- und Fernsehempfang

Das zusammengefaßte Ergebnis der Antworten zu Frage B I 68 ergibt, daß in allen Anstalten Rundfunkempfang und nur mit Ausnahme von Baden-Württemberg/Stuttgart auch Fernsehempfang möglich ist.

a) Programmwähler

Die Antworten auf die Fragen B I 70 und 71 geben Aufschluß über die Personen, die an der Programmauswahl beteiligt sind.

Tabelle 56 Frage B I 70

Programmwähler

Baden-Württemberg	
Bruchsal	Gefangenenausschuß
Freiburg	Gefangene unter Aufsicht des Oberlehrers
Gotteszell	Anstaltsleitung
Heilbronn	Oberlehrer mit Anstaltsleitung
Hohenasperg	Sozialarbeiter
Karlsruhe	Anstaltsfürsorger
Ludwigsburg	Gefangenenausschuß
Mannheim	Rundfunkausschuß der Gefangenen
Pforzheim	Anstaltsfürsorger
Rottenburg	Anstaltsvorstand auf Vorschlag der Gefangenen
Schwäb. Hall	Gefangenenrat und Fürsorger
Stuttgart	Anstaltsfürsorger
Ulm	Fürsorger und Aufsichtsdienstleiter
Bayern	Psychologen, Lehrer, Fürsorger
Berlin	Gefangene
Hessen	Anstaltsleitung
Niedersachsen	Gefangene unter Beteiligung der Oberlehrer
Nordrhein-Westfalen	Anstaltsleiter oder Beauftragter mit Gefangenen
Rheinland-Pfalz	Anstaltsleiter mit Gefangenen
Saarland	Anstaltsvorstand, Hauptlehrer
Schleswig-Holstein	siehe Frage B I 71 (Tabelle 57)

Tabelle 57 Frage B I 71

	Beteiligung von	
	Gefangenen	gewähltem Gefangenenausschuß
Baden-Württemberg		
Bruchsal		+
Freiburg	+	
Gotteszell	+	
Heilbronn	+	
Hohenasperg	+	+ (sozialtherapeutische Abtlg.)
Karlsruhe	–	–
Ludwigsburg		+
Mannheim		+
Pforzheim		+
Rottenburg	+	
Schwäb. Hall		+
Stuttgart	–	–
Ulm	+	
Bayern	+	+
Berlin	+	+
Hessen	+	+
Niedersachsen	+	
Nordrhein-Westfalen		+
Rheinland-Pfalz	+	
Saarland	–	–
Schleswig-Holstein	+	+

– = Enthaltung

Zum großen Teil werden also die Gefangenen an der Auswahl der Programme mitbeteiligt. Hier liegt ein Ansatzpunkt zu einer eigenverantwortlichen Aktivität der Gefangenen im Vollzug vor.

b) Zugelassene Programme

Aus Tabelle 58 sind die für die Gefangenen zugelassenen Programme zu entnehmen.

Tabelle 58 Frage B I 69

Programme

	Zugelassen sind: alle	nur
Baden-Württemberg		
Bruchsal	+	
Freiburg	+	
Gotteszell	Wer einen eigenen Apparat hat, kann selbst wählen	
Heilbronn		Unterhaltungssendungen
Hohenasperg	+ (Keine grundsätzlichen Einschränkungen)	
Karlsruhe	+	
Ludwigsburg	+	
Mannheim	+	
Pforzheim	+	
Rottenburg		Kulturelles, Sport, Politik, Unterhaltung, Berichte aus dem Zeitgeschehen
Schwäb. Hall	+	
Stuttgart	+	
Ulm	+	
Bayern	+ (Es gibt keine „verbotenen" Programme)	
Berlin	+ (Ausgenommen Ost-Fernsehen)	
Hessen	Es werden nur solche Programme untersagt, die befürchten lassen, daß sie die Sicherheit und Ordnung in der Vollzugsanstalt beeinträchtigen und einen schädlichen Einfluß auf die Gefangenen ausüben könnten.	
Niedersachsen	+ (Soweit sie nicht der Resozialisierung entgegenstehen)	
Nordrhein-Westfalen	+	
Rheinland-Pfalz		Unterhaltende und belehrende
Saarland	+	
Schleswig-Holstein	+ (Mit gewissen Ausnahmen von Kriminalstücken)	

Die Gefangenen unterliegen also hinsichtlich der Programme nur geringen Beschränkungen.

Unter B I 72 wurde nach den Gesichtspunkten gefragt, die für eine Auswahl eines Programmes maßgebend sind.

c) Empfangzeiten und Dauer des Empfanges

Aus Tabelle 60 ergibt sich, daß grundsätzlich jeden Tag Radio-, aber nicht immer Fernsehempfang ermöglicht ist.

Tabelle 59 Frage B I 72

Auswahlgesichtspunkte

Baden-Württemberg	
Bruchsal	Nach dem Interesse der Gefangenen
Freiburg	Nach Beliebtheit
Gotteszell	Nach Interesse der Gefangenen und im Blick auf Resozialisierung
Heilbronn	Nach erzieherischen und unterhaltenden Gesichtspunkten
Hohenasperg	Information, Unterhaltung, Bildung
Karlsruhe	Unterhaltung und Zeitgeschehen
Ludwigsburg	Unterhaltung, Weiterbildung, Information, „Gut und Böse" u.a.m.
Mannheim	Bleibt dem Gefangenenausschuß überlassen
Pforzheim	Jugendgemäße und aktuelle Sendungen
Rottenburg	Information und Unterhaltung
Schwäb. Hall	Nach dem Geschmack der Insassen
Stuttgart	Unterhaltung und Information
Ulm	Fortbildung und Unterhaltung
Bayern	Wünsche der Gefangenen, Pädagogik, Resozialisierung
Berlin	Unterhaltungscharakter und informeller Wert
Hessen	Nach den in Programmzeitschriften als besonders empfehlenswert ausgewiesenen Sendungen sowie den Sendungen, die sich allgemeiner Beliebtheit erfreuen.
Niedersachsen	Siehe Frage B I 69 (Tabelle 57)
Nordrhein-Westfalen	Sendezeit, Wünsche der Gefangenen, vgl. Nr. 70/71 (Tabelle 56, 57)
Rheinland-Pfalz	Unterhaltung und Bildung
Saarland	Nach Bedürfnis der Gefangenen
Schleswig-Holstein	Nicht allgemein zu sagen

Tabelle 60 Frage B I 73

Empfangszeiten

	Jeden Tag	Seltener
Baden-Württemberg		
Bruchsal	+	
Freiburg	+	
Gotteszell	+	
Heilbronn	+ (Radio)	+ (Fernsehen)
Hohenasperg		+
Karlsruhe	+ (Radio)	+ (Fernsehen)
Ludwigsburg	+	

	Jeden Tag	Seltener
Mannheim	+ (Radio)	+ (Fernsehen)
Pforzheim	+ (Radio)	+ (Fernsehen 2 x wöchentlich)
Rottenburg	+ (Radio)	+ (Fernsehen)
Schwäb. Hall	+	
Stuttgart	+	
Ulm	+	
Bayern	+	
Berlin	+	
Hessen	+	
Niedersachsen	+	
Nordrhein-Westfalen	+ (Radio)	+ (Fernsehen)
Rheinland-Pfalz	+	
Saarland	+	
Schleswig-Holstein	+ (Radio)	+ (Fernsehen)

Das Ergebnis ist verständlich, wenn man bedenkt, daß auch große Anstalten mit tausend und mehr Insassen oft nur über ein Fernsehgerät verfügen.
Ergänzend wurde unter B I 74 nach der Dauer des Empfangs gefragt.

Tabelle 61 Frage B I 74

Dauer des Empfanges

Baden-Württemberg	
Bruchsal	Radio: 6.00 Uhr bis Arbeitsbeginn, Mittagspause, abends bis 23.00/24.00 Uhr
Freiburg	Bis 23.00 Uhr
Gotteszell	Vom Arbeitsschluß bis 22.30 Uhr
Heilbronn	Radio: 18.00–22.00 Uhr, Fernsehen 2 x pro Woche
Hohenasperg	3–6 Stunden
Karlsruhe	Radio: 6.30–7.00 Uhr, 11.30–13.00 Uhr, 17.00–22.30 Uhr Tele: 18.00–20.15 Uhr
Ludwigsburg	Mehrere Stunden am Tage in der Nichtarbeitszeit
Mannheim	Radio mindestens 6 Std. täglich, Fernsehen 1 1/2 Stunden
Pforzheim	Radio: 17.00–22.30 Uhr, Samstag und Mittwoch bis 24.00 Uhr, Fernsehen: 20.00–22.30 Uhr, an Wochenenden 14.00–20.00 Uhr
Rottenburg	Insgesamt 6 Stunden Radio, 3 Stunden Fernsehen täglich, pro Gefangenen 1 Abend Fernsehen/Woche
Schwäb. Hall	Werktag 18.00–22.00 Uhr, Samstag/Sonntag: 11.30–22.00 Uhr
Stuttgart	Werktag: 5 Std., Samstag/Sonntag: je 12 Std.
Ulm	18.00–22.00 Uhr, Samstag/Sonntag 15.00–22.00 Uhr in der Freizeit
Bayern	In der Freizeit
Berlin	z.T. Schulfunk, 16.30–22.00 Uhr

Dauer des Empfanges	
Hessen	Während der Freizeit der Gefangenen
Niedersachsen	Von morgens bis abends 22.00 Uhr
Nordrhein-Westfalen	Radio: einige Stunden täglich, Fernsehen weniger
Rheinland-Pfalz	bis 22;00 Uhr
Saarland	Je nach Programm- und Personallage
Schleswig-Holstein	Transistorradio unbeschränkt, Fernsehen bis 22.00 Uhr

Der Informationsempfang durch diese Kommunikationsmittel erscheint aufgrund dieser Praxis als ausreichend gesichert.

d) Formen des Empfangs

Die Tabellen 62 und 63 geben Auskunft über die Frage nach eigenen Rundfunkgeräten und zentralen Empfangsanlagen.

Tabelle 62 Frage B I 75

Eigene Rundfunkgeräte im Haftraum

	ja	nein
Baden-Württemberg		
Bruchsal		+
Freiburg		+
Gotteszell	+ (Sicherungsverwahrte)	
Heilbronn	+	
Hohenasperg		+
Karlsruhe	+ (Nur Untersuchungsgefangene)	
Ludwigsburg		+
Mannheim		+
Pforzheim		+
Rottenburg		+
Schwäb. Hall		+
Stuttgart		+
Ulm	+ (Künftig)	
Bayern	+ (Wenn keine Gemeinschaftsanlage vorhanden ist)	
Berlin	+ (Nur auf ausdrückliche (fach-)ärztlich begründete Empfehlung (z.B. Unfähigkeit, am Gemeinschaftsempfang teilzunehmen wegen Schwerhörigkeit)).	+ (grundsätzlich)
Hessen		+
Niedersachsen	+	
Nordrhein-Westfalen	+ (Strafgefangene in Ausnahmefällen, Sicherungsverwahrte in der Regel)	
Rheinland-Pfalz		+
Saarland	+	
Schleswig-Holstein	+	

Tabelle 63 Frage B I 76

Zentrale Radioanlage

	ja	nein
Baden-Württemberg		
Bruchsal	+	
Freiburg	+	
Gotteszell	+ (Lautsprecher und Kopfhörer an jedem Bett)	
Heilbronn	Im Aufbau	
Hohenasperg	+ (Mit Kopfhörern)	
Karlsruhe	+	
Ludwigsburg	+ (Mit Kopfhörern)	
Mannheim	+ (Mit Kopfhörern)	
Pforzheim	+	
Rottenburg	+	
Schwäb. Hall	+ (Mit Kopfhörern)	
Stuttgart	+	
Ulm	+ (Nur Frauengraben)	+
Bayern	+	
Berlin	+	
Hessen	+ (Mit Kopfhörern oder Lautsprecher in den Zellen)	
Niedersachsen	+	
Nordrhein-Westfalen	+ (In den meisten Anstalten)	
Rheinland-Pfalz	+	
Saarland	+	
Schleswig-Holstein	+ (Zum Teil)	

6. Fernkurse

Für den Gefangenen, der sich weiterbilden will und dem die notwendige Aus- und Weiterbildung nicht in der Anstalt zuteil werden kann, sind Fernkurse die einzige Möglichkeit, zu dem erstrebten Willen zu gelangen. Ausnahmslos besteht an allen Anstalten die Möglichkeit, an Fernkursen teilzunehmen (so das Ergebnis von Frage B I 56). Die Fernkurse, die eine große finanzielle Belastung des Gefangenen darstellen, können überall auch aus der Rücklage bezahlt werden (Ergebnis von Frage B I 57). Allerdings wird diese Möglichkeit, die Zeit des Strafvollzuges gewinnbringend zu verwerten, nur von einer geringen Anzahl von Gefangenen wahrgenommen.

Tabelle 64 Frage B I 58

Anzahl der an Fernkursen teilnehmenden Gefangenen

Baden-Württemberg	
Bruchsal	6
Freiburg	10
Gotteszell	1
Heilbronn	3
Hohenasperg	7
Karlsruhe	1
Ludwigsburg	5
Mannheim	24
Pforzheim	3
Rottenburg	8
Schwäb. Hall	5 Telekolleg 8
Stuttgart	10
Ulm	3 (ca.)
Bayern	nicht bekannt
Berlin	im Erwachsenenstrafvollzug 1,5%
Hessen	–
Niedersachsen	Eine geringe Zahl
Nordrhein-Westfalen	2%
Rheinland-Pfalz	20% (in Wittlich)
Saarland	10% ca.
Schleswig-Holstein	Genaue Zahl nicht bekannt, ca. 15

– = Enthaltung

Meistens können auch mehrere Gefangene an einem Kurs gleichzeitig teilnehmen.

Tabelle 65 Frage B I 59

Teilnahmemöglichkeiten mehrerer Gefangener an einem Kurs

	ja	nein
Baden-Württemberg		
Bruchsal	+	
Freiburg		+
Gotteszell	+	
Heilbronn	+	+
Hohenasperg	+	
Karlsruhe	+	
Ludwigsburg	+	

	ja	nein
Mannheim	+	
Pforzheim		+
Rottenburg	+	
Schwäb. Hall	+	
Stuttgart		+
Ulm	War bisher nicht der Fall	
Bayern	+	
Berlin	+ (im allgemeinen)	
Hessen	+	
Niedersachsen	+	
Nordrhein-Westfalen		+
Rheinland-Pfalz	+	
Saarland	+	
Schleswig-Holstein		+ (Vertragsbedingungen)

III. Eingehende Telefonate

Nach den Antworten zu Frage B I 55 wird meistens nur bei einem zwingenden Grund ein Telefonanruf an den Gefangenen weitergeleitet. Ausnahmen bestehen nur in Baden-Württemberg/Bruchsal, Gotteszell, Heilbronn, Schwäbisch-Hall und in Nordrhein-Westfalen.

IV. Besuch

Teil B II der Fragebogenenquête beschäftigte sich mit dem Besuchsverkehr.

Wie Tabelle 66 zeigt, betrifft die Gewährung von Besuchen die große Mehrzahl der Gefangenen.

Tabelle 66 Frage B II 36

Prozentzahl der Gefangenen, die Besuch erhalten

Baden-Württemberg	
Bruchsal	65%
Freiburg	60%
Gotteszell	80%
Heilbronn	80%
Hohenasperg	38%
Karlsruhe	70%
Ludwigsburg	50%
Mannheim	50%
Pforzheim	80%
Rottenburg	30%
Schwäb. Hall	90%
Stuttgart	80%
Ulm	50%

Prozentzahl der Gefangenen, die Besuch erhalten

Bayern	60–80%
Berlin	85%
Hessen	98%
Niedersachsen	Ein hoher Prozentsatz
Nordrhein-Westfalen	Die große Mehrzahl der Gefangenen
Rheinland-Pfalz	80%
Saarland	90%
Schleswig-Holstein	70–80%

– = Enthaltung

1. Zeitliche Beschränkungen

Tabelle 67 gibt Antwort auf die Frage nach den Zeitabständen der Besuche. Zum Großteil wird an der Untergrenze der Nr. 138 I DVollzO – wenigstens alle 4 Wochen – festgehalten, obwohl dies keine zwingende Vorschrift darstellt.

Tabelle 67 Frage B II 1

Zeitabstände der Besuche

Baden-Württemberg	
Bruchsal	4 Wochen
Freiburg	4 Wochen
Gotteszell	4 Wochen
Heilbronn	14 Tage
Hohenasperg	wenigstens alle 4 Wochen
Karlsruhe	4 Wochen, in Dringlichkeitsfällen ohne Zeitabstand
Ludwigsburg	4 Wochen, großzügige Handhabung von Sonderbesuchen
Mannheim	4 Wochen
Pforzheim	4 Wochen wenigstens
Rottenburg	4 Wochen, in dringenden Fällen öfter
Schwäb. Hall	4 Wochen
Stuttgart	4 Wochen
Ulm	14 Tage
Bayern	DVollzO
Berlin	Kleinere Anstalten 3 Wochen, große Anstalten z.T. noch 4 Wochen, daneben stets großzügige Sondersprechstunden
Hessen	Der Gefangene darf mindestens alle vier Wochen Besuch empfangen. Besuche, die Rechts- oder Geschäftsangelegenheiten des Gefangenen oder sein späteres Fortkommen betreffen, sowie Besuche, für die ein dringlicher Anlaß besteht, kann der Anstaltsleiter auch ohne Einhaltung des Zeitabstandes zulassen.
Niedersachsen	Alle 2 Wochen und öfter
Rheinland-Pfalz	Nr. 138 DVollzO
Saarland	4 Wochen, DVollzO, in dringenden Fällen kein Zeitabstand
Schleswig-Holstein	4 Wochen, soweit nicht Nr. 138 II DVollzO

Frage B II 2 war für den Fall gedacht, daß von der Mindestgrenze der Nr. 138 DVollzO abgewichen wird, also Besuche in geringeren Zeitabständen ermöglicht werden.

Einige Antworten begnügen sich mit dem nichtssagenden Hinweis auf Nr. 138 DVollzO und werden weggelassen. Mitgeteilt werden nur die relevanten Antworten.

Tabelle 68 Frage B II 2

Gesichtspunkte für Zeitabstandsbestimmung

Baden-Württemberg	
Ludwigsburg	Nach Notwendigkeit
Mannheim	Im wesentlichen bauliche und organisatorische Gesichtspunkte
Schwäb. Hall	Nach der Möglichkeit, das erforderliche Aufsichtspersonal zu stellen
Ulm	Nach Wunsch des Gefangenen oder des Besuchers
Berlin	Nach personellen und räumlichen Gesichtspunkten
Hessen	Personelle und organisatorische Gesichtspunkte
Niedersachsen	–
Nordrhein-Westfalen	Nach personeller Ausstattung der Anstalt und der individuellen Bedürfnisse der Gefangenen
Schleswig-Holstein	Räumliche und personelle Gegebenheiten

– = Enthaltung

Die Gestattung häufigeren Besuchs hängt von äußeren Gegebenheiten – personellen und baulichen im wesentlichen – und nicht von starren Prinzipien ab.

Für die Verkürzung des Besuchsabstandes ist die Führung des Gefangenen nicht entscheidend, jedoch mit Ausnahmen in Baden-Württemberg/Gotteszell und in Nordrhein-Westfalen. Wichtige Belange der Angehörigen werden in jedem Falle berücksichtigt. So stellt sich das Ergebnis der Frage B II 3 dar.

Nr. 141 DVollzO gibt als Untergrenze der Besuchsdauer eine Zeit von 15 Minuten an, die jedoch auch, da nur eine Soll-Vorschrift vorliegt, unterschritten werden kann. Die Praxis zu diesem Punkt ist recht unterschiedlich, wie aus Tabelle 69 hervorgeht.

Tabelle 69 Frage B II

Höchst- und Durchschnittsdauer des Besuchs

Baden-Württemberg	
Bruchsal	15–25 Minuten
Freiburg	Höchstens 2 Std., durchschnittlich 1/2 Std.
Gotteszell	in der Regel 1/2 Std.
Heilbronn	1/2 Std.
Hohenasperg	Bis zu 2 Std., durchschnittlich 1/2 Std.
Karlsruhe	Durchschnittlich 1/2 Std.
Ludwigsburg	Höchstens 1 Std., durchschnittlich 30 Min.
Mannheim	Höchstens 90 Min., durchschnittlich 25 Min.
Pforzheim	Aus besonderen Gründen bis zu 1 Std., in der Regel 30 Min.
Rottenburg	30 Min., bei Notwendigkeit auch länger
Schwäb. Hall	Höchstens 60 Min., durchschnittlich 30 Min.
Stuttgart	15 Min.
Ulm	Mindestens 30 Min., darüber hinaus nach Bedarf
Bayern	Höchstens 1 Std., im Einzelfall auch länger; 15–30 Min.
Berlin	15–30 Min. in großer Anstalt, bis zu 1 Std. in kleineren; besondere Gründe
Hessen	Mindestens 20 Min. (grundsätzlich); in begründeten Einzelfällen bis zu mehreren Stunden
Niedersachsen	1 Std.
Nordrhein-Westfalen	Durchschnittlich 15 Min., in begründeten Fällen länger
Rheinland-Pfalz	Höchstens 2 Std., durchschnittlich 30 Min.
Saarland	in der Regel 15 Min., in Ausnahmefällen länger
Schleswig-Holstein	Höchstens 1 Std., durchschnittlich 20 Min.

Die Dauer kann also bis zu 2 Stunden betragen, eine weite Auslegung der Nr. 141 II DVollzO.

Bis auf Rheinland-Pfalz, Saarland, Schleswig-Holstein, bestehen feste Besuchszeiten; so stellt sich das Ergebnis der Frage B II 12 dar.

2. Besuchsräume

Frage B II 8 untersuchte, ob jeder Gefangene allein, oder ob mehrere Gefangene gemeinsam in einem Raum den Besuch empfangen.

Die Praxis ist uneinheitlich, wohl aufgrund der verschiedenen baulichen und personellen Verhältnisse.

Tabelle 70 Frage B II 8

	Besuchsempfang von mehreren Gefangenen gleichzeitig im selben Raum	allein, nur mit Aufsicht
Baden-Württemberg		
Bruchsal		+
Freiburg		+
Gotteszell		+
Heilbronn		+
Hohenasperg		+
Karlsruhe		+
Ludwigsburg	+	
Mannheim		+
Pforzheim		+
Rottenburg	+	
Schwäb. Hall	+	
Stuttgart		+
Ulm		+
Bayern	+	+
Berlin	+	+
Hessen	+ (grundsätzlich)	+ (in begründetem Einzelfall)
Niedersachsen	+	
Nordrhein-Westfalen	+ (regelmäßig)	
Rheinland-Pfalz		+
Saarland	+	
Schleswig-Holstein	+	+

Die Besuchsräume sind meist ohne Trennvorrichtungen ausgestattet.

Ausnahmen machen nur Baden-Württemberg/Heilbronn, Stuttgart, Bayern, Berlin und Saarland, wobei hier jedoch diese Vorrichtungen nur in Tischen bestehen (Ergebnis von Frage B II 9).

3. Kreis der Besucher

a) Persönliche Besuche

Tabelle 71 bringt eine Übersicht darüber, wieviel Prozent der Gefangenen jeweils Besuch aus den genannten Gruppen erhalten.

Tabelle 71 Frage B II 37

Aufschlüsselung der Gefangenenbesuche

	a	*b*	*c*	*d*	*e*	*f*[8]
Baden-Württemberg						
Bruchsal	60%	20%	10%	10%	–	–
Freiburg	70%	10%	10%	10%	–	–
Gotteszell	40%	15%	15%	7%	2%	1%
Heilbronn	50%	35%	10%	5%	–	–
Hohenasperg	26%	15%	18%	3%	–	0,4%
Karlsruhe	40%	15%	10%	5%	–	–
Ludwigsburg	50%	14%	5%	11%	–	–
Mannheim	60%	30%	10%	10%	–	–
Pforzheim	50%	20%	20%	10%	–	–
Rottenburg	24%	2%	3%	1%	–	–
Schwäb. Hall	75%	10%	10%	5%	–	–
Stuttgart	70%	15%	10%	1%	1%	3%
Ulm	50%	10%	10%	5%	–	–
Bayern	75%	10%	10%	5%	–	–
Berlin	65%	12%	17%	3%	–	3%
Hessen	75%	10%	10%	5%	–	–
Niedersachsen	80%	10%	10%			
Nordrhein-Westfalen	Vgl. Antwort zu Frage B I 2 entsprechend					
Rheinland-Pfalz	70%	10%	15%	5%	5%	5% + 5% Geschäftsbesuche
Saarland	70%	10%	5%	5%	–	–
Schleswig-Holstein	70%	20%	5%	2%	?	?

a = Familienangehörige
b = sonstige Verwandte
c = Freunde, Bekannte
d = Fürsorgestellen (öffentliche und private Stellen im weitesten Sinne)
e = ehemalige Komplicen
f = ehemalige Mitgefangene

Als Durchschnittsgröße ergibt sich, daß rund 57,5% der Gefangenen Besuch von Familienangehörigen erhalten, aber zusammengenommen nur etwas mehr als 30% aller Gefangenen Besuche aus den übrigen angeführten Gruppen erhalten.

Diese Zahlen zeigen die große Bedeutung gerade des Besuches von Familienangehörigen in eindrucksvoller Weise im Vergleich zu den anderen Besuchergruppen.

8 Die Einteilung a bis f entspricht der Tabelle 16 auf Seite 36 ff.

b) Besuche durch Organe der Öffentlichkeit

Ein weiterer Aspekt ist die Transparenz der deutschen Strafanstalten. Es ist im Interesse einer Wiedereingliederung sehr wesentlich, daß der Vollzug nicht als eine sich abkapselnde, ihr Eigenleben führende Institution erscheint, um nicht auf den Insassen durch das Gefühl der völligen Isolierung negativ zu wirken und hierdurch Abwehrgefühle gegen die Gesellschaft zu erzeugen, was Resozialisierungsbemühungen entgegenstehen würde. Daher ist es wichtig, daß sich der Vollzug, soweit es die Gegebenheiten zulassen, der Außenwelt öffnet, um auch hierdurch der Öffentlichkeit eine bessere Information über Probleme der Gefangenen zu geben und Mißverständnisse und Vorurteile auf beiden Seiten abbauen zu helfen. Dies aber stellt wiederum einen Ansatzpunkt für eine Integration des Gefangenen nach seiner Entlassung in die Gesellschaft dar. Als Organe der Außenwelt sind Parlamentarier, Gefängnisbeiräte und die Presse zu nennen.

Tabelle 72 Frage B II 23

Regelmäßiger Besuch durch Parlamentsmitglieder

	ja	nein
Baden-Württemberg		
Bruchsal		+
Freiburg		+
Gotteszell	+ (nicht regelmäßig)	
Heilbronn	+	
Hohenasperg	+ (selten)	+ (grundsätzlich)
Karlsruhe		+
Ludwigsburg		+
Mannheim		+
Pforzheim		+
Rottenburg		+
Schwäb. Hall		+
Stuttgart		+
Ulm		+
Bayern	+	
Berlin		+
Hessen	+	
Niedersachsen	+	
Nordrhein-Westfalen	+	
Rheinland-Pfalz	+	
Saarland	+ (in unregelmäßigen Abständen)	
Schleswig-Holstein		+

aa) Besuch durch Volksvertreter

Die Ergebnisse der Frage B II 23 sind sehr aufschlußreich hinsichtlich des Interesses, das von seiten der Volksvertreter den Gefangenen und ihren Problemen entgegengebracht wird.

Das Gespräch der Gefangenen mit den Abgeordneten ist ausnahmslos unbeaufsichtigt (Ergebnis der Frage B II 24). Tabelle 73 gibt Auskunft über die Zeitabstände der Besuche.

Tabelle 73 Frage B II 25

Zeitabstände der Besuche

Baden-Württemberg	
Bruchsal	unregelmäßig
Freiburg	unregelmäßig, selten
Gotteszell	unregelmäßig
Heilbronn	unregelmäßig
Hohenasperg	–
Karlsruhe	bis jetzt noch keine Besuche
Ludwigsburg	sehr selten
Mannheim	völlig unregelmäßig, zuletzt vor etwa 5 Monaten
Pforzheim	–
Rottenburg	–
Schwäb. Hall	–
Stuttgart	nie
Ulm	–
Bayern	im Durchschnitt einmal monatlich
Berlin	in einzelnen Anstalten überhaupt nicht, in anderen selten und unregelmäßig
Hessen	bei den einzelnen Anstalten unterschiedlich
Niedersachsen	in unregelmäßigen Zeitabständen
Nordrhein-Westfalen	in unregelmäßigen Zeitabständen
Rheinland-Pfalz	etwa alle 2–3 Monate in einer anderen JVA
Saarland	unregelmäßig
Schleswig-Holstein	–

– = Enthaltung

bb) Anstaltsbeiräte

Tabelle 74 gibt Auskunft über das Bestehen oder Nichtbestehen von Anstaltsbeiräten.

Tabelle 74 Frage A 17

	Gefängnisbeiräte		bei . . . Anstalten
	ja	nein	
Baden-Württemberg			
Bruchsal	–		
Freiburg	–		
Gotteszell	–		
Heilbronn	–		
Hohenasperg	–		
Karlsruhe	–		
Ludwigsburg		+	
Mannheim	–		
Pforzheim	–		
Rottenburg	–		
Schwäb. Hall	–		
Stuttgart	–		
Ulm	–		
Bayern	+		
Berlin	+		4
Hessen		+	
Niedersachsen		+	
Nordrhein-Westfalen	+		
Rheinland-Pfalz		+ (ihre Einrichtung ist in Kürze vorgesehen)	
Saarland		+	
Schleswig-Holstein		+	

– = Enthaltung

cc) Besuche durch Presse, Funk, Fernsehen

Die Frage B II 26 ergab, daß ausnahmslos Besuche durch Vertreter der genannten Massenmedien möglich sind; zum Teil wird ergänzend angeführt, daß eine Genehmigung der Aufsichtsbehörde vorliegen muß; diese Voraussetzung folgt aber schon aus Nr. 11 I DVollzO. Berlin fügt hinzu, daß eine solche Genehmigung im allgemeinen großzügig erteilt wird.

Die Kontaktaufnahme seitens der Gefangenen ist, mit Ausnahme von Baden-Württemberg/Bruchsal und Stuttgart, nach den Ergebnissen der Frage B II 27 möglich. Nordrhein-Westfalen setzt hierzu eine Genehmigung voraus. Diese Kontaktaufnahme ist meistens überwacht, wie die Antworten zu Frage B II 28 ergeben[9].

9 Unüberwachte Kontaktaufnahme ist möglich in Baden-Württemberg/Gotteszell und Rottenburg. In Berlin und Niedersachsen kommt es bei der Frage der Überwachung auf den Einzelfall an.

Die Frage B II 29 untersuchte, ob überhaupt ein Interesse der Gefangenen bestehe, auf diesem Weg mit ihren Problemen an die Öffentlichkeit zu treten.

Tabelle 75 Frage B II 29

Interesse bei Gefangenen, sich an die Öffentlichkeit wenden zu können

	ja	nein
Baden-Württemberg		
Bruchsal	+	
Freiburg	+	
Gotteszell	zum Teil	
Heilbronn	+	
Hohenasperg	+	
Karlsruhe		+
Ludwigsburg		+
Mannheim	+	
Pforzheim	+	
Rottenburg	+	
Schwäb. Hall	+	
Stuttgart	+	
Ulm	+	
Bayern	Nach den bisher vorliegenden Erfahrungen ist ein objektives Interesse nicht zu erkennen.	
Berlin	+	
Hessen	+	
Niedersachsen	+	
Nordrhein-Westfalen	+ (bei einzelnen Gefangenen)	
Rheinland-Pfalz		+ (überwiegend)
Saarland	+	
Schleswig-Holstein	+	

Unter B II 30 wurde gefragt, ob eine solche Möglichkeit nicht nur überwiegend von Querulanten, die hier völlig unbegründete und unsachliche Beschwerden vorbringen, ausgenützt werde.

Tabelle 76 Frage B II 30

Meldung nur von Querulanten

	ja	nein
Baden-Württemberg		
Bruchsal		+
Freiburg		+
Gotteszell	zum Teil	
Heilbronn	+	
Hohenasperg		+
Karlsruhe	+	
Ludwigsburg	+ (überwiegend)	
Mannheim	+	
Pforzheim		+
Rottenburg		+
Schwäb. Hall		+
Stuttgart		+
Ulm		+
Bayern	+ (überwiegend)	
Berlin		+
Hessen		+
Niedersachsen		+
Nordrhein-Westfalen		+
Rheinland-Pfalz	+	
Saarland		+
Schleswig-Holstein		+ (aber meistens)

4. Besuchsüberwachung

a) Arten

Die drei Arten der Besuchsüberwachung, die akustische, optische und die audio-visuelle Überwachung werden je nach Vollzugsanstalt und Gefangenen praktiziert. Bei einem gefährlichen, ausbruchsverdächtigen Gefangenen wird die stärkste Form der Überwachung, die audio-visuelle Methode angewandt.

Die gewöhnliche Überwachungsart ist jedoch die visuelle Methode. Ein Austausch von Zärtlichkeiten, insbesondere Umarmungen und Küsse, sind bis auf Niedersachsen, überall gestattet (Ergebnis von Frage B II 6). In Bayern werden Küsse nur zum Abschied gestattet, um so zu vermeiden, daß Geldscheine oder Nachrichten von Mund zu Mund geschmuggelt werden, da dem überwachenden Beamten ein Sprechen mit vollem Mund während der ganzen Besuchsdauer auffallen würde.

b) Wegfall der Überwachung

Nr. 143 II DVollzO eröffnet die Möglichkeit, Besuche unüberwacht zu lassen, wenn Sicherheit und Ordnung der Anstalt dies gestatten.

Die Fassung erlaubt den Schluß, daß eine Überwachung nur dann zulässig ist, wenn dies erforderlich ist. Ob der Umkehrschluß von der Nichterforderlichkeit auf die Unzulässigkeit der Überwachung möglich ist, wird später geklärt werden.

aa) Voraussetzungen der unüberwachten Besuche

Frage B II 13 ging nach den Voraussetzungen, unter denen die Praxis unüberwachte Besuche zu gestatten bereit ist.

Tabelle 77 Frage B II 13

Voraussetzungen zur Gestattung unüberwachter Besuche

Baden-Württemberg	
Bruchsal	Keine unüberwachten Besuche
Freiburg	Unter ganz besonderen Voraussetzungen
Gotteszell	Nicht betreffend
Heilbronn	Nur optische Überwachung
Hohenasperg	Nicht gestattet, in Einzelfällen nur optische Überwachung
Karlsruhe	Nur bei Zivilhaft
Ludwigsburg	Nicht gestattet
Mannheim	–
Pforzheim	Werden nicht gestattet, von Ausnahmefällen abgesehen optische Überwachung
Rottenburg	–
Schwäb. Hall	–
Stuttgart	Unüberwachte Besuche werden nicht gestattet
Ulm	Bei Freigängern
Bayern	Im Einzelfall zu entscheiden
Berlin	Grundsätzlich im halboffenen Vollzug, Sprechstunden mit Vollzugshelfern, Zivilhaft
Hessen	Keine Mißtrauensgefahr
Niedersachen	Wenn kein Mißbrauch zu befürchten ist
Nordrhein-Westfalen	Sicherheit und Ordnung dürfen nicht gefährdet werden, lockere Überwachung ist die Regel (ein Beamter beaufsichtigt mehrere Besuchergruppen)
Rheinland-Pfalz	Falls Vertrauen zu dem Gefangenen möglich
Saarland	Unüberwachte Besuche werden in meinem Geschäftsbereich nicht gestattet
Schleswig-Holstein	Allgemeine Richtlinien bestehen nicht

– = Enthaltung

bb) Verhältnis von überwachten und unüberwachten Besuchen

Unter B II 14 wurde das Zahlenverhältnis zwischen überwachten und unüberwachten Besuchen ermittelt.

Tabelle 78 Frage B II 14

Anzahl der unüberwachten Besuche

Baden-Württemberg	
Bruchsal	–
Freiburg	1/100
Gotteszell	–
Heilbronn	Nicht feststellbar
Hohenasperg	0
Karlsruhe	Jährlich nur ca. 5–10 unüberwachte Besuche
Ludwigsburg	–
Mannheim	–
Pforzheim	–
Rottenburg	–
Schwäb. Hall	–
Stuttgart	–
Ulm	ca. 7%
Bayern	Noch gering
Berlin	Nicht statistisch erfaßt
Hessen	Mehrzahl der Besuche wird überwacht, weil es sich um geschlossene JVA handelt
Niedersachen	Nur in geringer Zahl
Nordrhein-Westfalen	Erhebungen zu zeitraubend
Rheinland-Pfalz	Früher 20%, z.Zt. nur noch 2%
Saarland	–
Schleswig-Holstein	Seltene Ausnahmefälle

– = Enthaltung

Beachtenswert ist der starke Rückgang in Rheinland-Pfalz von 20% auf nur noch 2%, der auf Vertrauensmißbräuche zurückzuführen ist.

cc) Die Erfahrungen der Praxis

Die Erfahrungen der Praxis mit den unüberwachten Besuchen sind in Tabelle 79 dargestellt.

Tabelle 79 Frage B II 15

Erfahrungen mit unüberwachten Besuchen

Baden-Württemberg	
Bruchsal	–
Freiburg	Keine negativen Erfahrungen
Gotteszell	–
Heilbronn	Gut
Hohenasperg	–
Karlsruhe	Keine besonderen Vorfälle
Ludwigsburg	–
Mannheim	–
Pforzheim	Keine Erfahrungen
Rottenburg	–
Schwäb. Hall	–
Stuttgart	–
Ulm	Bisher keine Anstände
Bayern	Gesicherte Erfahrungen liegen noch nicht vor
Berlin	Im allgemeinen gut
Hessen	Überwiegend negativ, da Übergabe unerlaubter Gegenstände an Gefangene
Niedersachsen	Im allgemeinen gut
Nordrhein-Westfalen	Die praktizierte Besuchsüberwachung (vgl. I 21) hat sich bewährt
Rheinland-Pfalz	Häufiger Vertrauensmißbrauch, Einschmuggeln von unerlaubten Gegenständen, Kassibern usw., deshalb z.Zt. eingeschränkt
Saarland	–
Schleswig-Holstein	Besondere Erfahrungen liegen nicht vor

– = Enthaltung

Hier findet sich die Begründung für den Rückgang in Rheinland-Pfalz.

dd) Geschlechtsverkehr in der Anstalt

Zu einem Problemkreis der unüberwachten Besuche gehört die Gestattung des Geschlechtsverkehrs in der Anstalt. Von verschiedenen Seiten wurde immer wieder die Forderung nach der Gestattung des Geschlechtsverkehrs in der Anstalt erhoben. Das Problem des unbefriedigten Geschlechtstriebes in der Anstalt wird von der Praxis, soweit jedenfalls die persönlichen Erfahrungen des Verfassers bei Anstaltsbesichtigungen ergaben, erkannt. Die befragten Anstaltsleiter lehnten jedoch eine Lösung dieses Problems durch die Gestattung des Geschlechtsverkehrs in der Anstalt zum gegenwärtigen Zeitpunkt ab.

aaa) Die Voraussetzungen für eine Gestattung des Geschlechtsverkehrs in der Anstalt

Die Tabelle 80 bringt eine Darstellung der Voraussetzungen, unter denen die Praxis die Gestattung des Geschlechtsverkehrs in der Anstalt für denkbar hält.

Tabelle 80 Frage B II 16

Voraussetzungen für Gestattung des Geschlechtsverkehrs in der Anstalt

Baden-Württemberg	
Bruchsal	–
Freiburg	Wenn besondere bauliche Gegebenheiten vorlägen
Gotteszell	–
Heilbronn	Bei einer räumlichen Trennung von der Anstalt
Hohenasperg	Außerhalb des Anstaltsbereichs
Karlsruhe	Nur bei größeren baulichen Veränderungen der Anstalt
Ludwigsburg	In einer geschlossenen Anstalt sollte davon Abstand genommen werden; die Mehrheit der Gefangenen hat sich gegen eine solche Zumutung ausgesprochen
Mannheim	–
Pforzheim	Nicht vorgesehen
Rottenburg	Nach Erlaß entsprechender Vorschriften und Bereitstellung entsprechender Freizeit- bzw. Ferienhäuser
Schwäb. Hall	Falls die Besuchsdauer mehrere Tage, zumindest ein Wochenende betrüge und der Besuch in besonderen Anstalten mit entsprechenden Wohnungen abgewickelt würde
Stuttgart	–
Ulm	–
Bayern	Im Interesse der Besucher und der Gefangenen in der Anstalt überhaupt nicht, eventuell Ermöglichung von Ausgang oder Urlaub
Berlin	Entwürdigende Umstände müßten wegfallen. Wegen persönlicher Momente nicht nur Frage des geeigneten Raumes (Art. 1 I GG)
Hessen	Eine Beantwortung dieser Frage würde den Rahmen dieses Fragebogens sprengen
Niedersachsen	Nr. 143 II DVollzO läßt dies nicht zu
Nordrhein-Westfalen	Derzeit noch unwahrscheinlich, daß dies allgemein eingeführt werden kann
Rheinland-Pfalz	Bei Vorliegen einer bundeseinheitlichen Regelung zu diesem Problem
Saarland	–
Schleswig-Holstein	Innerhalb der Anstalt in jedem Fall untunlich

– = Enthaltung

bbb) Gestattung zum gegenwärtigen Zeitpunkt und ggf. Reaktion des Justizministeriums

Mit Ausnahme von Baden-Württemberg/Schwäb. Hall wird allgemein eine solche Gestattung als nicht durch Nr. 143 II DVollzO gedeckt angesehen (Ergebnis von

Frage B II 17). Die Fragen B II 18 und 19 waren theoretischer Natur. Mit ihnen sollte die Reaktion eines Justizministeriums untersucht werden im Falle einer Gestattung zum gegenwärtigen Zeitpunkt durch einen Anstaltsleiter ohne Rücksprache mit dem Ministerium.

Tabelle 81 Frage B II 18

Reaktion des Ministeriums auf Gestattung

Baden-Württemberg	Hängt von Umständen des Einzelfalles ab
Bayern	–
Berlin	Die Frage ist theoretisch. Derartige Erlaubnisse als Vollzugsmaßnahmen würden vorher zwischen Anstaltsleitung und den Aufsichtsbehörden abgestimmt werden.
Hessen	Dem Anstaltsleiter würde dies untersagt werden
Niedersachsen	–
Nordrhein-Westfalen	In Nordrhein-Westfalen wissen die Anstaltsleiter, daß eine solche Gestattung nach den geltenden Bestimmungen unzulässig ist. Es ist nicht damit zu rechnen, daß ein Anstaltsleiter gleichwohl eine Erlaubnis erstellt
Rheinland-Pfalz	Von einer Gestattung wird in Übereinstimmung mit dem Justizministerium abgesehen
Saarland	Es ist nicht anzunehmen, daß Anstaltsleiter von der DVollzO abweichen
Schleswig-Holstein	–

– = Enthaltung

ccc) Stellung der Gefangenen zu diesem Problem

Sehr aufschlußreich sind die Ergebnisse der Frage B II 21. Alle Gefangenen wissen um die Diskussion dieses Problems. In B II 21 wurde nach der Ansicht der Gefangenen hierzu gefragt.

Bei jeder Diskussion zu dieser Problematik ist diese weit überwiegende Ablehnung der Gefangenen zu berücksichtigen, will man nicht Gefahr laufen, durch eine Regelung dieses Problems über ihre Köpfe hinweg ihre Menschenwürde anzutasten.

ddd) Das Ausland

Dieses Problem der Lösung des Sexualtriebes ist auch dem ausländischen Strafvollzug nicht fremd und wird auf verschiedene Weise gelöst. Es wird insoweit auf die Ausführungen Verborgens[9a] Bezug genommen.

9a MSchrKrim 1963, 202 ff.

Tabelle 82 Frage B II 21

Stellung der Gefangenen zu diesem Problem

Baden-Württemberg	
Bruchsal	Teils bejahend, teils verneinend
Freiburg	Positiv
Gotteszell	Ablehnend
Heilbronn	Negativ
Hohenasperg	Wahrscheinlich mit Mehrheit positiv, eine starke Minderheit lehnt entschieden ab
Karlsruhe	Es wurden noch keine derartigen Anträge gestellt.
Ludwigsburg	Vgl. Antwort in Tabelle 80
Mannheim	In der Mehrzahl ablehnend
Pforzheim	Ablehnend
Rottenburg	Ablehnend, sofern nur Räume innerhalb der Anstalt zur Verfügung gestellt würden
Schwäb. Hall	Negativ
Stuttgart	Ablehnend
Ulm	Überwiegend ablehnend, ironisierend
Bayern	Wiederholt haben sich Gefangene gegen die Ermöglichung des Geschlechtsverkehrs in der Anstalt ausgesprochen.
Berlin	Statistisch nicht erfaßt. Soweit aus Einzelgesprächen ersichtlich, vielfach ablehnend (vgl. Frage B II 16) (Tabelle 80)
Hessen	Teils positiv, teils negativ, weil das Ehrgefühl der Frau verletzt werden könnte
Niedersachsen	In der Mehrzahl ablehnend
Nordrhein-Westfalen	Nur in wenigen Eingaben haben einzelne Gefangene die von Außenstehenden erhobene Forderung sich zu eigen gemacht
Rheinland-Pfalz	Sie machen Witze darüber
Saarland	Unbekannt
Schleswig-Holstein	Einheitliche Auffassung der Gefangenen nicht feststellbar

d) Ausländer

Die Fragen B II 10/11 befassen sich mit der Besuchsüberwachung von Ausländern. Unter B II 10 wurde gefragt, ob zur Besuchsüberwachung ein Dolmetscher herangezogen wird.

Tabelle 83 Frage B II 10

Dolmetscher bei Ausländern

	ja	nein
Baden-Württemberg		
Bruchsal		+
Freiburg		+
Gotteszell	+	
Heilbronn	+ (in einzelnen Fällen)	
Hohenasperg	+ (in einzelnen Fällen)	
Karlsruhe	+	
Ludwigsburg		+ (grundsätzlich, kann aber notwendig sein)
Mannheim		+
Pforzheim		+
Rottenburg		+
Schwäb. Hall		+
Stuttgart	+	
Ulm		+
Bayern	+	
Berlin	+	
Hessen		+ (die Besuche werden, soweit möglich, vom sprachkundigen Bediensteten überwacht)
Niedersachsen		+
Nordrhein-Westfalen	+ (soweit erforderlich)	
Rheinland-Pfalz		+
Saarland	+	
Schleswig-Holstein		+

Die Tabelle 84 gibt Auskunft darüber, wer die Kosten zu tragen hat.

e) Besuchsmöglichkeiten Gefangener in verschiedenen Anstalten

Die Antworten auf Frage B II 7 ergaben, daß bis auf Baden-Württemberg/Karlsruhe, Rottenburg und Ulm auch Besuchsmöglichkeiten für Ehepaare bestehen, die in verschiedenen Anstalten einsitzen.

f) Übergabe von Geschenken

Nr. 143 III DVollzO verbietet die Übergabe von Gegenständen ohne vorherige Genehmigung des Anstaltsleiters während des Besuches. Die Tabelle 85 gibt Auskunft darüber, wie die Praxis mit dieser für die Beteiligten sehr strengen Regelung verfährt, die auch den Anstaltsleiter oft stark belastet.

Tabelle 84 Frage B II 11

Kostenträger für Übersetzungen

Baden-Württemberg	
Bruchsal	–
Freiburg	–
Gotteszell	in der Regel werden die Überwachungen umsonst gemacht
Heilbronn	Der Gefangene
Hohenasperg	Besucher
Karlsruhe	Hier nicht bekannt, da die Bestellung durch das Gericht erfolgt
Ludwigsburg	Entstehen keine
Mannheim	–
Pforzheim	Staatskasse
Rottenburg	–
Schwäb. Hall	–
Stuttgart	–
Ulm	–
Bayern	Unterschiedlich
Berlin	Vgl. Tabelle 83
Hessen	–
Niedersachsen	–
Nordrhein-Westfalen	Vgl. Tabelle 83
Rheinland-Pfalz	–
Saarland	Wird von Konsulatsbeamten kostenlos durchgeführt
Schleswig-Holstein	–

– = Enthaltung

Tabelle 85 Frage B II 5

Übergabe von Gegenständen bei Besuch
Genehmigung durch

	Überwachungsbeamten ja	Überwachungsbeamten nein	Anstaltsleiter ja	Anstaltsleiter nein
Baden-Württemberg				
Bruchsal		+	+	
Freiburg		+	+	
Gotteszell				
Heilbronn		+	+	
Hohenasperg	+ (1,5 kg Obst)		+	
Karlsruhe		+	+	
Ludwigsburg			+ (wegen Gleichbehandlung)	
Mannheim		+	+	
Pforzheim		+	+	
Rottenburg		+	+	
Schwäb. Hall		+	+ (meist wird Genehmigung nachgeholt)	
Stuttgart		+	+	
Ulm		+	+	
Bayern		+ (Aus Gründen der Gleichbehandlung obliegt die Genehmigung dem Anstaltsleiter)		
Berlin		+ (Ein zur Entscheidung befragter Bediensteter ist stets anwesend)		
Hessen		+ Es ist jedoch durch generelle Anordnung sichergestellt, daß dem Gefangenen bei einem Besuch eine Tafel Schokolade (100 gr) und eine Normalpackung Kekse oder – anstelle von Keks oder Schokolade – ein Pfund Frischobst zum Verzehr im Besucherraum übergeben werden kann; ebenso eine Flasche Fruchtsaft – oder Cola-Getränk, die in der Vollzugsansalt erworben werden muß. Die Mitnahme dieser Lebens- und Genußmittel in die übrigen Räume der Vollzugsanstalt bzw. Zellen ist nicht erlaubt.		
Niedersachsen		+ (Obst zugelassen)		
Nordrhein-Westfalen			+ (vgl. 143 III DVollzO)	
Rheinland-Pfalz	+ (Nahrungs- und Genußmittel in geringer Zahl)			
Saarland			+	
Schleswig-Holstein		+	+ (Genehmigung kann vorher nicht erteilt werden)	

B. Die rechtliche Würdigung

I. Der Briefverkehr

1. Die Zensur

a) Die Erforderlichkeit

Dieselben Gefahren, die von dem ausgehenden Schriftverkehr für die Sicherheit der Anstalt zu befürchten sind, bestehen auch bei eingehenden unüberwachten Schreiben; denn sie können Anregungen zur Flucht und Vorschläge für Ausbrüche und Benutzung von Tarnbezeichnungen enthalten. Hierdurch bliebe die Zensur der ausgehenden Post weitgehend wirkungslos. Die Zensur auch der eingehenden Post ist somit grundsätzlich erforderlich.

Doch kann dieser Satz keine allgemeine Geltung haben.

Einschränkungen ergeben sich dann, wenn vom Absender keine Gefahr für die Sicherheit der Anstalt ausgeht. Hier ist die Zensur nicht erforderlich. Dies ist der Fall bei sämtlichen Behördenbriefen, da die Annahme einer Fluchtbeihilfe durch eine Behörde abwegig ist.

Ebensowenig ist dies von eingehenden Schreiben eines Rechtsanwalts zu befürchten[10]. Gefahren für die Sicherheit können vor allem von Komplicen, auch von Angehörigen des Gefangenen ausgehen.

Die Zensur der eingehenden Gefangenenpost ist also nur zum Teil erforderlich.

b) Die Zulässigkeit

Gewöhnlich wird in der Zensur kein Unterschied zwischen ein- und ausgehender Post gemacht. Daher ordnet auch Nr. 152 I 1 DVollzO ganz allgemein die Überwachung des Schriftwechsels an.

In noch größerem Maße als bei der ausgehenden Post begegnet die Zensur bei eingehenden Schreiben rechtlichen Bedenken.

Schon nach der herrschenden Meinung, die ein besonderes Gewaltverhältnis des Vollzugs annimmt, kann der Eingriff in Art. 10 GG nicht damit gerechtfertigt werden.

aa) Art. 10 GG

Derzeit liegt kein Gesetz vor, das einen Eingriff in das Grundrecht des Absenders gem. Art. 10 I GG zulassen würde.

Sieht man das besondere Gewaltverhältnis des Vollzugs noch für einen Eingriff in das Postgeheimnis des Gefangenen als tragfähig an, so muß es doch bei der eingehenden Post versagen, da der Absender sich nicht darin befindet.

---

10 Es wird insoweit Bezug genommen auf die Ausarbeitung in Kapitel 3 B I 2 c bb aaa (b), S. 82

Würde man es auch noch auf den Außenstehenden der mit dem im besonderen Gewaltverhältnis Befindlichen in Verbindung steht, ausweiten, so wäre es vollends untauglich, irgendwelche Rechtswirkungen hervorzurufen, weil es dann überhaupt keine Abgrenzungsmöglichkeit gegen rein willkürliches obrigkeitliches Handeln mehr besäße. Auch die jahrzehntelange Praxis der Öffnung und Kontrolle der eingehenden Post kann nichts an der Verletzung des Art. 10 I GG ändern, da, wie bereits in Kapitel 3 ausgeführt, auch ein Gewohnheitsrecht nicht zur Einschränkung ausreicht. Es liegen überhaupt keine Anhaltspunkte vor, die die Annahme eines solchen Gewohnheitsrechts ermöglichen würden[11]. Es bleibt zu prüfen, ob die Tatsache des Absendens von Schreiben an einen Strafgefangenen in Kenntnis der Zensur nicht einen Verzicht auf das Grundrecht aus Art. 10 GG darstellt. Franz[12] ist auf dieses Problem bezüglich der Strafgefangenen nicht eingegangen. Seine Beweisführung bezieht sich auf Untersuchungsgefangene und kann hier nicht herangezogen werden. Auf die Frage, ob ein solcher Verzicht möglich ist oder nicht, braucht indessen nicht eingegangen werden, da auch bei dieser Möglichkeit eines solchen Verzichts[13] die Annahme eines solchen nicht gerechtfertigt ist[14]. Der Korrespondenzpartner eines Strafgefangenen legt meist so großen Wert auf die Aufrechterhaltung des Kontaktes mit ihm, so daß er lieber den Eingriff in sein Grundrecht duldet, aber damit nicht zum Ausdruck bringt, daß er dies als aufgrund eines Verzichtes gerechtfertigt ansieht. Unter Abwägung der ihm gegebenen Möglichkeiten, entweder ganz auf den Verkehr mit dem Gefangenen zu verzichten oder die Verletzung seines Grundrechts hinzunehmen, erscheint ihm letzteres als das geringere Übel.

Somit ist im Ergebnis Franz[15], Bach[16] und Seebode[17] beizupflichten, die alle die Verletzung des Art. 10 I GG durch die Zensur auch der eingehenden Post bejahen.

bb) Art. 5 GG

Die Problematik der Einschränkung der Meinungsfreiheit des Absenders nach Art. 5 GG wird erst beim Anhalten des Schreibens akut.

Hier bleibt nur festzustellen, daß durch die bloße Überwachung dieses Grundrecht nicht tangiert wird.

---

11 Ebenso Bach NJW 1963, 1764

12 NJW 1965, 26

13 Mit Maunz, Deutsches Staatsrecht § 17 IV, wird die Möglichkeit eines solchen Verzichts verneint.

14 Zum Problem des Verzichts auf Grundrechte vgl. Friess

15 a.a.O.

16 a.a.O.

17 MDR 1971, 98 ff.

cc) § 299 StGB

Nur kurz gestreift werden soll die weit am Rande des Themas liegende Frage nach den materiell-strafrechtlichen Konsequenzen der Zensur, wobei die nachfolgenden Erwägungen dieses Problem bei weitem nicht erschöpfend behandeln können. Dies ist auch nicht Aufgabe und Anliegen der Arbeit.

Aus der aufgezeigten Unzulässigkeit der Zensur erhebt sich die Frage nach einer eventuellen Anwendung des § 299 StGB auf den mit der Briefkontrolle betrauten Beamten.

Nach § 299 StGB ist derjenige zu bestrafen, der einen verschlossenen Brief oder eine andere verschlossene Urkunde, die nicht zu seiner Kenntnis bestimmt ist, unbefugt öffnet.

Bei ausgehenden Briefen fehlt es schon an der Tatbestandmäßigkeit des Verhaltens des Beamten, da Briefe von Gefangenen nur unverschlossen abgegeben werden dürfen. Verschlossene Briefe werden ihnen zurückgegeben.

Bei eingehenden Briefen ist das Vorliegen des Tatbestands des § 299 StGB nicht zu leugnen.

Die Briefe sind verschlossen. Weiterhin kann nur schwer eine Einwilligung des Absenders, der in Kenntnis der Zensur schreibt, angenommen werden, so daß der Brief nicht zur Kenntnis des Beamten bestimmt ist.
Der Tatbestand des § 299 StGB liegt daher vor.

Unbefugt bedeutet rechtswidrig[18]. Wird jedoch die DVollzO, wie hier, als nicht ausreichend angesehen, um eine Befugnis anzunehmen, so ist die Rechtswidrigkeit des Öffnens der für den Gefangenen eingehenden Post gegeben.

Der Beamte wird sich aber in der Regel durch die DVollzO gedeckt fühlen, so daß ein Irrtum über einen nicht vorhandenen Rechtfertigungsgrund, nämlich dessen irrtümliche Annahme, als Verbotsirrtum die Schuld ganz ausschließt oder zumindest stark verringert.

Ein schuldhaftes Irren aber anzunehmen oder nachzuweisen, dürfte schwerlich möglich sein, zumal wenn man sich vor Augen hält, daß die Praxis und Rechtsprechung und ein Großteil der Wissenschaft die Zensur für rechtlich unbedenklich halten.

Ein Notwehrrecht gegen das Öffnen von an ihn gerichteten Briefen steht dem Gefangenen unter keinen Umständen zu, da nicht er Verletzter des § 299 StGB ist. Der „rechtswidrige Angriff" nach § 53 II StGB ist gegen den Öffnungsberechtigten gerichtet. Öffnungsberechtigt ist bis zur Aushändigung eines Briefes an den Empfänger der Absender, danach der Empfänger[19]. Da aber die Zensur vor Aushändigung stattfindet, ist der Gefangene noch nicht öffnungsberechtigt, so daß ihm daher ein Notwehrrecht nach § 53 StGB nicht zusteht.

18 Petters-Preisendanz, Anm. 5 zu § 299 StGB

19 Welzel S. 335, § 45 I 3

c) Lösungsvorschlag de lege ferenda

Um die erforderliche Zensur in rechtlich zulässiger Weise durchführbar zu machen, ist gem. Art. 10 II 1, 19 I GG das Grundrecht durch Gesetz, das dieses zitiert, einzuschränken. § 30 i.V.m. § 162 EVollzG würde dieses Erfordernis erfüllen, sofern er Gesetz werden würde.

Die Frage der Erforderlichkeit hat sich auch auf die Zulässigkeit der Zensur auszuwirken. Dies ergibt sich aus dem Übermaßverbot, das als Ausfluß des Rechtsschutzgedankens und der Gerechtigkeit auch für die Gesetzgebung maßgebend ist[20]. Daher darf in einem Vollzugsgesetz die Zensur nur insoweit angeordnet werden, als sie zur Sicherheit der Anstalt erforderlich ist. Bei den Partnern, von denen keine Gefahr ausgeht, ist sie nicht erforderlich. Unter diese Gruppe fallen, wie unter I 1 a ausgeführt, generell Gerichte, Behörden, Volksvertretungen, Rechtsanwälte und Notare. Eine Zensur der von diesen Absendern ausgehenden Schreiben ist nicht erforderlich und ist, soweit es dennoch geschieht, unzulässig[21]. Demzufolge ordnet auch § 30 I EVollzG die Nichtüberwachung des Schriftwechsels mit dieser Gruppe an und stimmt mit dem gefundenen Ergebnis überein.

Die übrige eingehende Post für einen Strafgefangenen kann eine Zensur erforderlich machen, wobei es jedoch immer auf den Einzelfall ankommt. Daher ist § 30 II EVollzG der hierfür gilt, auch als Kann-Bestimmung gefaßt.

Fazit: Der Vorschlag des § 30 EVollzG entspricht voll und ganz den ausgearbeiteten Ergebnissen.

Ebenfalls ergibt sich keine andere Bewertung der eingehenden fremdsprachigen Post; es gelten die gleichen Erwägungen, die eine Überbürdung der Übersetzungskosten auf den Strafgefangenen unzulässig erscheinen lassen, so daß auch von diesem Blickpunkt aus die eigene vorgeschlagene Fassung des § 30 IV EVollzG[22] Bestand hat.

Dem Beschluß des OLG Hamburg – VAs 61/62 –[23] kann daher nicht zugestimmt werden. Dort wurde ausgeführt, daß die Nichtaushändigung eines fremdsprachigen Schreibens an den Gefangenen wegen seiner Weigerung, die Übersetzungskosten zu übernehmen, gerechtfertigt sei. Zwar sei die Zensur grundsätzlich kosten- und gebührenfrei, doch seien Übersetzungskosten nicht Kosten der Zensur. Vielmehr entstehen sie aus Anlaß der Zensur. Das OLG hegt

---

20 Hamann-Lenz Anm. B 10 und 11 zu Art. 5 GG; Leibholz-Rinck Rn. 14 zu Art. 2 GG in entsprechender Heranziehung dieses Gedankens, ebenso Rn. 8 (2) zu Art. 12 GG, weiter auch BVerfGE 7, 405, 406; 11, 239; 14, 22; 15, 234

21 Auf die Unzulässigkeit der Zensur insbesondere der Anwaltspost hat Seebode MDR 1971, 98 ff. hingewiesen.

22 S. 121

23 ZfStrVO 13, 73 ff.

keine grundsätzlichen Bedenken, „daß die Behörde bei der inneren Ausgestaltung eines besonderen Gewaltverhältnisses die Möglichkeit schafft, den öffentlichen Haushalt weitgehend freizuhalten von Auslagen, die wegen der besonderen persönlichen Verhältnisse eines oder einzelner Gefangener aufzuwenden wären, um den Verkehr mit der Außenwelt aufrechtzuerhalten, und zwar aufzuwenden wären in der durch Ordnung und Sicherheit der Anstalt bedingten Weise."[24]

Dem OLG ist nur in dem Punkt zuzustimmen, daß Übersetzungskosten keine unmittelbaren Kosten der Zensur sind. Durch die Entscheidung wird aber der Empfänger wegen der Sprache des an ihn gerichteten Briefes benachteiligt[25]. Wenn auch das OLG von einem besonderen Gewaltverhältnis ausgeht, so bestehen dennoch auch im besonderen Gewaltverhältnis die Grundrechte, die nur soweit einschränkbar sind, als es der Zweck des besonderen Gewaltverhältnisses erfordert. Hier aber kann auch der Zweck nicht eingreifen, vielmehr gilt er gerade gegenüber allen Gefangenen in gleichem Maße.

Art. 3 III GG verbietet eine Differenzierung aufgrund der Sprache. Wenn auch mit „Sprache" vor allem der Schutz nationaler Minderheiten bezweckt sein soll[26], so ist dies dem Wortlaut nicht zu entnehmen. Vielmehr ist Art. 3 III GG auch dann anzuwenden, wenn der Gefangene sich einer fremden Sprache bedienen muß, um den Verkehr mit seinem Partner aufrechterhalten zu können. Er ist also auch dann wegen seiner Sprache benachteiligt, wenn er Kosten aufwenden muß, bevor ihm der Brief ausgehändigt wird. Die bereits mehrfach erwähnte Arbeitstagung der Leiter der nichtselbständigen JVA in Nordrhein-Westfalen kommt zum gleichen Ergebnis.

Durch den vorgeschlagenen § 30 IV EVollzG können solche Entscheidungen, die auch nicht dem Vollzugsziel entsprechen, hinfort vermieden werden.

Auch die Neufassung der Nr. 152 I DVollzO, in der der Passus der Übersetzung auf Kosten des Gefangenen gestrichen wurde, deutet in diese Richtung.

2. Das Anhalten eingehender Post und das Verfahren

Durch das Anhalten von eingehenden Schreiben nach Nr. 155 DVollzO kann neben Art. 10 GG auch das Grundrecht der Meinungsfreiheit des Absenders aus Art. 5 GG verletzt werden.

a) Materiellrechtliche Problematik

Es sollen zunächst die absoluten Anhaltegründe der Nr. 155 I DVollzO geprüft werden.

Da die DVollzO selbst nicht Grundrechte schmälern kann und Einschränkungen auch nicht auf ein besonderes Gewaltverhältnis des Vollzuges gestützt werden

24 a.a.O., S. 75

25 Vgl. zum Begriff der „Benachteiligung" Hamann-Lenz Anm. B 13 b zu Art. 3 GG

26 Hamann-Lenz Anm. B 9 zu Art. 3 GG

können, kann sich eine Zulässigkeit des Anhaltens nur daraus ergeben, daß in dem betreffenden Fall gar keine Meinungsfreiheit besteht. Es ist also zu prüfen, ob der Absender, dessen Schreiben unter die absoluten Anhaltegründe fällt, ein Recht der Meinungsfreiheit und -äußerung hat.

Hinsichtlich der Schreiben, die unter Nr. 151 IV DVollzO fallen, ist festzuhalten, daß sie nach dem Wortlaut der Nr. 155 I DVollzO nicht unter diesen absoluten Anhaltegrund fallen, da eingehende Schreiben in dieser Bestimmung nur hinsichtlich einer generellen Untersagung des Schriftwechsels angesprochen sind; Nr. 155 I 1. Alternative DVollzO bezieht sich nur auf Schreiben des Gefangenen, wie sich aus dem Verbot der Nr. 151 IV DVollzO ergibt.

Eingehende Schreiben, die als Schreiben des Gefangenen unter Nr. 151 IV DVollzO fallen würden, können und müssen daher nicht aufgrund von Nr. 155 I 1. Alternative DVollzO angehalten werden. Sie können nur unter die relativen Anhaltegründe der Nr. 155 II DVollzO fallen. Dies wird jedoch erst unten geprüft.

Nach Nr. 155 I 2. Alternative DVollzO sind eingehende Schreiben anzuhalten, die von Personen stammen, mit denen der Schriftverkehr untersagt ist.

Wie bereits ausgearbeitet, gilt diese Bestimmung nur eingeschränkt dergestalt, daß Schreiben von Familienangehörigen nicht hierunter fallen, da der Schriftverkehr mit diesen Personen nicht untersagt werden darf[27]. Es ist daher zunächst die Frage zu klären, wie die Untersagung des Schriftwechsels auf den freien Partner wirkt.

Durch die Untersagung wird einem freien Bürger verboten, seine Meinung gegenüber dem Gefangenen auf die Dauer zu äußern.

Nr. 148 II läßt ein solches Verbot gegenüber Personen, die nicht Angehörige des Gefangenen sind, dann zu, wenn durch sie die Wiedereingliederung des Gefangenen beeinträchtigt oder auf den Gefangenen schlechter Einfluß ausgeübt werden kann. Dieses Verbot, das das Grundrecht der Meinungsfreiheit beschränkt, kann, da die DVollzO kein Gesetz ist, keine selbständige Schranke des Art. 5 GG bilden, sondern nur eine Konkretisierung schon bestehender Einschränkungen sein. Sofern der Betreffende, dem der Verkehr mit dem Strafgefangenen untersagt ist, versucht, Nachrichten, die die Sicherheit der Anstalt gefährden, dem Gefangenen zukommen zu lassen, so ist sein Grundrecht gem. Art. 5 II GG i.V.m. §§ 120, 121, 122, 48, 49 StGB eingeschränkt[28], da durch diese Meinungsäußerung gleichzeitig der Tatbestand vorstehender Delikte, entweder in Täterschaft oder Teilnahme durch Anstiftung oder Beihilfe hierzu, erfüllt ist. Sie ist also durch ein allgemeines Gesetz, das StGB, verboten und

27 Vgl. Kapitel 3 B I 2 c aa, S.
Bieler, Protokolle Bd. 3, S. 81, 82

28 Wie bereits dargelegt, gehört das StGB auch zu den „allgemeinen Gesetzen" des Art. 5 II GG.

genießt daher aufgrund von Art. 5 II GG keinen grundrechtlichen Schutz mehr. Doch nicht sämtliche Äußerungen dieser betreffenden Personen werden hierunter fallen; für die verbleibenden lassen sich aber keine weiteren Einschränkungsgründe finden, die unter Art. 5 II GG subsumierbar wären. Diese können also nicht eingeschränkt werden, wenn auch aus ihnen ein schlechter Einfluß für den Gefangenen hervorgehen kann. Da aber eine Äußerung, die gem. Art. 5 II GG jenseits des geschützten Bereiches liegt, nicht alle anderen, die von derselben Person stammen, in diesen ungeschützten Bereich hinüberziehen kann, folgt, daß die allgemeine Untersagung des Verkehrs mit bestimmten Personen gem Nr. 148 II DVollzO derzeit gegen Art. 5 I, II DVollzO verstößt und daher unzulässig ist.
Sonach ist aber auch ein auf dieses Verbot gestützter Anhaltegrund, wie er in Nr. 155 I DVollzO enthalten ist, unzulässig, da hierdurch ebenfalls gegen Art. 5 I GG verstoßen wird.

Hieraus folgt, daß derzeit ein Schreiben an einen Gefangenen nicht aus dem Grund angehalten werden darf, weil dieser Verkehr untersagt ist.

Auch über das Vollzugsziel der Rückfallverhinderung kann kein anderes Ergebnis gefunden werden, da es nur Maßnahmen gegenüber dem Gefangenen, nicht aber gegenüber dem freien Bürger rechtfertigen kann. Doch wie bewiesen werden wird, ist der absolute Anhaltegrund der Nr. 155 I DVollzO nicht erforderlich.

Die relativen Anhaltegründe der Nr. 155 II DVollzO können, im Gegensatz zu Nr. 155 I DVollzO, zulässig und mit Art. 5 II GG vereinbar sein. Werden Schreiben nach Nr. 155 II 1 DVollzO deswegen angehalten, weil ihr Inhalt die Sicherheit der Anstalt beeinträchtigt oder die öffentliche Sicherheit gefährdet, so besteht gem. Art. 5 II GG i.V.m. Vorschriften des StGB kein grundrechtlicher Schutz, so daß das Anhalten solcher Schreiben für zulässig erachtet wird. Hierunter würden auch alle Schreiben fallen, die in Nr. 151 IV DVollzO genannt sind, da hier eine Gefährdung der Sicherheit anzunehmen ist.

Nr. 155 II 1 DVollzO ermöglicht weiter ein Anhalten von Schreiben, die die Ziele des Strafvollzuges beeinträchtigen können. Nr. 57 I DVollzO nennt Schutz der Allgemeinheit, Hilfe zur Einsicht, für begangenes Unrecht einstehen zu müssen und Eingliederung in die Gesellschaft als Ziele des Vollzuges. Der Schutz der Öffentlichkeit ist bereits eigens in Nr. 155 II 1 2. Halbsatz DVollzO angesprochen.

Die übrigen beiden Ziele sind aber allein nicht geeignet, ein Anhalten zu begründen, da sie noch nicht eine Einschränkung des Art 5 II GG konkretisieren, weil insoweit keine Grenze durch „allgemeine Gesetze" i.S.v. Art. 5 II GG ersichtlich ist. Hierbei wird nicht verkannt, daß dieses Ergebnis aus dem Blickpunkt des Vollzugszieles nicht zu billigen ist; es zeigt aber die dringende Notwendigkeit des Erlasses eines Vollzugsgesetzes auf, das die notwendigen Einschränkungen, die sich aus dem Vollzugsziel der Rückfallverhinderung ergeben, auf eine rechtlich einwandfreie Grundlage stellen.

Eingehende Schreiben mit beleidigenden oder sonst strafbaren Äußerungen können in zulässiger Weise nach Nr. 155 II 2 DVollzO angehalten werden, da auch hier nach Art. 5 II GG i.V.m. § 185 StGB kein Grundrechtsschutz vorliegt. Eingehende Schreiben mit offenbar unwahren Angaben – Nr. 155 II 2 DVollzO – können, wenn nicht aufgrund dessen noch andere zulässige Anhaltegründe gegeben sind, nicht angehalten werden, da hierfür Art. 5 II GG keine Grundlage bildet. Die Erörterung von Verhältnissen Gefangener oder Bediensteter kann nur dann ein Anhaltegrund sein, wenn sich hieraus ein Sicherheitsrisiko ergibt; dann aber würde schon Nr. 155 II 1 DVollzO eingreifen.

§ 32 EVollzG in der von der Kommission oder in der hier vorgeschlagenen Fassung, erscheint den aufgezeigten Erfordernissen gerecht zu werden. § 162 EVollzG enthält kein Zitat des eingeschränkten Art. 5 GG.

Die Frage, ob Art. 19 I 2 GG bei einer Einschränkung des Art. 5 GG überhaupt in Betracht kommt, hat das BVerfG[29] offengelassen.

Die Verfasser des EVollzG waren offensichtlich der Meinung, daß das Vollzugsgesetz als „allgemeines Gesetz" i.S.v. Art. 5 II GG schon die Meinungsfreiheit einschränke, so daß ein zusätzliches Zitat überflüssig sei. Dieser Meinung wird beigetreten. Die aufgezeigten Beschränkungen der Meinungsfreiheit, sowohl des Gefangenen, als auch des freien Absenders sind aus § 32 EVollzG deutlich ersichtlich.

Fazit:

Wenn auch derzeit einige Anhaltegründe für mit Art. 5 GG vereinbar gehalten werden, so folgt daraus nicht, daß dieses Anhalten praktizierbar wäre. Ein Anhalten setzt Kenntnis des Inhalts voraus. Diese Kenntniserlangung ist aber nur durch eine Grundgesetzverletzung (Art. 10 GG) möglich.

Aus der Unzulässigkeit der Zensur ergibt sich die Nichtdurchführbarkeit des Anhaltens.

b) Formellrechtliche Problematik

Nr. 156 II 2 DVollzO läßt zu, daß dem Gefangenen einwandfreie Teile eines eingegangenen Schreibens bekanntgegeben oder ausgehändigt werden. Diese Regelung ist zu begrüßen, da sie in Art. 5 I GG nicht eingreift, sondern die Schranken des Art. 5 II GG respektiert.

Bedauerlicherweise enthält § 32 EVollzG keine solche Regelung. Würde er in dieser Fassung Gesetz werden, so wäre er wegen Nichtachtung der Grenzen des Art. 5 GG unzulässig.

Es wird daher vorgeschlagen, folgende Ergänzung in § 32 III EVollzG aufzunehmen:

---

29 S. 107

„§ 32

III 1

2 Einwandfreie Teile eines eingegangenen, wegen seines Inhalts angehaltenen Schreibens, sind dem Gefangenen auszuhändigen oder bekanntzugeben."

Nr. 156 I DVollzO schreibt im Gegensatz zu § 32 II EVollzG vor, daß die Anhalteverfügung mit Begründung dem Gefangenen mitgeteilt werden muß. Hierauf wurde schon in Kap. 3 B eingegangen.

Dieselben Erwägungen gelten auch für eingehende Schreiben. Es wird daher gefordert, diese Begründungspflicht auch bei eingehenden Schreiben zu statuieren. Wollte man hier jedoch genauso verfahren wie bei ausgehenden Schreiben, so wäre der mit dem Anhalten verfolgte Zweck nur schwer zu erreichen. Aus einer Begründung, die auf alle Punkte, die das Anhalten erforderlich machen, eingehen muß, könnte der Gefangene leicht den Inhalt des Schreibens selbst erschließen. Diese Gefahr war wohl die Erwägung, die zu § 32 II EVollzG geführt hat.

Dennoch bleibt das Erfordernis der Mitteilung einer Begründung bestehen. Die Lösung des Problems kann dann gefunden werden, wenn die Mitteilung hinsichtlich der Begründung dergestalt eingeschränkt wird, daß dem Gefangenen nur allgemein die das Anhalten begründende Vorschrift mitgeteilt wird. Hierdurch wird dem Gefangenen eine Beschwerdebegründung erleichtert, ohne daß er von dem Inhalt des angehaltenen Schreibens Kenntnis hätte, ohne daß also der Anstalt ein Sicherheitsrisiko entstünde.

Das Anhalten eines eingehenden Schreibens ist dem freien Absender gegenüber ein Verwaltungsakt, gegen den ihm Rechtsschutz zu gewähren ist. Hieraus und aus den allgemeinen, oben erarbeiteten Regelungen folgt ein Recht des Absenders von der Tatsache des Anhaltens und der Begründung hierzu zu erfahren. Daher ist ihm die Anhalteverfügung samt Begründung mitzuteilen.

Es wird daher folgende Ergänzung des § 32 II EVollzG vorgeschlagen:

„§ 32

II Ist ein Schreiben angehalten worden, wird das dem Gefangenen mitgeteilt. Bei ausgehenden Schreiben ist dies genau zu begründen.

Bei eingehenden Schreiben kann sich die Begründung darauf beschränken, daß nur mitgeteilt wird, aufgrund welcher Bestimmungen des Abs. I das Schreiben anzuhalten war. Die Anhalteverfügung ist mit Begründung dem Absender mitzuteilen."

Hinsichtlich der Verwahrung oder Rückgabe eingehender Schreiben gilt das in Kap. 3 B I 3 b[30] Ausgeführte. Kommt eine behördliche Verwahrung nicht in Betracht, so ist mit der Anhalteverfügung das Schreiben zurückzusenden. Es wird

30 S. 96 ff.

noch eine weitere Ergänzung des § 32 V EVollzG vorgeschlagen, die regelt, wie nach Ablauf der Verwahrzeit mit den verwahrten Schreiben zu verfahren sei. Diese Empfehlung versteht sich von selbst und bedarf keiner weiteren Erläuterung. Es soll daher folgende weitere Ergänzung des § 32 V EVollzG in der hier vorgeschlagenen Fassung eingefügt werden:

„§ 32

I–IV

V . . .

Ist die Verwahrzeit abgelaufen, so kann ein Schreiben nach Wahl des Gefangenen entweder vernichtet oder verschlossen zu seiner Habe genommen werden. Entscheidet sich der Gefangene nicht, so wird es bei seiner Habe aufbewahrt."

Abschließend sei hier zur Erleichterung des Überblicks noch die gesamte vorgeschlagene Fassung des § 32 EVollzG angeführt[31]:

„§ 32

I Der Anstaltsleiter kann Schreiben anhalten,

1) wenn sie beleidigende, sonst strafbare Äußerungen oder offenbar unrichtige Angaben enthalten oder wenn bei Schreiben auf Heiratsangebote die Tatsache der Strafhaft verschwiegen wird oder wenn in den Schreiben persönliche Verhältnisse von anderen Gefangenen oder von Vollzugsbediensteten erörtert werden.

2) wenn andernfalls das Ziel der Behandlung oder die Sicherheit oder Ordnung der Anstalt gefährdet würden oder

3) wenn sie in Geheimschrift, unlesbar, unverständlich oder ohne zwingenden Grund in einer fremden Sprache abgefaßt sind[33].

II Ist ein Schreiben angehalten worden, wird das dem Gefangenen mitgeteilt[33]. Bei ausgehenden Schreiben ist dies genau zu begründen.

Bei eingehenden Schreiben kann sich die Begründung, die dem Gefangenen gegeben wird, darauf beschränken, daß nur mitgeteilt wird, aufgrund welcher Bestimmungen des Abs. I das Schreiben anzuhalten war.

Die Anhalteverfügung ist mit voller Begründung dem Absender mitzuteilen.

III Ausgehenden Schreiben, die unrichtige Angaben enthalten, kann ein Begleitschreiben beigefügt werden, wenn der Gefangene auf der Absendung besteht[34] und ein Anhalten nicht geboten ist.

---

31 Dieser endgültige Vorschlag enthält nur geringe Abweichungen zu den Einzelvorschlägen; dies ist jedoch nur redaktioneller Art und bedarf keiner weiteren Erläuterung

32 Ursprünglicher Wortlaut von § 32 I Nr. 1, 2 EVollzG

33 Ursprünglicher Wortlaut von § 32 II EVollzG

34 Ursprünglicher Wortlaut von § 32 III EVollzG

IV Schreiben, die nach Absatz I Nr. 1 angehalten werden, werden dem Gefangenen oder Absender zurückgegeben. Weigert sich der Gefangene, sie zurückzunehmen, so werden sie behördlich verwahrt.
Alle anderen angehaltenen Schreiben können behördlich verwahrt oder dem Gefangenen oder Absender zurückgegeben werden.

V Angehaltene Schreiben, die nach Abs. IV verwahrt werden, werden nur beschränkte Zeit behördlich verwahrt, es sei denn, daß während dieser Zeit weitere Schreiben angehalten und verwahrt werden. Die Verwahrzeit beträgt zwei Drittel der Zeit, die zwischen Vollzugsbeginn und dem Anhalten liegt.

Ist die Verwahrzeit abgelaufen, so kann ein Schreiben nach Wahl des Gefangenen entweder vernichtet, verschlossen zu seiner Habe genommen, oder, wenn es sich um ein ausgehendes Schreiben handelt, dem Gefangenen übergeben werden.
Entscheidet sich der Gefangene nicht, so wird es zu seiner Habe genommen.

VI Schreiben an die in § 30 I genannten Empfänger dürfen nicht angehalten werden."[35]

Gründe des Vollzugszieles sprechen für die in § 36 EVollzG getroffene Regelung bezüglich der Verwertung von Kenntnissen aus der Überwachung der Besuche und des Schriftwechsels. Ein weiteres Eingehen hierauf ist daher nicht erforderlich[36].

3. Pakete

Der Paketempfang des Gefangenen ist in § 35 EVollzG geregelt. Eine rechtliche Problematik ist nicht ersichtlich. Es bleibt zu bemerken, daß dieser Vorschlag im Interesse der Erreichung des Vollzugsziels begrüßt wird. Hierdurch wird dem Erfordernis der Aufrechterhaltung der sozialen Kontakte Rechnung getragen, wobei jedoch einer ungerechtfertigten Besserstellung eines Gefangenen, die nur zu Unträglichkeiten unter den Häftlingen führen würde, vorgebeugt ist[37].

Es versteht sich von selbst, daß beigelegte Mitteilungen wie normaler Briefverkehr zu behandeln sind.

---

35 Ursprünglicher Wortlaut von § 32 V EVollzG

36 I.Ü. wird auf die Ausarbeitung Boehms, S. 208 ff., Bezug genommen.

37 Protokolle Bd. 4, 13

II. Informationsmittel

1. Die Rechtsstellung des Gefangenen hinsichtlich seiner Informationsfreiheit

Vorbemerkung

Wie bereits in Kap. 4 A II erwähnt, dient die Informationsmittelbeschaffung, also das Recht der Informationsfreiheit des Gefangenen nach Art. 5 I GG nur der Ermöglichung sinnvollen Verkehrs mit der Außenwelt, stellt diesen aber nicht oder nur in beschränktem Maße dar. Dieses Gebiet ist daher in gebotener Kürze zu erörtern. Zu diesem Thema wird insbesondere auf Boehms Ausführungen verwiesen[38], der sich damit eingehend beschäftigt hat. Seinen Ergebnissen ist jedoch nur zum Teil zuzustimmen, da er den Übelsgehalt der Strafe auch noch in Detailregelungen verwirklicht wissen will[39], während hier allein vom Strafzweck der Rückfallverhinderung ausgegangen wird, wobei eine Übelszufügung um ihrer selbst willen abgelehnt wird. Der Entzug der Freiheit stellt eo ipso schon ein großes Übel dar. Boehms Ergebnisse werden von seinem Ausgangspunkt nachhaltig beeinflußt.

Das Eingehen auf das Gebiet des Anstaltsbüchereiwesens dient vor allem der Erarbeitung von Vergleichsmöglichkeiten zu anderen Informationsmitteln, die sich der Gefangene selbst beschafft, um so die Informationsmöglichkeiten des Gefangenen vollständig zu überblicken.

Art. 5 I 1 GG gibt jedermann das Recht, sich aus allgemein zugänglichen Quellen ungehindert zu unterrichten. Es ist zu prüfen, inwieweit auch der Strafgefangene in den Genuß dieses Grundrechts kommt.

Nach der gegenwärtigen Rechtslage, wonach weithin ein besonderes Gewaltverhältnis des Vollzuges für zulässig erachtet wird, können Einschränkungen der Informationsfreiheit, wenn die Zwecke dieses besonderen Gewaltverhältnisses sie erfordern, hierdurch gerechtfertigt sein.

Von Maunz-Dürig[40] wird eine grundsätzliche Ablehnung des Art. 5 I 1 GG, was auch eine Ablehnung der Informationsfreiheit beinhalten würde, nicht für zulässig erachtet; auch in dem besonderen Gewaltverhältnis des Vollzuges gilt das Grundrecht des Art. 5 I 1 GG, wenn es auch Einschränkungen unterliegen muß. Die von Maunz-Dürig angeführten Beschränkungsmöglichkeiten hinsichtlich des Bezuges von Zeitungen und der Reglementierung von Rundfunk- und Fernsehempfang beinhalten primär keine Beschränkung des Grundrechts der Informationsfreiheit an sich. Eine solche Beschränkung würde das Vorenthalten von Informationen sein. Vielmehr wird eine Beschränkung der Informationsmittel-

38 S. 216 ff.

39 z.B. S. 220

40 Rn 117 zu Art. 5 GG

wahl durch den Strafgefangenen für zulässig erachtet. Dies wirkt aber nur mittelbar auf die Informationsfreiheit ein.

Solche Einschränkungen werden schon mit Rücksicht auf die Hausordnung für nicht völlig unzulässig gehalten[41].

Ähnlich äußern sich Leibholz/Rinck[42], wonach auch im besonderen Gewaltverhältnis – hier der Untersuchungshaft, doch für die Strafhaft kann nichts anderes gelten – das Grundrecht der Informationsfreiheit nicht aufgehoben, sondern nur beschränkt werden kann. Diese Meinung gründet sich auf die Entscheidung des BVerfG in Bd. 15, 288 ff., 193 ff.

Es bleibt daher festzuhalten, daß Art. 5 I 1 GG im Strafvollzug nicht aufgehoben ist; Einschränkungen werden aufgrund des besonderen Gewaltverhältnisses für zulässig erachtet, soweit sie erforderlich sind. Aus der hier vertretenen Ablehnung des besonderen Gewaltverhältnisses folgt, daß solche Beschränkungen unzulässig sein können.

Zuvor sollen noch die derzeit vertretenen Strafvollzugszwecke in ihrer Auswirkung auf Art. 5 I 1 GG, die Informationsfreiheit, untersucht werden.

Aus dem Vergeltungsgedanken läßt sich unmittelbar nichts für die Vollzugsgestaltung hinsichtlich der Informationsmöglichkeiten entnehmen. Vergeltung bedeutet Übelszufügung, weil ein Übel zugefügt wurde.

Danach soll also der Vollzug ein Übel zufügen. Da aber der Mensch als ein soziales Wesen auf immer neue Nachrichten und Eindrücke aus seiner Umwelt angewiesen ist, muß er den Entzug dieser Informationen als ein Übel empfinden.

Aus dem Vergeltungsgedanken resultiert also mittelbar eine je nach Schwere der begangenen Tat zu beschränkende Nachrichtenzufuhr, wenn von diesem Gedanken alle Teilgebiete des Vollzuges verhältnismäßig erfaßt werden sollen.

Das gleiche Ergebnis fordert der Abschreckungsgedanke, da danach der Vollzug möglichst hart i.S.v. weitestgehenden Eingriffen in die Rechte des Gefangenen gestaltet werden soll.

Andererseits verlangt der Zweck der Resozialisierung, der mit dem hier vertretenen Zweck der Rückfallverhinderung eng verwandt ist, den Gefangenen aus einer sozialen Isolation, in die er aufgrund seiner Straftat geraten ist, oder aus einer ungünstigen, sozialen Stellung herauszulösen und ihn in neue soziale Bindungen zu verbringen. Um sich aber in dieser neuen Stellung behaupten zu können, benötigt er laufend neue Informationen über die Umwelt, in der ohne Konflikt zu leben er durch den Strafvollzug, dem der Resozialisierungsgedanke zugrundeliegt, vorbereitet werden soll. Hieraus resultiert die Forderung nach einem möglichst unbeschränkten Zugang zu den Informationsmedien. Diese Schlußfolgerung steht mit den obigen Ergebnissen in eklatantem Widerspruch, so

41 Maunz-Dürig, a.a.O.

42 Rn. 13 zu Art. 5 GG

daß Entscheidungen, die sich auf diese hauptsächlich vertretenen Strafvollzugszwecke in ihrer Gesamtheit stützen, sowie einem alle diese Zwecke umfassenden besonderen Gewaltverhältnis des Vollzuges nicht gefolgt werden kann. Sie stellt gleichzeitig einen weiteren Beweis für die Untauglichkeit des besonderen Gewaltverhältnisses in der jetzigen Gestalt dar, nur irgend etwas über den Vollzug auszusagen. Einschränkungen aufgrund des besonderen Gewaltverhältnisses werden daher für unzulässig gehalten. De lege lata ist eine Einschränkung des Art. 5 I GG nur aus Art. 5 II GG herzuleiten.

Der Strafvollzug beruht auf allgemeinen Gesetzen, nämlich dem GG (Art. 104), StGB (§§ 1, 13 ff.), der StPO. Wenn darin auch nichts über die Gestaltung der Freiheitsstrafe ausgesagt ist, so kann doch daraus, daß der Freiheitsentzug gesetzlich vorgesehen ist, zumindest geschlossen werden, daß neben der Entziehung der Freiheit alle die Maßnahmen zulässig sein müssen, die gerade der Aufrechterhaltung dieser Entziehung dienlich sind. Es sind daher alle Maßnahmen und Einschränkungen zulässig, die für die Sicherheit der Anstalt notwendig sind. Solche Maßnahmen bilden dann die Schranke gem. Art. 5 II GG, da sie aus allgemeinen Gesetzen hergeleitet sind.

De lege lata sind Einschränkungen bei der Informationsbeschaffung nur aus Sicherheitsgründen und nur insoweit gerechtfertigt, als es diese Gründe erfordern. Jede weitere Beschränkung würde den Rahmen des Art. 5 II GG verlassen und wäre unzulässig.

Im folgenden wird die Praxis, so wie sie sich aufgrund der Enquête darstellt, an Hand dieses Maßstabs überprüft, wobei bei den einzelnen Punkten Ausführungen de lege ferenda erfolgen.

2. Die Prüfung der Praxis

a) Druckerzeugnisse allgemeiner Art

aa) Zeitungen

Ein sehr wichtiges Informationsmedium stellen die Zeitungen dar. Eine Beschränkung ist meist nur hinsichtlich nicht im Handel erhältlicher und gegen Strafgesetze verstoßender Werke gegeben. Eine Beschränkung auf bestimmte Tageszeitungen erfolgt nicht.

Die Praxis geht somit nicht über den Rahmen der Nr. 129 II 1 DVollzO, der im übrigen weit gespannt ist, hinaus.

Nach der bayerischen Regelung kann jeder Gefangene eine Zeitung und eine Zeitschrift beziehen. Darüberhinaus kann der Anstaltsleiter den Bezug weiterer Zeitungen oder Zeitschriften gestatten[43]. Hierdurch ist sichergestellt, daß der Gefangene eine, wenn auch beschränkte Wahl, zwischen mehreren Zeitungen hat, so daß er nicht auf einen Informationsträger allein angewiesen ist.

43 Nr. 1 (7) der JME vom 22.5.1969

Im Bereich des Zeitungsbezuges kann daher nicht von einem Verstoß gegen Art. 5 GG gesprochen werden. Vom Vollzugsziel der Rückfallverhinderung ausgehend, ist diese Praxis zu begrüßen.

bb) Sonstige Periodika

Die Tabelle Nr. 45 läßt erkennen, daß die Praxis im wesentlichen großzügig bei der Zulassung von Zeitschriften verfährt, wenn auch eine Uneinigkeit hinsichtlich der Zulassung von Illustrierten auffällt. Eine Beschränkung des Bezuges von Illustrierten stellt eine Beeinträchtigung von Art. 5 I GG dar.

Ein Sicherheitsrisiko durch Gewährung des Illustriertenbezuges läßt sich nicht erkennen, so daß keine Schranke der Informationsfreiheit auf diesem Gebiet gegeben ist. Somit ist die Nichtgewährung des Bezuges von Illustrierten nach der derzeitigen Rechtslage unzulässig. Sonstige Periodika politischer Art, wie etwa der „Spiegel", stellen keine Illustrierten dar und dürfen von den Gefangenen bezogen werden.

Die Grenzziehung zwischen zugelassenen und nicht zugelassenen Zeitschriften basiert auf Nr. 129 I 1 DVollzO, wonach „Bücher und Schriften von anerkanntem Wert" erlaubt und solche, die den „Anstand verletzen" (Nr. 129 II 1 DVollzO), verboten sind. Die Unbrauchbarkeit dieser Vorschriften hat die Praxis bewiesen[44].

§ 62 EVollzG schließt in Abs. II 1 nur die Zeitungen und Zeitschriften vom Bezug aus, deren Verbreitung mit Strafe oder Geldbuße bedroht ist, läßt damit grundsätzlich alle Druckwerke, die frei im Handel erhältlich sind, zu. Nach der gegenwärtigen Rechtslage ist nur diese Lösung zulässig[45].

Nicht alle Zeitschriften, die frei erhältlich sind, wirken sich positiv auf das Vollzugsziel aus. Negative Auswirkungen sind von den Zeitschriften zu befürchten, in denen strafrechtlich mißbilligte Verhaltensweisen positiv dargestellt werden; doch wird die Mehrzahl solcher Werke ohnehin nach § 62 II 1 EVollzG ausgeschlossen sein. Eine Grenzziehung bezüglich des Restes solcher Publikationen ist abstrakt unmöglich und auch nicht notwendig, da die für den Einzelfall gedachte Schranke des § 62 II 2 EVollzG bestehen würde. Nach dieser Bestimmung können einzelne Ausgaben oder Teile von Publikationen, die das Behandlungsziel oder die Sicherheit oder Ordnung der Anstalt ernstlich gefährden, ohnehin ausgeschlossen werden.

Ein weiteres Problem bildet die Sexualliteratur.

Nach § 62 I EVollzG könnte der Gefangene sämtliche frei verkäuflichen Magazine auch in der Anstalt beziehen. Negative Auswirkungen auf das Vollzugsziel sind hiervon nicht zu befürchten, wenn auch der Bezug solcher

---

44 Steierer in Protokolle Bd. 3, 66

45 A.A. Boehm, S. 233

Publikationen oft nicht mit überkommenen Moralvorstellungen in Einklang stehen mag. Die Freigabe dieser Erzeugnisse kann jedoch dazu dienen, Auswüchse, wie sie von Werner Scheu[46] geschildert werden, zu eliminieren; ein illegaler Tauschhandel mit eingeschmuggelten Magazinen und den sich hieraus ergebenden unerwünschten Folgen für das Anstaltsleben könnten wesentlich eingedämmt werden. Allerdings bleibt fraglich, inwieweit sich das auf das Sexualproblem in der Anstalt auswirken würde. Doch erscheint hier eine konkrete Gefährdung der Sicherheit oder Ordnung der Anstalt nicht gegeben. Eine Betrachtung der Tabelle 54, die die von Gefangenen bevorzugten Themenkreise darstellt, läßt den Schluß zu, daß auch eine Beschränkung der Publikationen auf wertvolle Werke nicht das Niveau der von Gefangenen bevorzugten Lektüre heben wird.

Eine weitere Grenze gegen ein Überfluten der Anstalt mit unerwünschten Publikationen stellt die finanzielle Seite dar. Derzeit hat ein Gefangener gar nicht wegen seiner geringen Entlohnung die Möglichkeit, sich mehrere Periodika zugleich zu verschaffen. Schon das Halten einer Tageszeitung und einer Illustrierten würde im Monat ca. 15.– DM betragen, also ein Drittel bis zur Hälfte seiner monatlichen Arbeitsbelohnung. Eine Änderung würde hier auch dann nicht eintreten, wenn der Gefangene gemäß § 42 EVollzG ein angemessenes Arbeitsentgelt erhält, da nach § 44 nur eine Verfügung über 30.– DM Hausgeld gegeben und die Bezahlung der bestellten Publikationen nur hiervon zulässig wäre. Somit folgt, daß eine Änderung des Vorschlages des § 62 EVollzG nicht empfohlen wird.

§ 62 II 2 EVollzG ermöglicht die Vorenthaltung von ganzen Ausgaben oder Teilen von Zeitungen oder Zeitschriften unter oben genannten Umständen. Die gleiche Möglichkeit eröffnet auch Nr. 129 II 2 DVollzO. Diese Vorschriften gründen sich auf sicherheitsrechtliche Erwägungen; gerade wenn Verbrechen von Mitgefangenen in allen Einzelheiten geschildert werden, kann die Empörung der anderen hierüber leicht zum Sicherheitsrisiko werden[47].

Diese Bestimmungen, insbesondere Nr. 129 II 2 DVollzO, sind daher mit Art. 5 I GG vereinbar.

Nr. 129 III DVollzO, der eine Abgabepflicht von Zeitungen oder Zeitschriften nach einer bestimmten Zeit statuiert, ist mit Art. 5 GG vereinbar, da hierdurch die Informationsfreiheit nicht tangiert ist.

Eine Verletzung des Art. 14 I GG ist nach der folgenden Erwägung nicht gegeben. Ein Eigentumserwerb wird nur dann ermöglicht, wenn sich der Gefangene verpflichtet, dieses Eigentum wieder aufzugeben[48]. Erklärt sich der

46 S. 110, 111

47 Steierer in Protokolle Bd. 3, 64

48 So die bayerische Regelung

Gefangene hierzu nicht bereit, so kann er gar kein Eigentum erwerben. Er hat also nur die Wahlmöglichkeit zwischen befristetem Eigentumserwerb oder Nichterwerb. Art. 14 GG gibt aber keinen Anspruch auf Gestattung eines Eigentumserwerbs, so daß also auch ein von vornherein dergestalt befristeter Erwerb, wonach aufgrund einer Verpflichtungserklärung das Eigentum herauszugeben ist, nicht gegen Art. 14 GG verstößt.

Ebensowenig ist ein Verstoß gegen Art. 14 GG durch das Entfernen bestimmter Artikel zu sehen, da noch kein Eigentum zu dieser Zeit erworben und weiterhin auch dies in der Verpflichtung des Gefangenen enthalten ist.

cc) Bücher

Ähnlichen Beschränkungen wie die Zulassung von Periodika unterliegt der Bezug von Büchern.

Im wesentlichen geht hier die Praxis nach einheitlichen Maßstäben vor, wie der Vergleich der Tabellen 45 und 48 zeigt.

b) Informationsmittel, die sich auf den Gefangenen und seine Rechtsstellung beziehen

aa) Aushändigen der DVollzO

Tabelle 55 ergibt, daß die Praxis in der Frage der Aushändigung der DVollzO, was auch deren Kauf durch den Gefangenen beinhaltet, uneins ist. Den in Kapitel 4 A III 4 a genannten Entscheidungen, denen nur ein Teil der Praxis entspricht, kann nicht gefolgt werden.

Wenn auch aus Art. 5 I GG kein Anspruch gegen den Staat auf Leistung von Informationen anerkannt wird[49], so besteht doch ein Recht darauf, sich ungehindert diese Informationen zu beschaffen. Diesem Recht stehen, wie oben erarbeitet, im Strafvollzug nur Einschränkungen, die auf Sicherheitserwägungen beruhen, entgegen.

Weiterhin folgt aus Art. 5 I und Art. 1 I GG, der die Behandlung eines Menschen als bloßes Objekt durch den Staat verbietet, daß jeder Staatsbürger die Regelungen, die seinen Fall betreffen, in ihrem Wortlaut kennenlernen kann.

Es ist schwer verständlich, wie durch die Aushändigung einer DVollzO die Sicherheit einer Anstalt gefährdet werden kann[50], wenn hierdurch der Gefangene die Vorschriften über den Waffengebrauch des Beamten kennenlernt.

Nr. 40 und 167 DVollzO regeln Tatsachen, die den Gefangenen ohnehin bekannt sind, da sie die Beamten immer sehen, in der Anstalt ohne, außerhalb mit Waffe, so daß ihnen der Wortlaut der betreffenden Nummern der DVollzO keine

---

49 Hamann-Lenz Anm. B 5

50 U.a. damit begründet das OLG Hamburg seinen ablehnenden Beschluß, vgl. NJW 1964, 682

Geheimnisse mehr offenbart. Doch insbesondere wurde die Aushändigung verweigert, weil die DVollzO auch andere Vorschriften enthält, die den Gefangenen nicht unmittelbar berühren. Abgesehen von einer Trennungsmöglichkeit des DVollzO kann nicht ein Anspruch deshalb abgelehnt werden, weil damit noch mehr gegeben werden müßte als den Gefangenen unmittelbar angeht, wobei jedoch dies dem Vollzugsziel neutral gegenübersteht.

Dieser Einwand ist also nicht tragfähig. Schwerwiegender ist die Tatsache, daß zwar ein Recht gegen den Staat besteht, Eingriffe in die Informationsfreiheit zu unterlassen, daß dieses Recht aber kein Recht auf Leistung von Informationen beinhaltet. Hieraus folgt, daß kein Anspruch gegen den Staat auf Verkauf eines amtlichen Exemplars der DVollzO besteht. Doch aus dem Gedanken, daß jedermann die Regelungen, die seinen Fall betreffen, kennenlernen kann und darf, folgt ein Anspruch zumindest auf Genehmigung des Erwerbes einer nichtamtlichen Ausgabe der DVollzO, die im freien Handel erhältlich ist[51].

Fazit: Es wird ein Anspruch des Gefangenen auf Genehmigung des Erwerbes einer nichtamtlichen Ausgabe der DVollzO, nicht aber ein Anspruch auf Aushändigung einer amtlichen Ausgabe der DVollzO, bejaht.

Hinsichtlich eines künftigen Vollzugsgesetzes bleibt zu bemerken, daß aus § 64 EVollzG schon die Zulässigkeit des Erwerbes einer Textausgabe des Gesetzes zu folgern ist. Daneben folgt auch aus dem oben herausgearbeiteten Grundsatz, daß der Gefangene einen Anspruch auf Erwerbsgenehmigung hat.

bb) Überlassung von StGB und StPO

Ein Grund, den Gefangenen nicht die Texte der sie betreffenden Gesetze, insbesondere StGB und StPO, zu überlassen, ist nicht ersichtlich. Demzufolge handelt auch die Praxis ausnahmslos entsprechend. Die Überlassung von Kommentaren hierzu wird meist ebenso großzügig gehandhabt; hier besteht allerdings oft die Gefahr, daß Gefangene zu Rechtsberatern ihrer Mithäftlinge aufsteigen und in ihnen oft falsche Hoffnungen erwecken können, die nicht gerechtfertigt sind.

Diese Mißbrauchsgefahr wird dennoch nicht zu groß sein, wenn in den Gefängnisbibliotheken Kommentare in ausreichender Zahl zur Verfügung stehen, so daß sich jeder selbst informieren kann. Wenn ein Gefangener sich dann ein eigenes Exemplar zulegen möchte, so kann eine solche Gefahr, da sie zu gering ist, keinen Versagungsgrund mehr geben.

Das OLG Hamburg[52] hat in seinem Beschluß vom 8.7.1963 – VAs 67/62 – ausgesprochen, daß einem Gefangenen nicht die ihm gehörigen Kommentare zu

51 z.B. Luchterhand Texte, Strafverfahren 2 – Strafvollzug –; dieser Text enthält nur die Nummern 57 bis 166, wodurch also auch die Bedenken des OLG Hamburg gegenstandslos werden.

52 NJW 1963, 1789 ff.

StGB und StPO für die Vorbereitung eines Wiederaufnahmeantrags aus seiner Habe überlassen zu werden brauchen. Dieser Entscheidung wird die hier vertretene Ablehnung eines besonderen Gewaltverhältnisses aufgrund der Zweckdivergenz entgegengehalten. Damit entfällt die Grundlage dieses Beschlusses. Auch der weitere Grund, wonach keine Amtspflicht der Vollzugsbehörde bestehe, Wiederaufnahmepläne durch eigenes Handeln „– wozu auch die Erteilung von Sondererlaubnissen zu rechnen ist –“[53] zu fördern, kann heute einer Überprüfung nicht standhalten, wenn man das hier vertretene Vollzugsziel und den Entwurf der Strafvollzugskommission zugrunde legt. Der EVollzG enthält in §§ 65 ff. Regelungen über soziale Hilfe für den Gefangenen. Nach § 67 ist ihm bei der Wahrnehmung seiner Rechte und Pflichten Beistand zu gewähren. Hieraus ergibt sich aber eine Amtspflicht des Vollzuges, solche Pläne, die auf die Wahrnehmung von Rechten der Gefangenen ausgerichtet sind, zu unterstützen. Ein solcher Beschluß wäre daher unter der Herrschaft des EVollzG nicht mehr möglich.

c) Radio- und Fernsehempfang

Nr. 62 I Ziff. 1 DVollzO n.F. läßt schon von Beginn des Vollzuges die Teilnahme an Rundfunk- und Fernsehempfang zu. Die Fassung dieser Bestimmung ergibt, daß diese Art des Informationsempfanges als Gemeinschaftsveranstaltung auszugestalten ist, daß also eigene Geräte nur dann zulässig sein können, wenn dem Gefangenen die Teilnahme hieran nicht möglich ist. Aus der Sicht des Art. 5 I GG ergeben sich hier keinerlei Bedenken, da die Möglichkeit, sich zu informieren, ohne Einschränkungen besteht. Daher ist die Praxis, so wie sie sich in den Tabellen 62/63 darstellt, nicht zu beanstanden.

Auch die Beschränkung der Empfangszeiten, die auf tatsächlichen Gegebenheiten beruht (vgl. Tabelle 60/61) ist rechtlich bedenkenfrei, ebenso wie die Zulassung der Programme und die Auswahlgesichtspunkte (vgl. Tabelle 58/59). Die Praxis entspricht damit schon jetzt den Anforderungen des § 63 I EVollzG. Bis auf wenige Ausnahmen werden auch immer die Gefangenen an der Programmauswahl beteiligt (vgl. Tabelle 56/57), ein Vorgehen, das nicht einmal § 63 EVollzG vorsieht, wodurch aber der Gefangene als ein Mensch mit Selbstbestimmungsrecht und Eigenverantwortlichkeit geachtet und nicht zum Objekt von Verwaltungsmaßnahmen degradiert wird.

Die Befürchtung Steierers[54], daß sich durch eine organisierte Beteiligung der Gefangenen an der Programmgestaltung leicht „Obergefangene“ mit größerer Machtstellung herausbilden, scheint sich nach den Ergebnissen der Praxis (vgl. Tabelle 57) nicht zu bewahrheiten.

53 a.a.O., 1791

54 Protokolle Bd. 3, 70

Abschließend bleibt festzuhalten, daß die Praxis auf dem Gebiete des Informationsempfanges durch Rundfunk und Fernsehen mit Art. 5 GG in Einklang steht.

d) Fernkurse

Das Strafvollzugsziel verlangt, dem Gefangenen die Fähigkeit zur Führung eines Lebens ohne Straftaten zu vermitteln. Hieraus kann der Anspruch hergeleitet werden, daß der Gefangene auch in der Anstalt sich weiterbilden darf. Dies kann auch durch Fernkurse geschehen.

Die Praxis eröffnet dem Gefangenen ausnahmslos diese Möglichkeit. Sie wird jedoch nur von wenigen Gefangenen genutzt (vgl. Tabelle 64). Gerade auf diesem Gebiet liegt aber eine wichtige Aufgabe des Strafvollzuges zur Betreuung und Erziehung der Gefangenen. In der Werbung wird meist ein solcher Fernkurs als leicht zu absolvieren hingestellt, wobei die Schwierigkeiten des Stoffes heruntergespielt werden. Hier muß der Vollzug beratend und bewahrend eingreifen, wenn ein Gefangener, der ersichtlich für die Teilnahme an einem solchen Kurs ungeeignet ist, sich ein solches Werk bestellen will. Andererseits ist aber auch ein geeigneter Gefangener auf diese Möglichkeit hinzuweisen, wobei ihm dann keine Beschränkungen auferlegt werden dürfen. Eine solche Hilfspflicht des Vollzuges ist eigens noch in § 65 EVollzG, der sich nicht nur auf den geschilderten Fall bezieht, statuiert.

Eine spezielle Regelung wird nicht für sinnvoll gehalten, da sie zu kasuistisch gefaßt werden müßte.

Fazit: Das Informationsrecht des Strafgefangenen ist zwar weithin gewährleistet; es bleibt aber vor allem auf dem Gebiete der Unterrichtungsmöglichkeiten über die Rechtsstellung des Strafgefangenen eine baldige und umfassende Änderung der Praxis durch klare gesetzliche Grundlagen zu erhoffen.

III. Besuche

1. Ausschluß bestimmter Personen vom Besuche des Gefangenen

Nr. 139 II 1 DVollzO ist gleichlautend mit Nr. 148 II 1 DVollzO; ebenso entspricht § 27 der Regelung des § 29 II Nr. 1 und 2 EVollzG.

Diese Bestimmungen gelten für Besuchs- bzw. Schriftverkehrsuntersagung von Angehörigen und anderen Personen. Da die Problematik gleich gelagert ist, gelten die zum Problem der Untersagung des Schriftverkehrs gemachten Ausführungen hier sinngemäß. Es kann daher darauf verwiesen werden[55]. Somit ergibt sich, daß Besuche von Ehegatten und engen Familienangehörigen (Eltern und Kindern) nicht grundsätzlich untersagt werden dürfen.

---

55 Vgl. Kapitel 3 B I 2 c aa

Den Anhaltegründen beim Briefverkehr entsprechen die Abbruchsgründe der Nr. 143 IV DVollzO. Dies bedeutet aber, daß wegen Gefährdung der Sicherheit der Anstalt ein Besuch auch von Familienangehörigen abgebrochen werden kann, so daß das Ziel, das Nr. 139 II DVollzO im Auge hat, nicht beeinträchtigt ist.

Fazit: Die generelle Besuchsuntersagung von Ehegatten und engen Familienangehörigen ist wegen Verstoßes gegen Art. 6 I GG unzulässig. Sie verstößt weiter gegen das Übermaßverbot, da ein milderes Mittel – Abbruch des Besuches gem. Nr. 143 IV DVollzO – zur Verfügung steht[56].

Der Freiheitsentzug, verstanden als Einsperrung mit dem Ziel der Rückfallverhinderung, gibt darüberhinaus grundsätzlich kein Recht zum Besuchsverkehr, weder für den Gefangenen, noch für den Außenstehenden, der nicht der privilegierten Gruppe der Ehegatten und Familienangehörigen, die von Art. 6 I GG erfaßt werden, angehört. Daher ergeben sich keine Bedenken gegen die Regelung der Nr. 139 II 2. Halbsatz DVollzO.

Gleiches gilt für § 27 EVollzG, allerdings mit der Einschränkung, daß Besuche von Ehegatten und engen Familienangehörigen nicht untersagt werden dürfen, da auch hier der Abbruchsgrund des § 28 III EVollzG ausreichend ist.

2. Die Besuchsüberwachung

a) Die Erforderlichkeit

Die Erfahrungen der Praxis mit unüberwachten Besuchen (Tabelle 79) zeigen, daß von diesen eine große Gefahr für die Sicherheit der Anstalt ausgeht. Sie beweisen gleichzeitig, daß eine Besuchsüberwachung grundsätzlich weitgehend erforderlich ist. Insbesondere die Antwort von Rheinland-Pfalz in Tabelle 78 macht dies eindringlich klar.

Ausnahmen sind nur möglich in offenen Anstalten, doch selbst im Gustav-Radbruch-Haus, einer offenen Anstalt in Frankfurt/Main-Preungesheim, ist immerhin noch eine lockere audio-visuelle Überwachung nötig, wie dem Verfasser bei der Besichtigung dieser Anstalt mitgeteilt wurde[57].

Fazit: Die Überwachung von Besuchen ist grundsätzlich erforderlich[58], da nicht nur Fluchtpläne[59] verabredet, sondern auch Gegenstände eingeschmuggelt

56 Ebenso Tiedemann, Rechtsstellung, S. 167; Bieler, Protokolle Bd. 3, 88, Nr. 2 a hält nur einen Ausschluß Angehöriger wegen erziehungswidrigen Einflusses auf den Gefangenen für verfassungswidrig.

57 Näheres über den sehr fortschrittlichen Strafvollzug in dieser Anstalt bei A. Krebs in Gedächtnisschrift für Gustav Radbruch S. 344 ff.

58 Bieler, Protokolle Bd. 3, 84 Buchstabe c

59 Tiedemann, Rechtsstellung, S. 167

werden können, angefangen von Geld[60] über Transistorgeräte[61] bis zu Pistolen[62].

b) Differenzierungsmöglichkeiten bei der Überwachung

Im Gegensatz zu Nr. 152 I DVollzO, wonach der Schriftverkehr „in der Regel" zu überwachen ist, ist Nr. 143 II DVollzO wesentlich flexibler gestaltet. Besuche sind nur zu überwachen, „sofern und soweit es Sicherheit oder Ordnung der Anstalt erfordert". Diese Bestimmung gibt Grundlage und Grenze der Überwachung an. Sie ist eine individuelle Regelung, nicht zugeordnet einem bestimmten Anstaltstyp. Aus ihr ergibt sich, daß auch in einer geschlossenen Anstalt nur eine lockere visuelle Überwachung erfolgen kann.

§ 28 I EVollzO ist ähnlicher Natur. Auch er ordnet nicht verschiedenen Anstaltstypen verschiedene Überwachungsmodalitäten zu[63].

Fazit: Eine Relation der Besuchsüberwachung zum Anstaltstyp empfiehlt sich nicht, da sonst je nach der Individualität des Gefangenen eine Über- oder Untersicherung vorläge. Die Überwachung muß jedoch, wie aus Nr. 143 II DVollzO und aus § 28 I EVollzG hervorgeht, der Eigenart der jeweiligen Umstände des Besuches angepaßt sein[64].

Eine generelle Lockerung der Besuchsüberwachung für die Gefangenen, die Urlaub erhalten haben – somit ihre Zuverlässigkeit unter Beweis gestellt haben – ist zwar grundsätzlich erwägenswert, doch ist hier die Gefahr groß, daß solche Gefangenen von den anderen unter Druck gesetzt werden. Es gilt hier wieder das gleiche, was bereits zu einer etwaigen Zensurfreiheit gesagt wurde[65].

§ 28 I 2 EVollzG entscheidet sich grundsätzlich zur Form der bloßen visuellen Überwachung; erst wenn es aus Gründen der Sicherheit oder Ordnung der Anstalt unerläßtlich ist, ist die audio-visuelle Überwachung zulässig. Solche klaren Grundsätze sind in Nr. 143 II 3 DVollzO, wonach die Überwachung „schonend" ausgeübt werden muß, nicht enthalten. Der Vorschlag des § 28 I EVollzG ist daher vorzuziehen.

Müller-Dietz/Würtenberger[66] wollen als Grundsatz den unüberwachten Besuch statuiert wissen. Ihren Begründungen[67] ist zwar zuzustimmen, doch die Ergebnisse der Tabellen 78 und 79 sprechen gegen ihren Vorschlag, da ihre

---

60 Scheu, S. 44

61 Scheu, a.a.O.; des weiteren Mitteilungen bei Anstaltsbesuchen des Verfassers

62 Nach Mitteilungen bei Anstaltsbesuchen des Verfassers

63 Anders noch einige Stimmen in der Aussprache über dieses Gebiet, Protokolle Bd. 4, 6

64 So auch ein Teil der Strafvollzugskommission, Protokolle Bd. 4, 6

65 Protokolle Bd. 4, 6 unten

66 Hauptprobleme S. 114, 115, 116, 117

67 Hauptprobleme S. 115 Nr. II 4

Regel-Ausnahme-Konstruktion nicht der Wirklichkeit entspricht, vielmehr dort gerade umgekehrt ist[68]. Aus ihren Ausführungen ist aber jedenfalls die Forderung nach der grundsätzlichen Möglichkeit eines Wegfalles der Überwachung zu entnehmen. § 28 I 1 EVollzG enthält dies ebenfalls; denn aus ihm geht hervor, daß eine Überwachung abhängig sein soll von der Notwendigkeit für die Sicherheit und Ordnung der Anstalt. Dies ergibt die Auslegung des „Soweit"-Satzes.

Gleiches folgt aus Nr. 143 II 1 DVollzO für die derzeitige Rechtslage. Der Grundsatz der Verhältnismäßigkeit erscheint in den dargelegten Regelungen gewahrt; er erfordert aber de lege ferenda eine grundsätzliche Zulässigkeit auch von unüberwachten Besuchen[69] zumindest als Ausnahmeregelung.

c) Dauer des Besuches – Besuchsfristen – Besuchsräume

Die Praxis ist bei der Dauer des Besuches im allgemeinen großzügig, wie sich aus Tabelle 69 ergibt. Schon jetzt beträgt oft die gewährte Durchschnittsdauer die in § 26 II EVollzG vorgesehene Mindestbesuchszeit von einer halben Stunde[70]. Müller-Dietz/Würtenberger sprechen sich ebenfalls für eine Mindestdauer des Besuches von einer halben Stunde aus[71].

Tabelle 67 zeigt, daß die Praxis nur in drei Fällen (Baden-Württemberg/Heilbronn, Ulm und Niedersachsen) sich schon jetzt auf den in § 26 II EVollzG statuierten Höchstzeitabstand von zwei Wochen eingependelt hat, wenn auch daneben für Sonderfälle diese Einschränkung meist nicht besteht. Die gleiche Forderung nach einem Abstand von zwei Wochen erheben auch Müller-Dietz/-Würtenberger[72], während Bieler[73] noch für einen Besuch monatlich plädiert.

Nur kurz angeschnitten wird die bauliche Ausgestaltung der Besuchsräume. Aus der Grundentscheidung des § 28 I EVollzG für die visuelle Überwachung folgt, daß, wenn sie ausreichend erscheint, eine akustische Teilnahme des Überwachungsbeamten ausgeschlossen sein muß. In diesem Falle sind Gefangene und Besucher im Sprechzimmer allein zu lassen, wobei die Beobachtung nur durch ein schalldichtes Fenster erfolgen darf[74]. Eine schalldichte Isolierung des Raumes vor anderen Personen als Gefangenen, Besucher und gegebenenfalls des Überwachungsbeamten ist unerläßlich[75].

---

68 Ebenso Tiedemann, Rechtsstellung, S. 167

69 Bieler, Protokolle Bd. 3, 84 Buchstabe c

70 Hierzu Bieler, Protokolle Bd. 3, 83, 84 Buchstabe b

71 Hauptprobleme S. 114, 115 Nr. II 3

72 Hauptprobleme, S. 114, 114 N, II 1

73 Protokolle Bd. 3, 83; mittlerweile ist Nr. 138 I DVollzO in diesem Sinne abgewandelt worden.

74 Im übrigen vgl. Graul S. 221 ff. zu der baulichen Gestaltung der Besuchsräume

75 Graul, S. 224

d) Formen der Begrüßung

Die Zulässigkeit von Umarmungen und Küssen hat sich nach dem Sicherheitsrisiko des Gefangenen zu richten. Scheu[76] gibt einige Beispiele, wie hierdurch verbotene Gegenstände in die Anstalt gelangen können. Dies wurde auch dem Verfasser bei Anstaltsbesuchen bestätigt.

3. Unüberwachte Besuche

Wenn auch das Vollzugsziel aus Gründen der Förderung sozialer Kontakte des Strafgefangenen den Wegfall der Besuchsüberwachung fordert, so kann dem, wie oben ausgeführt, aus Sicherheitserwägungen nicht entsprochen werden. Ist keine Gefahr für die Sicherheit gegeben, so muß der Besuch unüberwacht bleiben.

a) Besuch von Verteidigern

§ 148 StPO gewährt dem Verteidiger neben unüberwachtem Schriftwechsel auch unüberwachte Besuche; der mündliche Verkehr darf nicht überwacht werden. Nr. 145 I 3 DVollzO läßt ausdrücklich diese Vorschrift unberührt.

Diese Bestimmungen geben aber keine Antwort auf die Frage, ob Verteidiger vor dem Besuch des Gefangenen daraufhin kontrolliert werden dürfen, ob sie Waffen oder Sprengmaterial mit sich führen, die sie dem Gefangenen übergeben wollen. Dieses Problem ist in der Anordnung des Präsidenten des Justizvollzugsamts Berlin vom 15.10.1970 aktuell geworden[77]. Danach dürfen auch Verteidiger auf Waffen und Sprengmittel und dergleichen untersucht werden.

Durch diese Anordnung wird indessen nicht das Recht des Verteidigers auf ungestörten Kontakt mit seinem Mandanten berührt, so daß hier nicht weiter auf die Zulässigkeit dieser Maßnahme eingegangen werden muß[78].

b) Besuch von Rechtsanwälten in einer sonstigen Rechtssache des Gefangenen

Nr. 145 I DVollzO schreibt vor, daß ein Besuch eines Rechtsanwalts in einer den Gefangenen unmittelbar berührenden Rechtssache in der Regel unüberwacht zu bleiben hat.

Demgegenüber statuiert § 28 IV EVollzG die völlige Freiheit von Überwachung bei Besuchen von Rechtsanwälten. Diese Fassung ist geboten, da nur sie kein Mißtrauen mehr gegenüber einem Organ der Rechtspflege (§ 1 BRAO) enthält. Ein solches Mißtrauen klingt aber noch in Nr. 145 V 1 DVollzO an.

c) Unüberwachte Besuche zur Lösung des Sexualproblems

Es bedarf keiner weiteren Ausführung, daß die oft jahrelange Isolierung des

---

76 S. 44

77 Vgl. JA 1970, StR S. 221

78 Im übrigen vgl. die Darstellung dieses Problems in JA 1970, a.a.O., 1971, StR S. 1 f., 82

Gefangenen von jeder heterosexuellen Betätigung eine sehr große Belastung darstellt[79]. Bei der Erörterung dieser Problematik in der Öffentlichkeit wurde auch die Gestattung des Geschlechtsverkehrs in der Anstalt – zumindest für verheiratete Gefangene – angesprochen[80]. Gründe, die diese Zulassung befürworten, sind offensichtlich; auf sie braucht nicht näher eingegangen zu werden. Die Ehe wäre um ein wesentliches Belastungsmoment ärmer[81], der Gefangene von seiner Not weitgehend befreit, Homosexualität und Masturbation wären eingedämmt[82].

Diesen gewichtigen Argumenten, die für die Ermöglichung eines – einigermaßen – normalen Sexuallebens des Gefangenen sprechen, stehen jedoch weit schwerwiegendere Gründe für die Nichtzulassung des Geschlechtsverkehrs im Rahmen unüberwachter Besuche entgegen.

Schon Gentz[83] hat auf die Auswirkungen auf das Anstaltsleben hingewiesen, die sich aus dieser „Lösung" des Problems ergäben. Das Niveau der Anstalt würde durch Zoten und Witzeleien der anderen Gefangenen auf einen Tiefstand herabgedrückt werden, wodurch der angestrebte Erfolg einer Lösung der Gefangenen aus der Sexualnot schon im Keime erstickt werden würde.

Bestärkt wird dieses Ergebnis noch durch die Ansichten der Gefangenen selbst hierüber (Tabelle 82), die einer Lösung des Problems auf diesem Wege weitgehend ablehnend gegenüberstehen. Unter den gegenwärtigen Umständen wären solche Besuche für beide Teile entwürdigend[84]. Die Zulassung eines Gefangenen zu einem Intimbesuch würde sich zwar insoweit günstig auf seine Resozialisierung auswirken, als ihm das Vertrauen zu einem unüberwachten Zusammensein mit seiner Frau gewährt wird; doch eine peinlich genaue körperliche Kontrolle unmittelbar nach Verlassen des Besuchsraumes würde diesen Ansatzpunkt der Eingliederung restlos zerstören. Ein solches unumgänglich notwendiges Vorgehen wäre schlechthin entwürdigend für den Gefangenen und den Beamten. Es sind daher weit mehr Nachteile als Vorteile zu erwarten. Der Hinweis auf die Bräuche in anderen Ländern, von Verborgen[85] sehr verdienstvoll zusammengestellt, vermag hieran nichts zu ändern, da die Gegebenheiten – baulicher wie gesellschaftlicher und weltanschaulicher Art – nicht vergleichbar sind. Nicht berücksichtigt sind ferner die Folgen aus dem Verkehr. Es könnten neue Unterhaltspflichten für den finanziell ohnehin schon stark

79 Mittermaier S. 115, 139 spricht von „Sexualnot"; ähnlich Gentz, S. 414

80 z.B. Spiegel Nr. 7 vom 9.2.1970, S. 86; Süddeutsche Zeitung vom 22./23.11.1969 vom 5.2.1970 S. 15

81 Verborgen S. 202

82 Vgl. zu diesen Problemen Scheu, S. 51 ff., Gentz S. 406 ff., Suttinger S. 109, 110

83 S. 417, 418

84 Spiegel, a.a.O.

85 S. 206–216

bedrängten Gefangenen entstehen. Käme die Gestattung des Geschlechtsverkehrs nur Verheirateten zugute, so würden die Nichtverheirateten Gleichbehandlung verlangen unter Hinweis auf Bräute und feste Freundinnen. Scheinheiraten mit Dirnen wären eine weitere denkbare Folge. Wollte man die Lösung des Sexualproblems auf diesem Wege suchen, so müßte, wie ein Anstaltsleiter etwas ironisch mitteilte, der Anstalt gleich ein Bordell angegliedert werden. Dies wäre die konsequente Weiterführung dieser „Lösung", da unter Berücksichtigung des Art. 3 GG auch Nichtverheiratete in den Genuß dieser Möglichkeit gelangen müßten. Der Ansicht der Praxis und des EVollzG, der ebenfalls keinen Anhaltspunkt für eine solche Gestattung bietet, ist daher zuzustimmen.

Weiter sei nur die Frage aufgeworfen, ob nicht etwa bei Gestattung des Geschlechtsverkehrs Nichtverheirateter § 181 StGB in Betracht käme, da die Gefangenen auch der Erziehung anvertraut sind.

Es kann hier nicht erörtert werden, ob auch heute noch die Vorschläge von Gentz[86] in ihrer Gesamtheit geeignet sind, diesem Problem zu begegnen. Die beste Lösung wird hier in einer großzügigen Urlaubsregelung gesehen, die auch Nichtverheirateten zugute kommen müßte[87].

Fazit: Unüberwachte Besuche zur Durchführung des Geschlechtsverkehrs sind abzulehnen.

86 S. 418–427

87 So auch Suttinger, S. 119

SCHLUSSBEMERKUNG UND AUSBLICK

Die Untersuchung hat gezeigt, daß die heutige Praxis nicht in allen Punkten abzulehnen ist, daß vielmehr weitgehend ein ehrliches Bemühen um den Gefangenen, ein Verständnis für seine Lage festzustellen ist. Andererseits bestehen viele Möglichkeiten, die noch ungenutzt sind, dem Gefangenen mehr Rechte zukommen zu lassen, ohne daß dabei das Ziel des Strafvollzugs, die Rückfallverhinderung, beeinträchtigt würde.

Der Entwurf der Strafvollzugskommission bedeutet einen großen Fortschritt, wenn er auch noch einige Mängel aufweist.

Der Kampf gegen das Verbrechen und das Bemühen um den Straffälligen können und müssen immer fortgeführt und verbessert werden, trotz vieler unvermeidbarer Rückschläge. Niemand darf sich hiervon entmutigen lassen. Es bleibt zu hoffen, daß auch die Gesellschaft die Gedanken des EVollzG anerkennt und sich zu eigen macht.

Anhang 1

Muster des Fragebogens

A. Allgemeines

1 Zahl der selbständigen Vollzugsanstalten:

2 Kapazität der einzelnen Anstalten:

3 Zahl der

a) geschlossenen
b) halboffenen
c) offenen

Anstalten

4 Zahl der einzelnen Anstalten

a) in Städten
b) bis ca. 20 km entfernt von Städten
c) weiter entfernt

5 Zahl der z.Zt. insgesamt einsitzenden Gefangenen:

6 Davon sitzen jeweils in den in Frage 4 eingeteilten Anstalten

a) offene
halboffene
geschlossene
b) offene
halboffene
geschlossene
c) offene
halboffene
geschlossene

7 Besteht in jeder Anstalt eine Anstaltsbibliothek?

8 Wieviele Bände enthält ungef. eine Gefängnisbibliothek? Tabelle 49

9 In welche Fachbereiche ist sie gegliedert?

10 Werden die Bücher den Gefangenen zugeteilt? Tabelle 50

11 Wenn ja, von wem? Tabelle 51

von Beamten
Gefangenen, die in der Bibliothek arbeiten
von wem sonst?

12	Kann der Gefangene selbst auswählen	Tabelle 52 a) aufgrund einer Bücherliste b) in der Bücherei?
13	Wieviele Bücher kann ein Gefangener pro Woche erhalten?	Tabelle 53
14	Welche Themenkreise bevorzugen die Gefangenen hauptsächlich?	Tabelle 54
15	Zahl der einsitzenden Ausländer: % (in Prozent)	Tabelle 12
16	Welcher Nationalität sind sie?	Tabelle 13
17	Bestehen Gefangenenbeiräte bei den einzelnen Anstalten?	Tabelle 74
18	Wieviele Planstellen für Gefängnispsychologen gibt es?	Anhang 2
19	Wieviele davon sind besetzt?	

B. Hauptteil

I. Verkehr durch Medien

1	Wie hoch ist der Prozentsatz der Gefangenen mit Schriftverkehr?	
2	Mit wem stehen sie hauptsächlich in Briefverkehr?	Tabelle 16 a) Ehegatten, Kindern, Eltern b) sonstigen Verwandten c) Freunden, Bekannten d) Fürsorgestellen (öffentlichen und privaten Stellen im weitesten Sinne) e) ehemaligen Komplicen f) ehemaligen Mitgefangenen
3	Falls zensiert wird, aus welchen Gründen?	Tabelle 1
4	Wie stellen sich die Gefangenen zur Zensur?	Tabelle 10

5	Nach welcher Zeit gelangt ein Brief, nachdem ihn der Gefangene abgegeben hat, in den normalen Postbetrieb?	Tabelle 5
6	Nach welcher Zeit gelangt ein eingelaufener Brief in die Hände des Gefangenen?	Tabelle 44
7	Wird die Zensur unterschiedslos bei jedem Gefangenen in einer Anstalt durchgeführt?	Tabelle 2
8	Würden Stichproben anstelle von genauer Zensur den gleichen Zweck erfüllen?	Tabelle 6
9	Wenn ja, unter welchen Voraussetzungen?	Tabelle 6
10	In welchen Anstaltstypen wird zensiert?	in offenen in halboffenen in geschlossenen
11	Könnte für Gefangene, die sicher keinen Mißbrauch damit treiben würden (z.B. Verkehrstäter, Fahrlässigkeitstäter . . .), die Zensur aufgehoben werden?	Tabelle 3
12	Würde gegebenenfalls dies den betreffenden Gefangenen mitgeteilt werden?	Tabelle 4
13	Würden diese Gefangenen dann möglicherweise von anderen gezwungen werden, für sie Nachrichten hinauszugeben?	
14	Könnte in einer Anstalt eine Abteilung unzensierter Briefschreiber völlig von den anderen Gefangenen isoliert werden?	Tabelle 8
15	Wenn ja, wird dies tatsächlich gemacht?	Tabelle 8
16	Wenn nein, was ist der Hinderungsgrund?	Tabelle 8
17	Wird gegebenenfalls nur wegen Arbeitserleichterung der Vollzugsbeamten nicht zensiert (a), oder geschieht dies, um Rechte des Gefangenen zu wahren (b) und das Resozialisierungsziel zu erreichen?	
18	Zu Nr. 152 I 5 DVollzO: unter welchen Umständen werden die Übersetzungskosten durch die Staatskasse übernommen?	Tabelle 14
19	Bei wieviel Prozent der fremdsprachlichen Schreiben übernimmt die Staatskasse die Kosten?	Tabelle 15
20	Wird die Übernahme der Übersetzungskosten als Vergünstigung gewährt und ist die Nichtübernahme bzw. Streichung ein Strafmittel?	

21	Wieviel Prozent der Ausländer schreiben?	
22	Wie oft?	
23	Ist ein Briefwechsel zwischen Gefangenen, die in verschiedenen Anstalten einsitzen, gestattet?	Tabelle 18
24	Wenn ja, bestehen hier Einschränkungen, ggf. welche?	Tabelle 19
25	Welche Voraussetzungen müssen hierbei erfüllt sein?	Tabelle 19
26	Wenn nein, warum nicht?	Tabelle 20
27	Kann dem Gefangenen ein Vorschuß aus seinem Eigengeld oder aus der Staatskasse gegeben werden, wenn er kein Geld mehr für Porti zur Verfügung hat und er schreiben möchte?	Tabelle 22
28	Ist ggf. eine solche Möglichkeit nur auf dringende Fälle beschränkt, oder geschieht dies ohne Prüfung seines Anliegens, oder dient die Verweigerung eines Vorschusses als Strafmittel?	
29	Zu Nr. 75 II DVollzO: Warum sind Teilnahme an Preisausschreiben und Mitspielen bei Lotto und Toto verboten?	Tabelle 29
30	Ist etwa ein eventueller Gewinn mit dem Strafzweck nicht vereinbar?	Tabelle 30
31	Sind Schreiben auf Heiratsannoncen gestattet?	Tabelle 21
32	Werden die Erkenntnisse aus der Briefzensur zur Persönlichkeitsforschung verwandt?	
33	Konnten hierdurch, soweit ersichtlich, Resozialisierungserfolge erzielt werden?	Tabelle 9
34	Konnte aufgrund dieser Kenntnisse eine differenzierte Behandlung des Gefangenen vorgenommen werden, die ihn positiv beeinflußt hat?	
35	Ist überhaupt eine differenzierte Behandlung in einer Anstalt, in der jeder Brief zensiert wird oder werden muß, möglich?	
36	Werden Informationen, die Aufschluß über die Persönlichkeit des Gefangenen geben können, überhaupt als solche erkannt?	
37	Teilt tatsächlich der Zensurbeamte seine Erkenntnisse dem Anstaltsleiter oder Psychologen mit, um eine erforderliche Behandlung des Gefangenen zu ermöglichen?	

38	Ist nicht anzunehmen, daß der Gefangene die Probleme, die den Schlüssel zu seiner Persönlichkeit bilden, für sich behält, wenn er weiß, daß sein Brief zensiert wird?	Tabelle 11
39	Werden die Briefe tatsächlich so genau gelesen, daß verborgene Spannungen oder Probleme erkannt werden?	
40	Werden nicht vielmehr die Briefe nur daraufhin untersucht, ob nichts Verbotenes in die oder aus der Anstalt kommt?	
41	Werden Briefpartnerschaften vermittelt?	
42	Was unternimmt die Anstaltsleitung, daß Lebenslängliche und Langjährige nicht völlig den Kontakt zur Außenwelt verlieren?	Tabelle 17
43	Wie hoch ist die Zahl der abgefangenen Kassiber im Monat ungefähr?	Tabelle 23
44	Wieviel Prozent aller Kassiber werden schätzungsweise abgefangen?	Tabelle 24
45	Wie hoch ist ungefähr die Dunkelziffer der Kassiber im Vergleich zum legalen Briefverkehr?	Tabelle 25
46	Was ist der Hauptinhalt der Kassiber, die abgefangen wurden?	Tabelle 26
47	Was der der legalen Briefe?	Tabelle 28
48	Können die Gefangenen, die versuchen, Kassiber nach draußen zu bringen, in irgendwelche Täter- oder Deliktstypen eingeordnet werden, ggf. in welche?	
49	Nehmen diese Gefangenen auch am legalen Briefverkehr teil?	
50	An wen sind die Kassiber gerichtet?	Tabelle 27
51	In welchen Anstaltstypen wird am häufigsten versucht, Kassiber zu schmuggeln?	geschlossene halboffene offene Anstalten
52	Warum darf ein Telegramm nur aus zwingenden Gründen gestattet werden?	Tabelle 31
53	Wird die Absendung eines Glückwunschtelegramms gestattet?	Tabelle 32
54	Bezieht sich Nr. 162 DVollzO auch auf eingehende Telefonate?	

55	Wird ein Anruf für den Gefangenen an ihn nur dann weitergeleitet, wenn zwingende Gründe vorliegen?	
56	Kann der Gefangene an Fernkursen teilnehmen?	
57	Kann zur Bezahlung auch auf die Rücklage zurückgegriffen werden, wenn das Hausgeld nicht reicht?	
58	Wieviele Gefangene nehmen an Fernkursen teil?	Tabelle 64
59	Können auch mehrere Gefangene gemeinsam an einem solchen Kurs teilnehmen?	Tabelle 65
60	Darf sich der Gefangene alle am Markt erhältlichen Bücher anschaffen?	Tabelle 47
61	Wenn nein, welche Art nicht?	Tabelle 48
62	Welche Zeitungen und Zeitschriften dürfen die Gefangenen nicht beziehen?	Tabelle 45
63	Wird hier nach den verschiedenen Anstalten differenziert?	
64	Wird hierbei innerhalb einer Anstalt differenziert?	
65	Wird es als mit dem Strafzweck vereinbar angesehen, wenn ein Gefangener Unterhaltungslektüre bezieht?	Tabelle 46
66	Erhalten die Gefangenen die Texte einschlägiger Gesetze, auch Kommentare hierzu?	
67	Erhalten sie den vollen Wortlaut der DVollzO?	Tabelle 55
68	Besteht die Möglichkeit, Rundfunk- und Fernsehprogramme zu empfangen?	
69	Welche Programme sind für die Gefangenen frei?	Tabelle 58
70	Wer wählt die Programme aus?	Tabelle 56
71	Werden die Gefangenen oder ein gewählter Gefangenenausschuß daran beteiligt?	Tabelle 57
72	Nach welchen Gesichtspunkten wird eine Sendung ausgewählt?	Tabelle 59
73	Wann besteht die Möglichkeit zu Radio- und Fernsehempfang?	Tabelle 60
74	Wie lange jeweils?	Tabelle 61
75	Kann der Gefangene ein eigenes Rundfunkgerät in seinem Haftraum haben?	Tabelle 62
76	Oder besteht eine zentrale Radioanlage mit Lautsprechern in den Hafträumen?	Tabelle 63

77	Besteht ein Entlassungsvollzug und wie wird er gestaltet? Wenn möglich, bitte die entsprechende Regelung zuschicken.	Tabelle 34
78	Werden u.U. auch Lebenslängliche ausgeführt?	Tabelle 33
79	Wenn ja, unter welchen Voraussetzungen?	Tabelle 33a
80	Werden von Künstlerensembles Aufführungen in Vollzugsanstalten veranstaltet?	

II. Besuchsverkehr

1	In welchen Zeitabständen können Gefangene Besuche empfangen?	Tabelle 67
2	Nach welchen Gesichtspunkten werden diese Abstände bestimmt?	Tabelle 68
3	Kommt es dabei nur auf die Führung des Gefangenen an, oder werden auch wichtige Belange der Angehörigen des Gefangenen berücksichtigt?	
4	Zu Nr. 141 II DVollzO: Wie lange ist höchstens und durchschnittlich die Besuchszeit?	Tabelle 69
5	Zu Nr. 143 III DVollzO: Kann der den Besuch überwachende Beamte nicht selbst die Übergabe geringfügiger Sachen, die offensichtlich nicht das Vollzugsziel beeinträchtigen (z.B. Bücher, Zeitungen, Nahrungsmittel, sonstige kleine Geschenke etc.), genehmigen, oder bedarf es ausnahmslos der Genehmigung des Anstaltsleiters oder seines Vertreters, die nicht sofort bei dem Besuch erteilt werden kann?	Tabelle 85
6	Sind bei Besuchen Umarmungen und Küsse gestattet?	
7	Bestehen Besuchsmöglichkeiten für Ehepaare, die in verschiedenen Anstalten einsitzen?	
8	Empfangen mehrere Gefangene gleichzeitig im selben Raum ihre Besuche, oder ist jeder Gefangene im Besuchsraum allein mit seinem Besuch, abgesehen von der Aufsicht?	Tabelle 70
9	Wie sind die Besuchsräume ausgestaltet? Bestehen Trennvorrichtungen?	
10	Wird bei Ausländern ein Dolmetscher herangezogen, der dem Aufsichtsbeamten das Gespräch übersetzt?	Tabelle 83

11	Wer trägt die Kosten hierfür?	Tabelle 84
12	Bestehen feste Besuchszeiten?	
13	Unter welchen Voraussetzungen werden unüberwachte Besuche gestattet?	Tabelle 77
14	Wie hoch ist ca. die Zahl der unüberwachten Besuche im Verhältnis zu den überwachten an einer Anstalt?	Tabelle 78
15	Wie sind die Erfahrungen mit den unüberwachten Besuchen?	Tabelle 79
16	Unter welchen Voraussetzungen könnte bei unüberwachten Besuchen der Geschlechtsverkehr, zumindest bei Verheirateten, gestattet werden?	Tabelle 80
17	Wäre eine solche Gestattung von Nr. 143 II DVollzO gedeckt?	
18	Wie wäre die Reaktion des Ministeriums hierauf, wenn ein Anstaltsleiter dies gestatten würde?	Tabelle 81
19	Wäre ein Dienststrafverfahren gegen den Anstaltsleiter die Folge?	
20	Wissen die Gefangenen von der Diskussion über die geforderten „Liebeszellen"?	
21	Wie stellen sie sich dazu?	Tabelle 82
22	Wird die Besuchskontrolle bei den Gefangenen gelockert, die auch Urlaub erhalten?	
23	Werden die Vollzugsanstalten regelmäßig von Parlamentsmitgliedern besucht?	Tabelle 72
24	Können sich die Gefangenen bei solchen Besuchen unbeaufsichtigt an sie wenden?	
25	In welchen Zeitabständen finden solche Besuche statt?	Tabelle 73
26	Sind Besuche durch Presse, Funk, Film etc. möglich?	
27	Können ggf. die Gefangenen damit Kontakt aufnehmen?	
28	Ist dies überwacht oder unüberwacht?	
29	Besteht ein Interesse bei den Gefangenen, sich hiermit an die Öffentlichkeit wenden zu können?	Tabelle 75
30	Oder würden sich voraussichtlich nur Querulanten melden?	Tabelle 76
31	Werden Sportveranstaltungen ausgetragen?	
32	Werden solche Veranstaltungen auch gemeinsam mit Sportvereinen von draußen abgehalten?	

33	Wenn ja, finden diese Veranstaltungen in der Anstalt oder mit zuverlässigen Gefangenen auch außerhalb auf öffentlichen Sportplätzen statt?	
34	Wenn nein, wo liegt der Grund?	Ablehnung von außen Sorge um Sicherheit der Anstalt
35	Wird eine Differenzierung der Verkehrsüberwachung nach Tätertyp und Deliktstyp oder sonst einer Einteilung vorgenommen und ggf. nach welcher?	
36	Wieviel Prozent der Gefangenen erhalten Besuche?	Tabelle 66
37	Von wem?	Tabelle 71 a) Ehegatten, Kindern, Eltern b) sonstigen Verwandten c) Freunden, Bekannten d) von Fürsorgestellen (öffentlichen und privaten Stellen im weitesten Sinne) e) von ehemaligen Komplicen f) von ehemaligen Mitgefangenen

III. Urlaub

1	Welche Bestimmungen bestehen für den Urlaub gemäß Nr. 165 V DVollzO?	
2	Unter welchen Voraussetzungen erhalten Gefangene Urlaub?	Tabelle 35
3	Wie lange ist der Urlaub?	
4	Kann er auf die Strafzeit angerechnet werden?	
5	Unter welchen Voraussetzungen?	
6	Wie sind die Erfahrungen mit dem Gefangenenurlaub?	Tabelle 36

7	Wie fügen sich die Gefangenen, die beurlaubt waren, wieder in den Gefängnisbetrieb ein?	Tabelle 37
8	Wie verhalten sich die nicht beurlaubten Gefangenen zu den anderen?	Tabelle 38
9	Versuchen diese Gefangenen, durch die „Urlauber" Nachrichten nach draußen zu bringen und von dort zu erhalten?	Tabelle 39
10	Kann hierdurch ein Ausbruch ermöglicht werden?	Tabelle 40

Anhang 2

Zahl der selbständigen Vollzugsanstalten

Frage A 1

Baden-Württemberg	13
Bayern	13
Berlin	7
Hessen	16
Niedersachsen	11
Nordrhein-Westfalen	25
Rheinland-Pfalz	9
Saarland	2
Schleswig-Holstein	3

Frage A 2/5

	Kapazität der Anstalten	Zahl der einsitzenden Gefangenen		
Baden-Württemberg				
Bruchsal	449	383	am	14.10.70
Freiburg	548	368	am	9.10.70
Gotteszell	265	115	am	22.10.70
Heilbronn	400	140	am	30.10.70
Hohenasperg	360	280	am	29.10.70
Karlsruhe	368	348	am	2.10.70
Ludwigsburg	500	407	am	22.10.70
Mannheim	1 004	789	am	27.10.70
Pforzheim	127	94	am	22.10.70
Rottenburg	589	444	am	27.10.70
Schwäb. Hall	506	400	am	9.10.70
Stuttgart	818	883	am	9.11.70
Ulm		118	am	30.10.70
Bayern	165–1367, Durchschnitt: 630	6 212	am	15. 9.70
Berlin	insgesamt 4 472	2 717	am	1. 9.70
Hessen	5–555	3 052	am	1. 9.70
Niedersachsen	103–1402	4 700	am	20. 1.71
Nordrhein-Westfalen	115–1485	12 660	am	31.10.70

Rheinland-Pfalz	150–700	2 300	am	6.10.70
Saarland	595	577	am	31. 8.70
Schleswig-Holstein	1885	1 352	am	31. 8.70

Frage A 18/19

	Zahl der Planstellen für Gefängnispsychologen	Zahl der besetzten Stellen
Baden-Württemberg		
Bruchsal	–	–
Freiburg	–	–
Gotteszell	–	–
Heilbronn	1	1
Hohenasperg	–	–
Karlsruhe	–	–
Ludwigsburg	1	0
Mannheim	–	–
Pforzheim	–	–
Rottenburg	–	–
Schwäb. Hall	–	–
Stuttgart	1	0
Ulm	–	–
Bayern	14	14
Berlin	10	8
Hessen	8	8
Niedersachsen[1]	5	5
Nordrhein-Westfalen	18 (im Jahr 1970)	11 (verwaltet)
Rheinland-Pfalz	3	1
Saarland	0	0
Schleswig-Holstein	0	0

[1] Im Entwurf des Haushaltsplans 1971 sind weitere 7 Planstellen für Psychologen vorgesehen

– = Enthaltung

Frage A 17

	Gefängnisbeiräte ja	nein	bei . . . Anstalten
Baden-Württemberg			
Bruchsal			
Freiburg			
Gotteszell			
Heilbronn			
Hohenasperg			
Karlsruhe			
Ludwigsburg		+	
Mannheim			
Pforzheim			
Rottenburg			
Schwäb. Hall			
Stuttgart			
Ulm			
Bayern	+		
Berlin	+		4
Hessen		+	
Niedersachsen		+	
Nordrhein-Westfalen	+		
Rheinland-Pfalz		+ (ihre Einrichtung ist in Kürze vorges.)	
Saarland		+	
Schleswig-Holstein		+	

Anhang 3

4510 – VIIa – 2348/68 München, den 22. Mai 1969
Bayer. Staatsministerium
der Justiz

Berechtigter Personenkreis, Umfang der Erlaubnis

Gefangene können die in der Bundesrepublik Deutschland (einschließlich Westberlin) erscheinenden und im Abonnement erhältlichen Zeitungen und Zeitschriften beziehen, soweit sie im Zeitungshandel oder im Postzeitungsdienst bestellt werden können; der Anstaltsleiter kann den Bezug im Ausland erscheinender Zeitungen und Zeitschriften zulassen.

Jeder Gefangene kann *eine* Zeitung und *eine* Zeitschrift beziehen; der Anstaltsleiter kann darüber hinaus den Bezug weiterer Zeitungen oder Zeitschriften gestatten.

Gefährden einzelne Nummern der eingehenden Zeitungen oder Zeitschriften oder Teile davon konkret die Sicherheit oder die Ordnung in der Vollzugsanstalt, so kann der Anstaltsleiter anordnen, daß sie dem Gefangenen vorenthalten werden. Für Jugendstrafgefangene gilt Nr. 1 Abs. 3 entsprechend.

Anhang 4

4450 – VII a – 4120/68 München, den 7. Juli 1969
Bayer. Staatsministerium
der Justiz

Zu Nr. 165 DVollzO wird ergänzend bestimmt:

Gefangene, bei denen der Freiheitsentzug ohne Unterbrechung *länger als 5 Jahre* gedauert hat, können in den letzten 3 Monaten vor der Entlassung mit ihrem Einverständnis einmal oder mehrmals ausgeführt werden, um ihnen die Umstellung auf das Leben in Freiheit zu erleichtern. Die betreffenden Gefangenen sollen für eine solche Förderungsmaßnahme nach Persönlichkeit und Haltung im Vollzug geeignet sein. Das Risiko, das mit jeder Ausführung eines Gefangenen verbunden ist, darf jedoch nicht außer Verhältnis zu dem mit der Ausführung erstrebten Zweck stehen.

Der Gefangene trägt bei der Ausführung Zivilkleidung. Es kann ihm Gelegenheit zu einem Gaststättenbesuch, zu Einkäufen und zur Erledigung sonstiger Alltagsgeschäfte gegeben werden. Für Einkäufe, die unmittelbar der Vorbereitung der Entlassung dienen, kann in geeigneten Fällen zugelassen werden, daß der Gefangene über größere Beträge aus Eigengeld oder Arbeitsbelohnung verfügt, im übrigen wird hauptsächlich der Erwerb von Gegenständen in Frage kommen, die auch sonst beim Gefangeneneinkauf zugelassen sind. Nr. 99 Abs. 2 Satz 2 DVollzO (Nr. 99 Abs. 2 Satz 3 n.F.) bleibt unberührt.

Mit der Ausführung eines Gefangenen können die hauptamtlichen Geistlichen, Psychologen, Lehrer und Fürsorger oder andere geeignete Bedienstete betraut werden. Sie sind vor der Ausführung auf die Beachtung der allgemeinen Berufspflichten (Nrn. 34 ff. DVollzO) hinzuweisen, insbesondere darauf, daß eine Mitnahme des Gefangenen in die Wohnung des Bediensteten nur mit Erlaubnis des Anstaltsleiters zulässig ist. Soweit Beamte des Aufsichts- oder Werkdienstes in Einzelfällen mit einer Ausführung betraut werden sollten, tragen sie keine Dienstkleidung.

Auf Nr. 13 Abs. 5 DVollzO wird hingewiesen. Im übrigen bitte ich, über die Erfahrungen, die mit dieser Regelung gemacht werden, bis 1. Juni 1970 einen Bericht vorzulegen.

Die Möglichkeit, einen Gefangenen zur Vermittlung eines Arbeitsplatzes auszuführen, bleibt unberührt.

Anhang 5

4410 – VI/53 Stuttgart, den 23. September 1969

Justizministerium
Baden-Württemberg

Teil „Freigänger“

Geeignete Gefangene können als Freigänger in Arbeitsstellen vermittelt werden. Sie bleiben auf dem Weg von und zur Arbeitsstelle sowie an der Arbeitsstelle selbst unbeaufsichtigt.
Der Freigänger ist verpflichtet, nach Arbeitsschluß unverzüglich in die Vollzugsanstalt zurückzukehren.
Der Schriftverkehr wird nicht überwacht. Die erforderlichen Postwertzeichen hat der Freigänger aus seinem Taschengeld zu beschaffen.

Anhang 6

4400 – III C. 112
Nordrhein-Westfalen

Vorläufige Richtlinien für den Strafvollzug im Übergangshaus

Im Übergangshaus wird Gefangenen, die eine längere Gefängnisstrafe verbüßen, am Ende des Strafvollzuges Gelegenheit gegeben, in Betrieben außerhalb der Vollzugsanstalt wie freie Arbeiter einer Erwerbsbeschäftigung nachzugehen.

Auswahlverfahren

In das Übergangshaus können Gefangene, die von einem Gericht des Landes Nordrhein-Westfalen verhängte Gefängnisstrafen von drei Jahren und mehr verbüßen, für die letzten sechs bis neun Monate vor dem voraussichtlichen Entlassungszeitpunkt aufgenommen werden, wenn sie die persönlichen Voraussetzungen dafür bieten, daß ihre Wiedereingliederung durch den Übergangsvollzug besonders gefördert werden kann.

Gefangene des Regelvollzuges werden nur nach vorheriger Überweisung in den Erstvollzug gemäß Teil 1 B I 3 des Vollstreckungsplanes des Landes Nordrhein-Westfalen in das Übergangshaus aufgenommen. Vor der Aufnahme müssen sie sich mindestens einen Monat in der Anstalt des Erstvollzugs befunden haben. In Ausnahmefällen können auch Gefangene des Regelvollzuges aufgenommen werden, die mindestens drei Monate lang in einer Anstalt des offenen Vollzugs untergebracht waren.

Gefangene, deren Übernahme in den Übergangsvollzug erwogen wird, werden etwa zehn Monate vor dem voraussichtlichen Entlassungszeitpunkt über die Möglichkeit einer Unterbringung im Übergangshaus und über die Einzelheiten des Vollzugs unterrichtet. Dabei sind sie auf diese Richtlinien, insbesondere auf die Nrn. 7 und 12 hinzuweisen.

Erklärt der Gefangene sich schriftlich unter den in diesen Richtlinien niedergelegten Bedingungen mit einer Aufnahme in den Übergangsvollzug einverstanden, so legt sein Anstaltsleiter dem Leiter der Anstalt, bei der das Übergangshaus besteht, die Gefangenenpersonalakten mit einer Stellungnahme vor. Der Stellungnahme sind Äußerungen des Abteilungsbeamten, des Werkbeamten, des Aufsichtsdienstleiters, des Betreuers und des Psychologen zur Person des Gefangenen und zu seiner Eignung für den Übergangsvollzug beizufügen.

Ausgang

(1) Dem Gefangenen kann in der arbeitsfreien Zeit Ausgang gewährt werden. Zum Abendessen muß er sich im Übergangshaus befinden, sofern der Anstaltsleiter nicht im Einzelfalle eine Ausnahme zuläßt. Ausgang nach dem Abendessen darf bis längstens 22 Uhr gewährt werden.

(2) Der Besuch von Gaststätten ist nicht erlaubt. Erhält der Gefangene Besuch und wird ihm der Ausgang mit dem Besucher gestattet, so darf er in dessen Begleitung eine Gaststätte aufsuchen.

Kolibri 360 GmbH
Ferdinand-Jühlke-Straße 7
99095 Erfurt, Deutschland
produktsicherheit@kolibri360.de